El precio del fuego

Benjamin Dangl

El precio del fuego

Las luchas por los recursos naturales y los movimientos sociales en Bolivia

Traducido por Ruxandra Guidi

Haymarket Books
Chicago, Illinois

Primera edición publicada por Plural editores, Bolivia
© Traducción de Ruxandra Guidi, 2009
© 2010 Benjamin Dangl

Esta edición publicada por Haymarket Books en 2010

Haymarket Books
P.O. Box 180165
Chicago, IL 60618
773-583-7884
info@haymarketbooks.org
www.haymarketbooks.org

ISBN: 978-1608460-69-4

Distribución comercial:
En EEUU por Consortium Book Sales and Distribution, www.cbsd.com
En Canadá por Publishers Group Canada, http://pgcbooks.ca/home.html
En Reino Unido por Turnaround Publisher Services, www.turnaround-psl.com
En Australia por Palgrave Macmillan, www.palgravemacmillan.com.au
En el resto del mundo por Publishers Group Worldwide, www.pgw.com

Fotografías: Noah Friedman-Rudofsky (tapa), Jeremy Bigwood (contratapa),
Julio Mamani, Thomas Kruse, Dustin Leader y Benjamin Dangl
(interiores). Mapas de Bolivia y Sudamérica copyright de la CIA.

Impreso en Canadá por trabajo de sindicato en papel 100 porciento reciclado, en
acuerdo con las reglas del Green Press Initiative, www.greenpressinitiative.org.

Publicado con el apoyo generoso de Lannan Foundation y el Wallace Global Fund.

Library of Congress CIP Data esta disponible.

Índice

Mapa de Bolivia

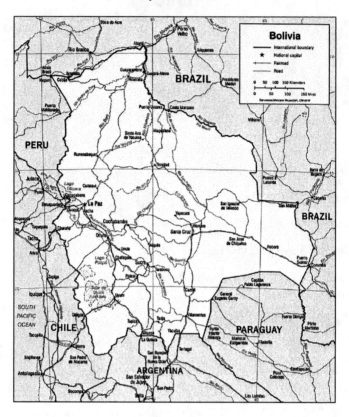

Mapa de Sudamérica

Nota del autor por la edición del libro en español

Este libro se publicó originalmente en inglés en los Estados Unidos y Escocia por AK Press en marzo del 2007, y también se ha traducido a tamil y fue publicado por New Century Book House en Tamil Nadu, India. Esta edición en español incluye un nuevo epílogo que actualiza al libro con los eventos que han tenido lugar desde la edición del libro en inglés. Espero que esta edición en español contribuya a los debates actuales sobre los cambios políticos y sociales en Bolivia y el resto de América Latina.

Agradezco mucho a Ruxandra Guidi, quien tradujo este libro del inglés al español, por su excelente trabajo. Muchos agradecimientos también para la gente de Plural editores en Bolivia y Haymarket Books en los Estados Unidos.

Notas del autor y agradecimientos

Mientras que cruzaba la frontera desde Perú a Bolivia por primera vez, me encontré con una serie de protestas y bloqueos de caminos. Las mujeres bolivianas furiosas, mascando coca, lanzaban piedras del tamaño de toronjas a las ventanas del bus mientras que yo me escondía confundido, debajo de mi asiento. Poco tiempo después de este encuentro llegué a Argentina durante su colapso económico del 2001-2002. Trabajadores desempleados tomaban las fábricas, se formaban asambleas callejeras entre vecinos, y el país pasaba por cinco presidentes en un lapso de apenas dos semanas. Mi mentalidad norteamericana se sentía mareada e inspirada a la vez. Comencé a escribir artículos para la prensa, y entrevisté a personas como las mujeres que habían lanzado piedras a las ventanas del bus. Esta curiosidad combinada con mis notas me llevó al *Precio del Fuego*, el resultado de cinco años de viajes de ida y vuelta desde el imperio hasta el sur, un sinfín de conversaciones al anochecer, y cantidades de protestas, ruedas de prensa y viajes en bus.

Pero estas páginas son el resultado de mucho más que mi curiosidad. Mientras que yo pasaba mis días escribiendo artículos desde Bolivia durante la sangrienta Guerra del Gas en 2003, me impresionó la falta de interés de la prensa en inglés. Mientras más escribía sobre Bolivia, y mientras menos medios parecían cubrir los temas del país, más aún pensé en juntar mis artículos en un libro. *El precio del fuego* es el resultado de mi esfuerzo para contrarrestar a esta falta de información y amplia desinformación sobre Bolivia, ahora que el país ha entrado al enfoque de la prensa internacional.

Al escribir este libro quise documentar el impacto regional de la relación entre el poder empresarial y el pueblo. Mi intención también fue la de ofrecer un instrumento analítico para aquellos quienes estén interesados en los movimientos sociales más poderosos de América Latina, los cuales se han levantado para resistir y cambiar las políticas económicas de su país. Al distribuir esta información, espero que el libro pueda hasta inspirar una revolución en tu propio pueblo.

Escribí *El precio del fuego* por las razones antes mencionadas, pero también por estar de acuerdo con el autor George Orwell, quien dijo: "Uno nunca tomaría tal tarea [como escribir un libro] si uno no estuviera motivado por algún demonio al cual uno no puede resistir o comprender. Lo único que sabemos es que ese demonio es simplemente el mismo instinto que lleva a un bebé a llorar para llamar la atención" (1). Este demonio y otros más me empujaron por todo el continente y me trajeron de regreso en varias ocasiones. Durante aquellos viajes conocí a cantidad de gente que pacientemente respondió a todas mis preguntas, a las preguntas de este gringo barbudo con cuaderno en mano. Estoy endeudado con aquellos quienes me explicaron los detalles complicados de esta región, y les agradezco a los autores y activistas que sirvieron como un compás a lo largo del proceso de investigación. También debo agradecer a muchas personas quienes me guiaron y apoyaron, porque sin ellos este libro nunca hubiera sido escrito.

Gracias a mis abuelos Doc y Betty Summers, por su ejemplo, confianza y entusiasmo desde un principio. Mucho amor para mi madre y primera editora, Suzanne Summers, quien es responsable por la falta de errores gramaticales en este libro, y mi padre, Jon Dangl, a quien le debo mi sentido del humor y mi sabiduría callejera, la cual me ha metido y sacado de toda clase de problemas. Gracias tanto a mis abuelos como a mis padres por empujarme a marchar al ritmo de mi propia escritura.

Gracias a Nick Alicino, mi maestro rebelde de literatura en el liceo, quien me invitó a mí y a muchos otros a la aventura que es escribir. Robert Rockman leyó cada línea de esta novela en la universidad con absoluta dedicación. Sus lecciones hicieron que este libro fuera mucho más fácil de escribir. Gracias a Melanie Nicholson, mi maestra de español, quien quizás no se sorprenda de que uno de sus peores alumnos aún sigue en América del Sur. Gracias también a Lucas Palero, un libro de historia andante y un maestro por instinto. Las semillas de este libro fueron sembradas durante conversaciones en la cocina de su casa.

Rafi Rom no sólo salvó mi vida durante un verano húmedo en Filadelfia, si no también salvó a este libro de muchas faltas. Rafi editó sus diferentes versiones y ofreció consejos cruciales y honestos de buen amigo y de lector dedicado. Mark Engler, Fred Fuentes, Wes Enzinna y Susan Spronk usaron su experiencia sobre Bolivia y América Latina y me dieron sus comentarios sobre los capítulos más complicados. Renate Lunn y Micheál O Tuathail ayudaron con la transcripción de entrevistas y traducciones. Gracias también a Marielle Cauthin por hacerme recuerdo de que debía terminar el libro y a Luis González por alejarme de él.

Gracias a Pablo Gandolfo, un compañero de viaje en las junglas bolivianas y en los bares uruguayos, y a Abraham Bojórquez por su música y sus cuentos. Le agradezco a Leonilda Zurita por darme acceso a su hogar y a su comunidad cocalera, y a Julio Mamani, quien pasó muchas tardes en El Alto explicándome la sociedad y la política de su ciudad. Carlos Arze hábilmente me guió por el laberinto que es la industria del gas en Bolivia, mientras que Raúl Prada me iluminó en muchos temas, desde la asamblea constituyente hasta la historia del capitalismo en los Andes. Gracias a Kathryn Ledebur por sus consejos, sabiduría y análisis, los cuales han sido maravillosos recursos desde un principio.

Tom, Meg y Eli Howard han apoyado con entusiasmo a este libro, ofreciendo sus amistades, buena comida, y hasta

12

razones para que yo deje mi computadora cuando lo era necesario. Muchas gracias a Thomas Becker, Nick Buxton, Dana y Charle-Pan Dawson, Matt Dineen, Graham Forward, Carl Irving, la familia Palero, Kuky Pardo, Justus Rosenburg, Woody Shaw, Jim Shultz, Peter Sourian, Jason Tockman y Verónica Villarroel por la ayuda y la amistad tanto en el pasado como en el presente. Gracias a las siguientes personas y organizaciones por compartir sus historias y por abrirme sus puertas: Carlos Crespo, Noah Friedman, Claudia López, Pablo Mamani, George Ann Potter, Mark Weisbrot y Raúl Zibechi, Mujeres Creando, Teatro Trono y la Red de Solidaridad con Bolivia.

La gente maravillosa de AK Press me ayudó a desarrollar este proyecto, desde un principio cuando aún no marchaba, hasta que se movía por su propia cuenta. Charles Weigl me ofreció su ayuda acompañada de buen humor en los momentos más importantes, y Zach Blue fue un excelente editor a lo largo de lo que a veces ha sido un proyecto difícil y complicado. Sus consejos sensatos y su labor como editor han hecho que éste sea un mejor libro.

Gracias a Cyril Mychalejko, Jason Wallach, April Howard y Patricia Simon de Upside Down World por el trabajo de más que hicieron mientras que yo me enfocaba en la investigación y la escritura de *El precio del fuego*, y por convertir a nuestra revista de internet en lo que ahora es. Robin Lloyd de la editorial Toward Freedom, y a los miembros del consejo de la editorial, Nat Winthrop, Gerald Colby, Scott Harris, Joy Hopkins, Carol Liu, Anna Manzo, Jay Moore y el ex editor, Greg Guma; todos han sido una gran ayuda. Estoy endeudado con ustedes por el espacio y el apoyo que me prestaron.

Finalmente, gracias a April Howard, mi compañera y enamorada, quien me ayudó a cruzar aquel primer bloqueo en Bolivia, y muchos otros después. Desde el primer bosquejo del libro y por cada paso de su escritura, hasta el diseño de su cubierta, sus consejos han sido únicos y esenciales. Su gran capacidad editorial, su conocimiento sobre historia, su análisis y apoyo emocional han hecho que el proceso de escribir este libro sea no sólo posible, si no también un placer.

Aunque estoy agradecido a todos a quienes mencioné, debo tomar responsabilidad absoluta por cualquier error o falta en el libro.

Notas

(1) George Orwell, Una Colección de Ensayos por George Orwell (Nueva York: Harcourt, 1953), p. 316.

Introducción

Supuestamente éste debía ser un día de celebración para la Virgen del Rosario, la santa de los mineros. Pero los eventos en Huanuni el 7 de octubre de 2006 postergaron el festival interminablemente. En vez de celebrar, el arzobispo dio una misa para las 16 personas que murieron durante el conflicto de dos días que ocurrió entre mineros que buscaban acceso a depósitos de estaño. Una paz frágil regresaba al pueblo, pero la cancha de fútbol que sirvió de campo de batalla estaba aún cubierta de cráteres de explosiones de dinamita, y se veía que estaba teñida de rojo con la sangre de los mineros (1). La desesperación que llevó a los mineros de Huanuni a usar sus dinamitas como armas es el producto de las políticas económicas que han empujado a los pobres a pelear con otros pobres, de manera que el Vicepresidente boliviano, Alvaro García Linera, se refiere al estaño de Huanuni como "algo que debería ser una bendición para el país [y] que se ha convertido en una maldición" (2).

La pelea en Huanuni en octubre del 2006 fue uno de muchos otros conflictos por recursos naturales que siguen afectando a América Latina. En los últimos seis años, nuevas luchas y movimientos de protesta han surgido en Bolivia por lo que yo he llamado el "precio del fuego", el acceso a elementos básicos para la sobrevivencia, como gas, agua, tierra, coca, empleo y otros recursos. Mientras que las élites políticas y de negocios a nivel nacional e internacional han hecho todo lo posible para abrir los mercados bolivianos y vender servicios públicos al mejor comprador, la mayoría de los ciudadanos se ha dado cuenta de que el precio del fuego cuesta mucho más de lo que ellos son capaces de pagar. Al enfrentarse a ministros de gobierno que no les dan respuestas, o a ejecutivos de empresas, los sectores excluidos han decidido tomar las cosas con sus propias manos. Este libro analiza estas luchas, de gente común y corriente que se ha levantado en contra de la privatización de sus vidas. La trayectoria del libro descubre una larga historia sobre una región rebelde, comenzando por los levantamientos indígenas en contra los españoles, enfocándose en los movimientos sociales de los últimos seis años (2000-2006), y terminando con un análisis del gobierno del presidente indígena Evo Morales. Los siguientes capítulos muestran a América Latina a través de los movimientos de protesta bolivianos, yendo más allá de las fronteras de un país sin salida al mar, y comparándolo con otros países que también luchan por sus recursos. Estas historias también documentan la transición reciente de los movimientos de izquierda de América Latina, desde las calles hasta el Palacio de Gobierno.

Bolivia ha sido una rata de laboratorio para el neoliberalismo desde hace ya mucho tiempo. Ha sido un sistema económico que prometió mayores libertades, mejor calidad de vidas y prosperidad económica, pero en muchos casos los resultados fueron mayor pobreza y un empeoramiento de los servicios públicos. Cuando el sistema falló y la gente se resistió, los gobiernos aplicaron estas políticas neoliberales a través de la violencia y de la fuerza. Los movimientos sociales populares nacieron como respuesta a esta violencia económica y militar, llevando a que el neoliberalismo se enterrase a sí mismo en este continente. *El precio del fuego* cuenta la historia de los movimientos que triunfaron al poco tiempo de que estos modelos militares y económicos fracasaran.

El primer capítulo crea un contexto político, social y económico a través del cual se puede observar a los conflictos por recursos en Bolivia y el resto del continente como la continuación de luchas pasadas. Esto incluye no solamente una introducción a la historia de los movimientos indígenas, mineros y campesinos, sino también una lección sobre políticas económicas neoliberales y estrategias imperialistas en el "patio trasero" de Washington.

Los cocaleros bolivianos organizaron sindicatos para defender sus derechos de sembrar coca y para resistir la represión militar de la guerra en contra de las drogas de los Estados Unidos. En el segundo capítulo me enfoco en los fracasos de políticas anti-coca y en las actividades militares de los Estados Unidos, y también presento la historia de uno de los movimientos sociales más poderosos del país que creció durante la represión, se transformó en un partido político, y puso al cocalero Evo Morales en el palacio presidencial.

Aunque los movimientos sociales han sido siempre firmes frente al robo empresarial, la Guerra del Agua del año 2000 en Cochabamba atrajo la atención de la comunidad antiglobalización y activistas internacionales. Los cochabambinos se levantaron cuando la transnacional Bechtel Corporation compró sus sistemas de agua pública y comunitaria. Es un ejemplo clásico del fracaso de la privatización de un recurso esencial, la subida de precios y la exclusividad de los derechos del agua que provocaron una rebelión que sigue dándole forma al paisaje social y político del país. En el tercer capítulo discuto los efectos desastrosos del control empresarial del agua, así como el impacto a largo plazo que tuvo el levantamiento del 2000, y los errores del sistema de agua pública que le siguió.

Gran parte de las economías latinoamericanas de los últimos 50 años han sido dictadas por el consejo forzoso de instituciones como el Fondo Monetario Internacional (FMI) y el Banco Mundial (BM). En el 2003, la Policía Boliviana usó sus armas en contra del gobierno, el cual intentaba reducir sus sueldos a través de una subida de impuestos dictada por el FMI. En el cuarto capítulo veo este conflicto a través de los ojos de un soldado convertido en artista de hip-hop y policía, quien participó en la lucha callejera. Al mismo tiempo, conecto a esta crisis con la de Argentina, que ocurrió apenas dos años antes. Ambos conflictos demuestran el contraste entre lo que los oficiales del FMI representan, y cómo sus políticas se ejecutan. Los gobiernos y las economías que benefician a compañías y a élites poderosas han creado tales diferencias en América Latina que a muchos les falta la capacidad para sobrevivir (3). En muchos casos, los trabajos más necesitados, las tierras y los espacios públicos no son de fácil acceso. Esta situación ha dado lugar a movimientos sociales que han ocupado, defendido y utilizado estos espacios para poder sobrevivir y para dar de comer a sus familias y comunidades. En el capítulo cinco describo temas comunes entre luchas por la tierra en Bolivia, Paraguay y Brasil, y discuto la toma de fábricas y negocios por trabajadores desempleados en Argentina. También narro la historia de ex prisioneros que tomaron una cárcel en Venezuela y la convirtieron en una estación de radio comunitaria. Cada una de estas tomas estuvo basada en el lema "ocupar, resistir, producir", una estrategia que tipifica a la lucha de los pueblos en contra de la explotación corporativa y de los efectos del neoliberalismo.

La historia de América Latina ha sido una de expropiación. Gobiernos y compañías en Europa, y luego en los Estados Unidos, vieron a estos países como recursos de materias primas sin costo, y como mercados libres para productos de fabricación. Los recursos, y junto a ellos los derechos laborales y los servicios públicos, han sido explotados desde la época de la Colonia. En el sexto capítulo, discuto el deseo de los bolivianos de que sus reservas de gas sean utilizadas para el desarrollo nacional, y cómo Venezuela ha usado sus ganancias del petróleo para generar cambio social. La historia de la industrialización del gas boliviano y su nacionalización nos da respuestas sobre otros conflictos alrededor del gas. Aunque el proceso actual de nacionalización en Venezuela podría ser aplicado en Bolivia, las políticas de ambos países sufren sus faltas. Aquí explico cómo uno de los países con mayor número de riquezas en su subsuelo puede ser uno de los más pobres sobre la Tierra, y cómo los bolivianos intentaron cambiar esto a través de la Guerra del Gas, un levantamiento popular que cambió las políticas y echó a un Presidente del poder en el 2003.

Mundos mejores –algunos que han funcionado, otros que no han sido más que breves ilusiones– fueron construidos por organizaciones y movilizaciones bolivianas y por sus miembros, quienes se unieron para demandar los cambios necesarios. En Bolivia, donde el Estado juega un rol débil en el país, el poder se encuentra decididamente en las manos del pueblo. En la ciudad de El Alto, las raíces indígenas y sindicalistas de los migrantes rurales y mineros han creado un país dentro de otro país. Estas organizaciones vecinales han llenado el vacío que dejó el Estado para construir y mantener la infraestructura pública, tomar decisiones políticas y económicas, y representar a los ciudadanos. En el capítulo siete discuto la historia de esta ciudad independiente, su capacidad para las movilizaciones, y cómo sus habilidades organizativas fueron utilizadas en la Guerra del Gas del 2003.

Junto a las organizaciones sociales y a los sindicatos, los movimientos artístico-políticos han florecido en Bolivia creando cambios. El octavo capítulo analiza las tres organizaciones sociales que hacen más que protestar y presionar a oficiales del gobierno. Teatro Trono, en El Alto, es una compañía de teatro de niños de la calle que utiliza el escenario para enfrentarse a temas sociales complicados y transformar las vidad de estos jóvenes actores. El grupo anarquista-feminista Mujeres Creando busca cambiar el mundo sin tomar el poder, y también lucha en contra del machismo en Bolivia. Un movimiento de hip-hop que va creciendo en Bolivia está usando canciones en español, quechua y aymara como "instrumentos de lucha". Estos tres grupos han construido sus paraísos fuera del poder del Estado y del sector privado, ampliando las posibilidades de un cambio social en Bolivia.

Mientras que los movimientos sociales pueden echar a gobiernos y a empresas, ellos también pueden desestabilizar la sociedad y las transiciones entre gobiernos. El capítulo nueve trata sobre la marcha en cuerda floja que tomó el presidente Carlos Mesa. Los conflictos sobre la nacionalización del agua y del gas volvieron a aparecer durante su gestión, llevando al país a un nuevo levantamiento nacional. En este capítulo también analizo otras victorias laborales y políticas, y los desafíos en Argentina y Uruguay, donde los movimientos populares ganaron fuerza tanto en las calles como en el palacio de gobierno, al igual que en Bolivia.

En la inauguración tradicional del gobierno de Evo Morales en las ruinas precolombinas de Tiwanaku en enero del 2006 se sintió una fuerte esperanza. Morales, quien se denomima a sí mismo como un antiimperialista, prometió cambios radicales para su pobre nación. Y prometió también la nacionalización de las reservas de gas, la expansión de los mercados legales de la coca, la distribución de tierras a campesinos pobres, y la organización de una asamblea para crear una nueva Constitución. Mientras que los movimientos sociales y Morales bailan al ritmo de la globalización, las cadenas del neoliberalismo y los gobiernos de derecha aún impactan al país.

Las promesas de la campaña de Morales están en juego, y muchos se preguntan si su administración ha hecho todo lo posible para formalizar y proteger las victorias de las movilizaciones. Mi análisis de los dinámicos movimientos sociales de las últimas décadas ilustran cómo los ciudadanos organizados crearon las condiciones para la victoria de Morales. En el último capítulo, el enfoque se amplifica para incluir a los primeros meses de Morales en el poder y su lugar en la ola actual izquierdista que promete cambiar al continente.

Este libro es una versión humana sobre la re-colonización y la resistencia, con testimonios de las calles, los cocales, las minas y los gobiernos de Palacio. Está basado en entrevistas con activistas, trabajadores de fábricas, artistas de hip-hop, Evo Morales, vendedores ambulantes, policías, dueños conservadores de negocios y productores de radios comunitarias. Las similitudes y diferencias entre la gente, los movimientos y los conflictos discutidos aquí tienen mucho que enseñarnos. Ellos representan estrategias originales de resistencia al neoliberalismo tanto en el campo como en las ciudades. Ellos también sirven como evidencia de que estas peleas no son eventos aislados, sino parte de la lucha por los recursos en un mundo que está cada vez más poblado. Este libro es tan sólo una representación de una región enorme y compleja. Mi intención es hacer que estos temas complicados sean más accesibles, y que puedan darle una cara humana a las pérdidas y luchas de un continente. Existen muchos otros aspectos referidos a de los movimientos de América Latina sobre los cuales no he tenido ni el tiempo ni la capacidad narrativa para explorar. Espero, sin embargo, que las historias aquí narradas sean de uso para estudiantes y trabajadores, para activistas y académicos, para viajeros y para quienes prefieren quedarse en casa. Este libro ofrece una introducción colorida a los movimientos sociales latinoamericanos y a sus conflictos por los recursos. También ofrezco nuevas perspectivas para los expertos y estudiosos de una región, donde la globalización por fin se está enfrentando a su par.

Benjamin Dangl
Cochabamba, Bolivia
7 de noviembre de 2007

Notas

(1) "Los sectores mineros de Huanuni declaran una tregua", Especiales/ Guerra del Estaño. *La Razón* (7 de Octubre, 2006). También "Bolivia envía a 700 policías para calmar conflicto violento entre mineros", *The Associated Press* (5 de octubre, 2006).

(2) Para mayor información sobre este conflicto, ver artículo de April Howard y Benjamin Dangl, "La guerra del estaño en Bolivia: un conflicto entre mineros deja 17 muertos", *Upside Down World* (11 de octubre, 2006), http://upsidedownworld.org/main/content/view/455/1/.

(3) Casi la mitad de las personas viviendo en América Latina y el Caribe son pobres, y casi el 20 por ciento viven en extrema pobreza. Para más información, ver Latin America & the Caribbean, United Nations Population Fund, http://www.unfpa. org/latinamerica/.

CAPÍTULO UNO

Revolución al revés

"¡Campesino! Tu pobreza ya no le dará más
de comer al patrón!"
- Tupac Amaru (1)

Jóvenes mineros empujan una carreta de estaño desde una mina del Cerro Rico en Potosí. FOTO: Benjamin Dangl

El gallo parado a un lado del camino a Potosí ni siquiera se movió cuando el bus, vibrando con el sonido de la cumbia, corrió a su costado. Los pósters de las más recientes elecciones iban borrándose de la mayoría de las casas pobres. Mientras nos acercábamos a nuestro destino, una tormenta de basura saturaba la atmósfera. Dentro de este remolino vi a familias buscando entre la basura y un anuncio dándonos la bienvenida a la ciudad. Por encima de los edificios bajos y las torres de las iglesias estaba el Cerro Rico, la fuente de plata que dio poder al imperio capitalista de Europa. Y al igual que la ciudad que creció gracias a sus riquezas, el Cerro Rico era ahora tan sólo una ruina golpeada y vaciada. Mientras el bus se acercaba a la ciudad, un graffiti nos anunciaba: "Aquí no hay presidente".

Potosí es un ejemplo del peor robo en América Latina. La que una vez fue una de las ciudades más ricas del mundo, es hoy una de las más pobres. Sus problemas comenzaron durante una fría noche de 1545, cuando un pastor de llamas, que dormía cerca del Cerro Rico, encontró una vena de plata. La noticia del descubrimiento les llegó rápidamente a los españoles, quienes se mudaron en masa a la ciudad, transformándola en una poderosa sede minera de la noche a la mañana. Para extraer la plata, se obligó a los hoy bolivianos a trabajar por largos meses en terribles condiciones. La gente dice que la plata extraída del Cerro Rico podría haber sido usada para construir un puente desde Bolivia hasta España. Otros dicen que tal puente podría haberse hecho también de huesos: aproximadamente ocho millones de personas murieron trabajando dentro de la montaña. (2)

El trabajo forzoso y la facilidad con la cual la plata pudo ser extraída, transformó a Potosí en una de las ciudades más ricas y más poderosas de la época. El autor uruguayo Eduardo Galeano ha dicho que los españoles que vivían en la ciudad de plata disfrutaban de la riqueza opulenta que los esclavos bolivianos sacaban de la tierra. Las peleas de toros y las fiestas eran actividades comunes. Casas de juego y salas de baile aparecieron por todas partes, mientras que caballos con vestimentas de plata rondaban por las calles. Los estilos de vida "pecadores" y extravagantes de muchos españoles en Potosí los motivaron a hacer generosas donaciones a la Iglesia Católica a cambio de su propia salvación. Así que mientras que las minas de plata producían al tope, el número de iglesias ornamentadas superaban a las casas de la ciudad. Cuando la plata se agotó, la fiesta tuvo que terminar. La ciudad cayó en la ruina. Una iglesia fue convertida en un teatro de cine, luego en un burdel, y eventualmente en un galpón para guardar donaciones de caridad. Un antiguo habitante le dijo a Galeano que Potosí es "la ciudad que ha dado más al mundo y la que tiene menos". (3) La excavación del Cerro Rico fue un símbolo de lo que quedaba por venir. Después de que los españoles robaran y esclavizaran a gran parte de América Latina, llegaron los ingleses y los norteamericanos, marcando su nuevo territorio no con banderas, sino con sellos de compañías y fábricas, y con golpes de Estado. Al pasar el tiempo, la explotación que comenzó en Potosí continuó al estilo de las economías neoliberales. Por quinientos años, la riqueza de Europa y de los Estados Unidos dependió de la pobreza de América Latina. Mientras que los movimientos sociales se rebelaban en contra de estos robos sistemáticos, ellos fueron victimizados con balazos y con tortura. (4)

Varios siglos después del éxito y de la consecuente caída de Potosí, caminé por sus calles cubiertas de polvo. La riqueza de la ciudad ya se había evaporado. Las fiestas y las peleas de toros también. En vez de caballos con vestimentas de plata y casas de juego, ahora se veían hombres pidiendo limosnas e iglesias cubiertas en moho. En esta ciudad de fantasmas hasta los vivos parecían estar poseídos. Un niño pateaba una botella de plástico como si fuera una pelota de fútbol, mientras que un borracho pasaba a mi lado, quejándose en voz alta de su mujer infiel. Hombres minusválidos se movían con dificultad en la plaza. Le pregunté a una mujer mayor que vendía hojas de coca si los hombres que nos rodeaban eran mineros. "Todos somos mineros", fue lo que me contestó.

Unas cuadras más abajo dentro de una iglesia de 500 años escuché a Geraldine Poveda, una joven estudiante que narraba cuentos sobre mineros descabezados que volaban sobre la ciudad, balcones antiguos repletos de monedas de oro, y prostitutas que gritaban dentro de torres de piedra. "Yo vivo en una casa muy vieja. En mi calle hay fantasmas a todo momento", dijo Poveda. "Hace unos pocos años una niña fue perseguida hasta el amanecer por unos esclavos negros, y por caballos y reyes españoles en ropas del siglo diecisiete". Levanté mi ojos hacia la montaña rojiza que había maldecido a la ciudad con su misma riqueza. Aunque esto probablemente se debía a un mineral no extraído, se me ocurrió que el color era el mismo rojo de la sangre de los mineros bolivianos.

Al frente de la iglesia se encontraba un edificio gubernamental con una estatua de una mujer simbolizando a la justicia. Sus pesas se movían bruscamente con el viento, y el sonido del metal se escuchaba a lo largo de la fría plaza. Para poder sobrevivir, muchos potosinos han migrado a otros lugares. Otros, como sus antepasados, han regresado a las minas. Miles todavía trabajan en los túneles del Cerro Rico buscando lo poco que queda de plata, estaño y zinc. Aunque algunas tecnologías han mejorado, decenas de mineros siguen muriendo cada año a causa de accidentes y por enfermedades pulmonares. En un mercado que se encuentra en las faldas de la montaña se vende coca, dinamita y otros equipos para la minería. Una bebida local que contiene 98% de alcohol es popular en todas las tiendas de la ciudad. "Los mineros beben mucho porque saben que no vivirán por largo tiempo", me dijo Roberto Méndez, un ex minero que me sonreía sin dientes.

Dentro de las minas del Cerro Rico las explosiones de dinamita hacían temblar las paredes repetitivamente, haciendo caer polvo y rocas. Mientras que yo respiraba este aire viejo y tóxico, los mineros cavaban las paredes de las minas con las mismas herramientas que se han usado por siglos. Cerca de la entrada, dos niños empujaban carretillas. La expresión en la cara de Facundo Copa, de diez años, mostraba su miseria. Mientras que los adultos usaban cascos sólidos, lo único que este niño podía usar era un casco partido, con un hueco en la parte posterior. Copa me dijo que él debía trabajar para ayudar a su familia y para darle de comer a sus hermanos menores. Su padre había muerto en las minas y su madre lavaba ropa para ganarse la vida. "Tengo que trabajar, de otro modo mis hermanos menores no pueden comer", dijo. (5)

Mas tarde, aquel día, me senté en un parque vacío a mascar hojas de coca. El único sonido que escuchaba era el de un cargamento de botellas de refresco que eran llevadas a una tienda cercana. En el medio del parque estaba una fuente dañada, con un signo de interrogación pintado por su base. Este símbolo pide muchas respuestas aquí en Bolivia, las cuales tienen sus principios en la historia de la resistencia popular en contra de la explotación laboral y de los recursos naturales. Mientras que el legado del dolor y de los robos vive aún en Potosí, otras regiones de Bolivia también tienen desafíos de cientos de años de antigüedad. Uno de los mejores relatos de resistencia al colonialismo en Bolivia es el de la toma de la ciudad de La Paz en 1781, liderizado por el rebelde indígena Tupak Katari.

Como muchos otros trabajadores del altiplano del siglo dieciocho, Julián Apaza vendía coca y tejía para ganarse la vida. Mientras viajaba por razones de trabajo, él fue creando amistades que después lo ayudarían en su insurreción contra los españoles. Tomó el nombre de Tupak Katari en homenaje a otros dos disidentes a quienes él admiraba. Uno de ellos era Tomás Katari, un descendiente directo de la realeza Inca quien intentó recuperar su poder a través de las leyes coloniales. En 1778, él caminó desde Potosí hasta Buenos Aires para hablar con el Virrey de España sobre las injusticias sufridas por los indígenas bajo el colonialismo (6). La élite gobernaba a Bolivia con una mano dura, obligando a los indígenas a trabajar como esclavos en las minas y en las grandes haciendas, tomando sus tierras y obligándolos a pagar impuestos prohibitivos (7). Tomás Katari luchó por abolir esta represión colonial e intentó reemplazar a las autoridades españolas por las indígenas (8).

Tupac Amaru II, de quien Julián Apaza tomó la primera parte de su nombre rebelde, fue también un descendiente de emperadores incas. Él tenía educación y conexiones importantes dentro de la sociedad andina, las cuales le permitieron llevar adelante sus actividades subversivas. En la famosa rebelión de Tinta, una comunidad que había sido abandonada por el trabajo forzoso en el Cerro Rico, Amaru condenó a muerte a los líderes españoles y declaró una ley que abolía la esclavitud y el pago de impuestos a España. Su grito de guerra declaraba: "¡Campesino! Tu pobreza no dará más de comer al patrón!" (9). Amaru y sus compañeros fueron capturados después de liderizar la toma de Cuzco en marzo de 1780 (10). Los españoles que capturaron a Amaru intentaron descuartizarlo, pero su cuerpo no cedió fácilmente. Cuando los soldados por fin lograron desmembrarlo, enviaron las diferentes partes de su cuerpo por toda la región para intimidar a sus seguidores (11).

Respondiendo a tal acto de brutalidad, varias rebeliones contra los españoles brotaron por la región de los Andes. Grandes ejércitos de rebeldes, armados con piedras y mazos, lograron desafiar a los españoles ocasionalmente pero fueron eventualmente vencidos con la pólvora. Los españoles que vivían en La Paz construyeron una pared alrededor de su ciudad en el valle de 30.000 habitantes. La pared no impidió que Julián Apaza –conocido como Tupak Katari– y su esposa, Bartolina Sisa, invadieran la ciudad en marzo de 1781. Ellos lanzaron piedras desde el altiplano en las afueras de La Paz –lo que ahora es El Alto–, quemando edificios y bloqueando todos los caminos hacia y desde la ciudad. La primera toma de la ciudad duró 109 días. Desde su base en El Alto, Katari y Sisa se burlaron de sus patrones coloniales, tomando nombres españoles, comiendo con cubiertos de plata y vistiéndose con sus ropas finas. Durante la noche, el ejército indígena cantaba, bailaba y causaba escándalo para prevenir que los españoles durmieran (12).

Para los españoles estas noches sin sueño eran como una tortura. Aún peor eran sus dietas. Los residentes de La Paz, alejados de las buenas fuentes de comida, estaban obligados a comer ratas muertas, perros y hasta mulas. Muchos murieron eventualmente a causa de infecciones y de desnutrición. Sin embargo, la astucia del ejército indígena no pudo luchar contra las fuerzas españolas que llegaron después y acabaron temporalmente con la invasión. Sisa fue capturada después de haber sido traicionada por unos aliados cercanos (13).

Aunque algunos de los rebeldes escaparon, otros se quedaron para preparar una nueva invasión, que comenzó un día frío a principios de agosto de 1781 (14). Aparte de lanzar piedras, crear bloqueos y quemar casas, los rebeldes indígenas construyeron un sistema para desviar agua desde las montañas hasta la ciudad. El plan funcionó. Un testigo de aquel tiempo describió que alrededor de 15.000 habitantes de La Paz murieron en la inundación. Durante esta segunda invasión, Tupak Katari intentó liberar a Sisa, pero no pudo. Los españoles hicieron de ella una muestra, así como lo hicieron con Tupac Amaru. Después de torturarla, violarla, latiguearla y arrastrarla con unos caballos, la colgaron y decapitaron, mostrando después su cabeza en varios pueblos para asustar a sus seguidores (15). El 17 de octubre, las fuerzas españolas se juntaron de nuevo y atacaron a las fuerzas de Katari, dando fin así a la invasión. El ejército indígena continuó con la resistencia, pero Katari fue capturado por los españoles, y al igual que su predecesor fue descuartizado. Antes de morir juró: "Volveré, y seré millones" (16).

Los temores de los españoles se hicieron realidad. El espíritu de Katari volvió una y otra vez en forma de mineros, campesinos, gente indígena y trabajadores que se rebelaron en contra de otros abusos (17). Al igual que Katari y Sisa, fueron violentamente aplastados. Y aunque las rebeliones de la época de Katari servirían como un ejemplo para muchos en el futuro, las metas de su revolución no se realizarían hasta muchas décadas después. Bolivia fue el primer país de América del Sur en rebelarse en contra de los españoles (1809), pero fue el último en ganar su independencia, en 1825. Cuando la primera Constitución de Bolivia fue diseñada en 1826 por Simón Bolívar, él declaró que el país sería "conocido como una nación independiente" (18). Los derechos constitucionales, sin embargo, no se respetaron, y muchas desigualdades persistieron. Las demandas de Katari volvieron a escucharse por parte de los trabajadores en la Revolución de 1952, al igual que 50 años después, entre ciudadanos que protestaban contra las políticas neoliberales (19). El Alto sería el punto de partida para estos desafíos del futuro.

Un descontento popular entre trabajadores y campesinos fue lo que forjó el camino hacia la Revolución de 1952. En la década de los cuarenta, los campesinos y los mineros coordinaron paros y protestas a nivel nacional que exigían el libre acceso a la educación, a tierras y a mejores salarios y condiciones de trabajo. Durante ese tiempo eran frecuentes las huelgas pacíficas de brazos caídos, organizadas en tiempos de cosecha para protestar contra el trabajo forzoso y sin remuneración. A través de estas actividades que paralizaban el transporte de productos y el trabajo agrícola en el campo, se fueron formando pactos entre los trabajadores en las ciudades y los campesinos. En 1940 hubo 43 paros en grandes haciendas tan sólo dentro del departamento de Oruro, muchos de los cuales fueron castigados por parte de los terratenientes, la policía y las fuerzas militares (20).

A lo largo de 1947 la menor evidencia de la creación de cualquier organización laboral era causa de enfrentamientos (21). Puestos de militares y de policías se establecieron en el altiplano y en otras regiones ante los frecuentes levantamientos indígenas. Una expresión quechua y aymara de aquellos tiempos ilustraba la valentía y resistencia creativa: "Ustedes tienen armas y aviones, pero nosotros invadiremos las ciudades desde abajo" (22).

Campesinos, trabajadores y mineros juntaron sus demandas, y en 1952 su fervor revolucionario fue canalizándose hacia el partido Movimiento Nacionalista Revolucionario (MNR) (23). El MNR era un producto de las amistades que se forjaron durante la Guerra del Chaco en la década de los treinta, y fue liderizada por estudiantes y veteranos de las élites. Mientras que muchos confiaban en su misión, el MNR nunca terminaría siendo un verdadero factor de cambio. En septiembre del 1949, Hernán Siles Zuazo, un líder del partido, organizó una rebelión en contra del gobierno en las grandes ciudades del país. El ejército aplastó a la rebelión –enteramente formada por ciudadanos armados– en apenas dos meses. A pesar de esta pérdida, el MNR siguió ganando apoyo, particularmente de parte de organizaciones de trabajadores. El partido presentó a Víctor Paz Estenssoro como el candidato para el cambio en 1951. Él ganó de forma decisiva, pero el Ejército intervino y colocó al general Hugo Ballivián en el lugar que le pertenecía a Paz Estenssoro. El MNR entonces supo que el tomar el poder a la fuerza sería su única opción (24).

Durante la noche del 9 de abril de 1952 el Ejército, liderizado por Ballivián, demandó que todas las luces de La Paz se apagaran para desorientar a los grupos armados del MNR que estaban planeando atacar. Pero una luna llena iluminaba el terreno, ofreciéndoles a los rebeldes una manera más fácil de descender de El Alto a la ciudad. Las fuerzas del MNR atraparon al Ejército bloqueando caminos importantes hasta y dentro de la ciudad. Levantamientos en contra del gobierno militar ilegítimo surgieron por todo el país. En algunos casos, policías y militares se unieron a los rebeldes, o se entregaron (25). Después de tres días de conflicto que dejaron 600 muertos, el MNR tomó el control de gobierno (26). Varias décadas después, cuando el MNR ya había perdido bastante poder, los mineros que llegaban a La Paz desde otras zonas del país aún causaban temor en los corazones de la élite y de los políticos de derecha. Con sus cascos y sus dinamitas, los mineros siguieron representando a un símbolo poderoso de la rebelión (27).

Paz Estenssoro volvió de su exilio en Buenos Aires al aeropuerto de El Alto el 15 de abril de 1952. Salió de la nave y fue recibido por miles de personas que mostraban pancartas exigiendo "Nacionalización de las minas", "Reforma Agraria" y "Bienvenido, padre de los pobres". Había un mar de gente tan grande, que le tomó a Paz Estenssoro treinta minutos caminar una media cuadra hasta el palacio presidencial. Las primeras palabras de su primer discurso presidencial fueron en aymara, el idioma hablado por la mayoría de la gente en la audiencia: "Jacca t'anta uthjani", prometió, – "Habrá mucho pan" (28).

Tres días después de que Paz Estenssoro asumiera el poder, la recién fundada Central Obrera Boliviana (COB) exigió que el MNR nacionalizara las minas del país sin pagar ningún tipo de indemnización a sus previos dueños; que redistribuyera tierras a campesinos pobres; que viabilizara el derecho al voto universal; y que formalizara a las milicias armadas de campesinos y trabajadores en vez del Ejército. Demandas como éstas de la COB y de otros movimientos de trabajadores y campesinos obligaron al MNR a tomar cambios radicales, aunque los bolivianos nunca antes habían presenciado la implementación de demandas parecidas (29).

El 21 de julio de 1952, el gobierno estableció el derecho al voto para todos los bolivianos mayores de 21 años, atrayendo al 80 por ciento de la población indígena que había sido tradicionalmente ignorada. A pesar de esta iniciativa esperanzadora, no se estableció una verdadera democracia. Pero sí se logró ganar algunos derechos; y se ganaron de la manera en que los bolivianos perciben como la más exitosa: presionando a las instituciones desde abajo, y con las herramientas disponibles. Los sindicatos de campesinos y trabajadores rurales, con armas adquiridas durante la Revolución, establecieron sus propios sistemas de justicia a través de las milicias, tomaron tierras, crearon otros sistemas de producción y a menudo lo hicieron sin la ayuda de las autoridades políticas locales (30). Cada uno de estos cambios fue sugerido, establecido y regularizado a los niveles más bajos, pero una vez en el poder los líderes del MNR se rehusaban a perder su supremacía.

Gracias a las presiones de las organizaciones mineras y laborales, el MNR promulgó una ley que nacionalizó las minas del país el 31 de octubre de 1952. Una multitud de mineros se reunió el día del evento para celebrar la firma con gritos, explosiones de dinamita y disparos al aire. Las celebraciones duraron por varios días. La Corporación Minera Boliviana (COMIBOL), manejada por los mismos trabajadores, comenzó a dirigir las

163 minas, incluidos los 29.000 trabajadores que antes habían sido controlados por las tres familias mineras más poderosas: Patiño, Hochschild y Aramayo (31). A pesar de que las demandas de la COB exigían que no se les pagara a los dueños ni un solo centavo, estas familias recibieron 27 millones de dólares por las riquezas bolivianas que se encontraban bajo tierra.

Cuando era niña, Domitila Barrios de Chungara, de una familia minera, escuchó un cuento de su padre, quien era un minero radicalizado durante la Revolución de 1952. Refiriéndose a una muñeca, él le explicaba la rabia que sintió cuando supo del pago que se dio a los dueños de las minas. "Imagínate que yo te hubiera comprado una bella muñeca o una de esas marionetas que pueden caminar y hablar", le dijo. "De repente un hombre roba a la muñeca y la hace trabajar muy duro. Pero un día, después de mucha pelea, tú le agarras al hombre y le pegas duro y te llevas tu muñeca." Después de tanto tiempo, la muñeca se encuentra sucia, rota y débil. "¿Deberías acaso pagarle por la manera en que tu muñeca se ha envejecido? ¿No ves que no deberías? Lo mismo pasa con los barones del estaño que se han hecho ricos con nuestra mina" (32).

Mientras tanto, las presiones desde abajo continuaban para radicalizar al gobierno del MNR. Campesinos armados y pobres de varias partes del país ocuparon tierras y presionaron al gobierno a deshacerse de las grandes haciendas, para luego tomar y redistribuir las tierras (33). En agosto de 1953, el MNR promulgó la Ley de Reforma Agraria para satisfacer estas demandas y calmar las protestas de las organizaciones de base, pero esto no significó que el gobierno planeaba regular la nueva ley. A nivel nacional, la Reforma Agraria sólo afectó al 28,5 por ciento de los grandes hacendados. Al pasar el tiempo, gente de derecha dentro del MNR defraudó y debilitó a los movimientos sociales que habían llevado al MNR al poder, y empujó a los grupos radicales de trabajadores y agricultores –en particular a la COB– fuera de la esfera política (34).

El impulso de la Revolución de 1952 pudo haberle dado el poder a las mayorías pobres del país. Esto no sucedió. Al contrario, y de acuerdo a Barrios de Chungara, la "nueva burguesía" en el poder comenzó a "deshacer la revolución" a pesar de que ésta fue creada por la clase pobre y trabajadora. "Todo ha sido traicionado porque dejamos el poder en las manos de gente codiciosa", dijo Barrios de Chungara al explicar que la mayoría de los cambios sucedieron simplemente para ayudar a que un nuevo grupo de personas se enriqueciera (35).

El 14 de mayo de 1953, Paz Estenssoro impuso políticas creadas por el Banco Mundial (BM) y el Fondo Monetario Internacional (FMI), que generaron una inflación que triplicó el costo de vida en el país. Estas medidas aún no incluían la privatización de empresas estatales, lo cual generaría en un futuro conflictos por el agua y por el gas. Pero de igual manera, las nuevas políticas favorecerían los intereses de élites políticas y de negocios, y establecerían a Bolivia como un laboratorio de medidas económicas diseñadas en Washington y en las oficinas de poderosas empresas (36).

Al iniciar su tercera gestión, una junta militar derrocó al gobierno de Paz Estenssoro a partir de lo cual se establecieron una serie de gobiernos militares que continuarían intermitentemente hasta 1982. Aunque se gestionaron grandes cambios en las áreas electoral, de educación, reforma agraria y minería, el sueño de la Revolución de 1952 pronto se convertiría en una pesadilla dictatorial, al mismo tiempo en que Latinoamérica entraba en la Guerra Fría (37).

A lo largo de la historia de América Latina, quienes detentaban posiciones de poder usaron la represión para mantener un sistema de explotación que mantiene los sueldos bajos, a las tierras en manos de pocos, y a los recursos naturales a disponibilidad de varios ladrones. La región está actualmente recuperándose de dictaduras y de destructivas políticas económicas que fueron introducidas durante la Guerra Fría. Pero antes de observar a la Bolivia de principios del siglo veintiuno, es importante poder entender su historia reciente. De muchas maneras, los actuales movimientos sociales son el resultado de la represión de Estado y de fallidas políticas económicas (38).

Una vez que la mayoría de los países latinoamericanos ganaron su independencia a principios del siglo diecinueve, otros lejanos imperios se peleaban por tener influencia en la región. Mientras que los nacionalistas se preparaban para recobrar el control de sus propios recursos e industrias, las compañías transnacionales se acomodaban para asegurarse de que las riquezas de América Latina no se quedaran en el continente. A principios del siglo veinte, Washington y varias compañías norteamericanas ya se habían establecido en Latinoamérica. El control sobre la región fue asegurado después de la victoria de los EEUU sobre España en la guerra Cubano-Española de 1898. Estados Unidos prometió a los revolucionarios cubanos que dejaría la isla después de que Cuba ganara su independencia, pero más bien se quedaron a disfrutar de las ventajas de ser dueños de otro país. Los logotipos de Coca-Cola, Nestlé, Ford y United Fruit Company fueron las banderas de estos nuevos colonizadores. Dentro de esta nueva forma de recolonización, Washington supo usar a regímenes militares para introducir nuevas políticas económicas, las cuales a su vez facilitaron la explotación de recursos diversos por parte de compañías norteamericanas (39).

Trabajadores, campesinos, estudiantes y familias enteras latinoamericanas se resistieron a este nuevo colonialismo, demandando mejores salarios, condiciones de trabajo, distribución de tierras y seguros de salud y educación. Tales movimientos llevaron gobiernos socialistas al poder en Nicaragua y Chile. Pero también generaron medidas represivas para grupos radicales en Argentina, Bolivia y Uruguay. Estos grupos pelearon por la nacionalización de ciertas industrias, que permitirían al Estado utilizar sus ganancias en programas y servicios para la sociedad. Pero al mismo tiempo, la aplicación de ciertas políticas económicas de derecha generaron violencia, tortura y muertes. Algunos gobiernos contaron con el apoyo de intereses económicos transnacionales, y aplicaron la fuerza militar y policial para promover una revolución neoliberal, que consistía en la privatización de ciertas industrias y recursos naturales.

La Guerra Fría le ofreció al gobierno de los Estados Unidos una razón para apoyar a los dictadores latinoamericanos, quienes restringieron los derechos civiles con el fin de crear economías más fáciles de manipular y de dominar. Sin importar qué políticas o políticos recibían el voto, el destino de muchas naciones latinoamericanas fue a menudo controlado desde oficinas en Washington. Los planes de Guatemala recibieron un ataque indirecto desde Washington. Aquellas esperanzas eran representadas por Jacobo Arbenz, el presidente guatemalteco que legalizó el primer Partido Comunista del país, el que dio mayor poder a los sindicatos de trabajadores, tomó tierras sin uso de la United Fruit Company y las distribuyó a los campesinos. Antes de que llegara al poder, el 2,2 por ciento de los hacendados del país ocupaban un 70 por ciento de las tierras (40). En 1954, la recién creada CIA (Agencia Central de Inteligencia) condujo su primera operación secreta en América Latina. Los agentes tomaron control de la prensa guatemalteca, debilitaron su economía, entrenaron a mercenarios, orquestaron explosiones y diseminaron rumores y miedos por todo el país. La guerra psicológica tuvo efecto: la CIA aterrorizó a la población y el ejército tuvo temor de defender al Presidente. Arbenz fue derrocado, y una junta militar que compartía los intereses de Washington se instaló en su lugar. Este modelo de golpe de Estado fue aplicado después en otros países latinoamericanos. Che Guevara –quien junto a Fidel Castro liderizó la Revolución Cubana de 1959– estuvo en Guatemala durante aquel tiempo como parte de su recorrido por Centroamérica, y pudo observar las operaciones secretas de los Estados Unidos desde la tranquilidad de la embajada Argentina (41).

La Revolución Cubana de 1959 derrocó a Fulgencio Batista –aliado de los Estados Unidos–, inició cambios socialistas y generó temor entre empresarios y políticos en Washington, quienes argumentaban que tales tendencias podrían invadir a otros países y amenazar a los intereses estadounidenses. Estas élites interpretaban el deseo de independencia y soberanía como un "anti-americanismo" (42). Para prevenir una expansión socialista se incrementó la represión en contra de organizaciones de izquierda, de sindicatos y de grupos estudiantiles (43). Mientras que los países de América Latina se volvían más nacionalistas, el gobierno de los Estados Unidos buscaba maneras de involucrarse en los palacios presidenciales de la región.

A mediados de los años sesenta se fundó el Business Group for Latin America (Grupo de Empresarios para América Latina) para influir en las políticas de Washington hacia América Latina, y para apoyar las campañas presidenciales de candidatos aliados a sus intereses. Sus miembros incluían treinta y siete compañías como US Steel, United Fruit, Ford, Anaconda Cooper y Chase Manhattan Bank. Las actividades del grupo fueron liderizadas por David Rockefeller, cuya familia había adquirido grandes cantidades de tierras en la región desde el siglo XIX. Rockefeller trabajó como el mediador del grupo en la Casa Blanca. Cuando sus medidas abiertas no lograron su objetivo, el Business Group for Latin America trabajó conjuntamente con la CIA para promover golpes de Estado en contra de gobiernos populistas en Brasil en 1964 y en Chile en 1973, los cuales intentaron apoderarse de propiedades empresariales en ambos países. Las grandes empresas que operaban en la región, como Ford, Coca-Cola, Mercedes-Benz y Del Monte, han sido acusadas de colaborar con escuadrones de la muerte en Centroamérica y de destruir sindicatos de trabajadores (44). La Ford Motor Company ayudó a las dictaduras militares en Argentina con los famosos vehículos "Falcon" verdes que fueron usados para secuestrar a disidentes sospechosos. También ofreció su planta de fabricación cerca de Buenos Aires como una base de encarcelamiento y de tortura de quienes resistían a la dictadura (45).

El modelo económico respaldado por Washington y las empresas norteamericanas ha cambiado de nombres y filosofías al pasar de los años, pero siempre ha actuado con la misma creencia: que América Latina debe ser un recurso barato de materiales y de labor, y un mercado obligatorio para productos norteamericanos. En los años ochenta, las políticas que fortalecieron esta creencia formaron el "neoliberalismo", cuyos objetivos eran la apertura económica y la atracción de inversión extranjera. Por toda América Latina se anularon tarifas aduaneras, se disolvieron leyes de trabajo y del medio ambiente, se ofrecieron bajos impuestos a empresas extranjeras, y se privatizaron empresas públicas de teléfonos, agua, trenes y electricidad, vendiéndolas a compañías transnacionales que se creían menos corruptas y más eficientes. Los gastos en educación, seguros de salud y transporte público se redujeron en grande.

Quienes apoyan al neoliberalismo argumentan que la participación del gobierno en la economía, o la regulación a través de impuestos a la producción nacional, prohíben un verdadero crecimiento económico. Economistas neoliberales celebraron al capitalismo competitivo como la única manera de garantizar el desarrollo de una sociedad libre. Al limitar la autoridad del gobierno y mantener el poder económico en las manos del mercado, los políticos neoliberales estaban seguros de que garantizarían las libertades civiles (46). En los años sesenta y más adelante, los principiantes economistas neoliberales utilizaron a América Latina como laboratorio. Recientemente, los pueblos latinoamericanos han tenido que vivir con los resultados. En vez de generar los empleos prometidos, el crecimiento económico y las nuevas libertades, el neoliberalismo concentró riquezas en pocas manos y expandió el capitalismo a niveles globales.

Mientras que la apertura de mercados dio paso libre a productos estadounidenses, los sueldos y las condiciones laborales de los latinoamericanos empeoraron, y se destruyeron negocios que no pudieron competir con las poderosas empresas internacionales. Los gobiernos de marionetas estimularon la exportación de materias primas a bajos precios. Sin estrictas leyes laborales, los trabajadores podían ser contratados y despedidos con facilidad. Los negocios nacionales no pudieron competir con los productos importados a precios más bajos. La privatización del agua, la electricidad y todo –desde la recolección de basura hasta el correo– resultó en permanentes alzas de precios. Los fondos de varios gobiernos fueron recopilados y enviados a las cuentas de compañías extranjeras. En los Estados Unidos, líderes empresariales sugirieron que la apertura y "liberación" de las economías les permitiría a los países competir de manera saludable, y también beneficiarse de nuevos mercados y productos. Sin embargo, bajo el régimen neoliberal los fuertes sobrevivieron (como las compañías europeas y norteamericanas) y los débiles fueron destruidos (47).

Cuando las políticas neoliberales fueron implementadas a la fuerza, esto significó que ya fracasaron. Pero los líderes en Washington no quisieron abandonar sus planes, y a menudo estaban dispuestos a usar medidas secretas para implementarlos (48). En 1975, George Bush Sr., en aquel tiempo director de la CIA, trabajó con el Secretario de Estado Henry Kissinger para desarrollar el Plan Cóndor, una operación diseñada para presionar y dominar a los movimientos y gobiernos de izquierda en la región (49). El Plan incluía el uso de equipos asesinos y el apoyo a dictadores que representaban los intereses de Washington (50). Muchos movimientos y gobiernos progresistas fueron víctimas durante este tiempo.

Un movimiento que se creó en contra de la explotación neoliberal tomó lugar en 1979, liderizado por un ejército de jóvenes guerrilleros que se llamaron Sandinistas, en homenaje al luchador nicaragüense Augusto César Sandino (51). Los sandinistas le quitaron el poder al régimen corrupto de Somoza. Los Somozas, quienes habían controlado a Nicaragua por varias décadas y eran dueños de casi todas las tierras e industrias del país, destrozaron a la oposición. Después de su victoria, los sandinistas establecieron cambios radicales; redistribuyeron tierras, hicieron que la salud y la educación fueran accesibles a la población, y crearon una sociedad con más oportunidades para los desamparados. Como se esperaría, los sandinistas socialistas no recibieron la bienvenida de Washington durante la Guerra Fría. La gestión de Ronald Reagan organizó y dio fondos para un ejército de contra-insurgencia que luchó contra los sandinistas, a quienes llamaron "Contras". Este grupo causó grandes daños a la población nicaragüense a lo largo de casi una década.

Doce años después del fin del gobierno sandinista visité Nicaragua con mi mente llena de imágenes e historias sobre la revolución. Cuando llegué a lo que hoy es uno de los países más pobres del continente, me di cuenta de que Nicaragua había vuelto a sus días pre-revolucionarios, si es que alguna vez había logrado salir de ellos. El desempleo, las desigualdades, la explotación laboral y la distribución injusta de tierras habían reducido la moral de la nación. En León vi murales que ilustraban la esperanza perdida de los años ochenta, y me monté en un bus rumbo a Miraflores, una comunidad de campesinos en el norte, donde la ética y los planes de la revolución aún seguían vigentes.

En Miraflores, todos los habitantes tienen tierras, comparten sus recursos y su labor, y toman decisiones conjuntamente. Muchos de ellos son guerreros ex sandinistas a quienes les faltan piernas o dedos de las manos. En una de las casas que visité, mi anfitrión se sentó al lado de una linterna para hablarme sobre la guerra. Él enfatizaba cada cuento levantando su puño al aire, al cual le faltaban dos dedos por culpa de una explosión en una mina. Entre otras historias sobre muertes y sufrimientos, me contó cómo los Contras colocaban las cabezas de sus víctimas en postes de madera para asustar a los sandinistas. Aunque los nicaragüenses tenían tierras y acceso a la educación y a la salud en los años ochenta, muchos de ellos no podían disfrutar de estos logros por seguir en su lucha. Sus vecinos apuntaban hacia unas cimas cercanas donde un hermano o una tía habían sido asesinados, con ojos llenos de lágrimas. Sus historias eran actuales, palpables. La guerra apenas fue ayer. Estaba todavía en todas partes.

Nicaragua no fue el único país centroamericano en sentir la furia de la Guerra Fría. Desde 1976 hasta 1983 Washington apoyó a una devastadora dictadura militar en Argentina que controló al gobierno, prohibió las elecciones libres, y presionó a líderes de escuelas y de negocios a obtener información sobre líderes subversivos. La administración tomó el control de la policía, prohibió las organizaciones políticas y laborales, e intentó eliminar a todos los elementos de oposición en el país a través del abuso, la tortura y los asesinatos. Periodistas, estudiantes y dirigentes de sindicatos recibieron la peor represión, dejando al país sin una generación de líderes de movimientos sociales. Ocurrió lo mismo en otros países de América Latina, donde la amenaza del comunismo y de las guerrillas armadas sirvieron como excusa para los ataques de la dictadura. Se crearon cientos de campos de tortura y cárceles. Muchas de las víctimas terminaron en fosas comunes o fueron lanzadas desde aviones hasta el mar. Quinientos bebés, hijos de los asesinados, terminaron en manos de los torturadores, al igual que el dinero que dejaron en un total de decenas de millones de dólares. La represión en Argentina dejó treinta mil muertos (52). Durante todos estos horrores, las madres de los desaparecidos marcharon en la Plaza de Mayo, ganándose el denominativo de Madres de la Plaza de Mayo. Estas mujeres se organizaron por la justicia y los derechos humanos, demandando saber el doquier de sus hijos desaparecidos (53).

Durante todo este tiempo América Latina derramó sangre. En diciembre de 1981 en El Mozote, El Salvador, el Batallón Atlacatl –entrenado por soldados del ejército estadounidense– masacró a más de 750 personas, incluyendo a cientos de niños menores de doce años. Los soldados dispararon, apuñalaron, decapitaron y amputaron brazos, piernas y genitales de sus víctimas. Algunos reportaron que hasta los fetos habían sido extraídos de madres embarazadas, y que algunos niños fueron echados en contra de las rocas o hacia los ríos mientras sus padres observaban. Varias investigaciones revelaron que las balas usadas en esta masacre fueron fabricadas en los Estados Unidos. Durante este tiempo, John Waghelstein era el líder del equipo de consejo militar de los Estados Unidos en El

Salvador. Él estuvo en dos ocasiones diferentes en la Guerra de Vietnam, y enfocó su entrenamiento militar en "volverse primitivo" (54).

En 1970, el doctor socialista Salvador Allende ganó las elecciones democráticas en Chile. La administración de Richard Nixon en los Estados Unidos temió que sus proyectos de izquierda tuvieran éxito, dándole un ejemplo al resto de la región. "No entiendo por qué deberíamos quedarnos a un lado observando a un país que se va volviendo comunista por la falta de responsabilidad de su gente", dijo Henry Kissinger, el Consejero de Seguridad Nacional, en Chile en 1970 (55). Durante los tres años en que liderizó a su país, Allende nacionalizó la industria del cobre, las compañías de teléfonos y los bancos; generó el acceso libre a la salud y a la educación, y peleó por los derechos de las mujeres y los trabajadores. Éstos fueron avances importantes, particularmente si se considera que su gobierno fue agredido por la administración de Nixon desde un principio. Washington hizo todo lo posible para desestabilizar su régimen a través del trabajo de la CIA, que dio apoyo financiero y logístico a grupos contrarios a Allende y a la prensa en Chile. Uno de sus aliados principales terminó siendo el general Augusto Pinochet, quien liderizó un golpe de Estado el 11 de septiembre de 1973. La dictadura pinochetista de dieciséis años, que comenzó en las ruinas bombardeadas del Palacio de Gobierno, dejó 3.000 muertos y desaparecidos, y muchas más víctimas de torturas y traumas (56).

El régimen de Pinochet en Chile ofrece uno de los mejores ejemplos de cómo la aplicación de políticas neoliberales en América Latina iban de la mano de la represión dictatorial. Los economistas de la Universidad de Chicago, conocidos como los "Chicago Boys" –Milton Friedman, Friedrich von Hayek y Arnold Harberger– fueron los arquitectos esenciales de la economía neoliberal chilena. Sus filosofías desafiaron a sindicatos y a partidos políticos de izquierda que no estaban de acuerdo con sus visiones. Cuando Pinochet derrocó a Allende en 1973 y dio rienda suelta a la represión en contra de líderes

políticos y sindicalistas, se presentó el mejor momento para
que los Chicago Boys se pusieran a trabajar. El dictador los
invitó a Chile donde se les otorgó el control de la economía
nacional. Desde sus puestos se aseguraron de que el Estado
no interfiriera en la economía y de que hubiera abundante
inversión extranjera. (57) Los Chicago Boys limitaron los gastos del Estado y disolvieron restricciones contra la inversión.
Decenas de miles de empleados públicos perdieron sus trabajos
cuando el gobierno vendió más de 400 empresas estatales a
compañías privadas (58). Sin embargo, hasta Pinochet mismo
reconoció que las políticas eran muy severas, y cambió algunas
de las medidas más drásticas poco tiempo después de haberlas
implementado.

La escala de estas políticas económicas y las tácticas bruta-
les usadas para implementarlas eran temas sobre los cuales los
gobiernos militares prefirieron no decir nada. Mucho tiempo
ha pasado para que los ciudadanos puedan saber cómo y por
qué fueron víctimas de tanta violencia. Años después de la
dictadura en Chile, los fantasmas del régimen de Pinochet aún
intimidan al país. En 2003, en el treinta aniversario del golpe
de Pinochet que recibió ayuda de los Estados Unidos, la mitad
de las personas en la calle más transitada de Santiago pasaban
su día de compras. La otra mitad le protestaba al gobierno su
temor de tener un debate sobre los eventos del día del golpe.
Ya habían pasado semanas de reflexión y discusión en torno al
aniversario. Los canales de televisión y los periódicos estaban
llenos de una mezcla de contenido nostálgico, histórico y nueva
información sobre el golpe y la presidencia de Allende. Cada
día se ofrecieron conferencias, marchas, conciertos y discursos
en toda la ciudad sobre aquellos eventos controversiales (59).

Gran parte de la "nueva" información que se mostró por
televisión y se imprimió en los diarios era únicamente nove-
dosa en Chile, porque ya se conocía desde hace varias décadas
en el resto del mundo. Aldo Casali, un profesor de historia y
economía en la Universidad Diego Portales en Santiago, me
dijo: "Cuando alguien pregunta qué lecciones sociales hemos

aprendido en estos treinta años no sé qué decir, porque apenas hemos empezado a hablar sobre el tema recientemente".

Para muchos chilenos, el dejar que Pinochet y sus colaboradores se queden en libertad es como intentar avanzar sin memoria alguna. Miguel Faure, un activista estudiantil de la Universidad de Chile, dijo: "Para nosotros, la estabilidad política sin justicia es como una bomba de tiempo. La gente busca justicia, no solamente para los muertos, pero para que esto no vuelva a suceder, porque no estamos convencidos de que no vuelva a suceder en cualquier momento, en cualquier país de América Latina" (60).

Estos años de dictaduras causaron tanto daño en Bolivia como en el resto de la región. Varios dictadores pasaron por Bolivia entre 1964 y 1982, destruyendo movimientos de izquierda con una mezcla de políticas económicas, intimidación, tortura y asesinatos. El militar Hugo Bánzer se apoderó del poder en 1971, manejando el país con un puño de hierro hasta 1978. Luis García Meza gobernó a principios de los años ochenta con tendencias fachistas que fueron incentivadas por consejeros como el ex nazi Klaus Barbie (61).

En El Alto, Bolivia, una compañía de teatro llamada Teatro Trono trabaja con niños sin hogares y jóvenes que tienen problemas familiares o económicos. Una de sus obras trata sobre Bolivia durante los años de la dictadura. Una escena dramática abre cuando un líder militar grita entre la multitud: "¡Puedo oler a los subversivos!". Algunos miembros de la audiencia son llevados hacia el escenario amarrados y arrastrados, mientras que el militar dice: "Quiero poner una bala dentro de la cabeza de un comunista". Música andina alegre se puede escuchar irónicamente, mientras que hombres y mujeres son amarrados y tirados al piso. La tortura comienza, y el ambiente se llena de gritos. Una sierra circular corta una barra de metal, lanzando chispas por todo el escenario. El sonido del metal, los gritos de "¡Paren! ¡Paren!" y la música se unen mientras un retrete es arrastrado al escenario. Un actor se sienta encima de él y dice: "El neoliberalismo nos ayudará en el desarrollo. Nos ayudará en el futuro".

Quizás la más devastadora de las políticas neoliberales de los líderes bolivianos fue aplicada en 1985, cuando la pobreza creció enormemente, los sueldos bajaron y el gobierno fue incapaz de pagar su deuda al FMI (62). Ésta falta de dinero fue luego castigada por instituciones financieras internacionales como el Banco Mundial, que dejaron de prestarle fondos a Bolivia. Afortunadamente, los Estados Unidos llegaron al "rescate": el economista y profesor de Harvard Jeffrey Sachs, diseñó un plan para socorrer al país. Una de sus prioridades fue permitirle a Bolivia a que siga pagando su deuda al FMI. El plan, consumado en el Decreto Supremo 21060, incluyó la anulación de restricciones al comercio, el congelamiento de los sueldos del sector público, y el despido de miles de trabajadores y empleados públicos.

El gobierno boliviano adoptó las medidas, paso que fue aplaudido por el FMI, el cual dio luego 57 millones de dólares en crédito a Bolivia. Aunque las medidas económicas estabilizaron la economía por un período de tiempo, los más pobres se vieron afectados por el desempleo y una baja en sus sueldos. El cambio también afectó a los campesinos, al enfocar la inversión y el crédito hacia los grandes productores agrícolas, y al bajar las tarifas de comercio que permitieron la importación de productos baratos. La aplicación de las medidas generó más desempleo, y llevó a muchos trabajadores al sector informal como vendedores ambulantes. Al mismo tiempo, una baja en el precio del estaño obligó al cierre de muchas minas, dejando a más de 25.000 mineros sin trabajo (63). Sin embargo, el régimen neoliberal siguió su camino, y desde 1993 hasta 1997 el presidente Gonzalo Sánchez de Lozada privatizó decenas de industrias públicas, ofreciendo la riqueza natural boliviana a compañías transnacionales (64). Las enfermedades, la malnutrición y el desempleo afectaron a una mayoría de la población (65). Actualmente, alrededor de la mitad de los nueve millones de habitantes en Bolivia gana menos de dos dólares diarios (66).

En los últimos 25 años, de acuerdo al analista político Noam Chomsky,

Los países que han seguido las órdenes neoliberales han sufrido una catástrofe económica, y los países que no les hicieron caso, crecieron y se desarrollaron. El Asia Oriental se desarrolló rápidamente, gracias a haber ignorado las órdenes. A Chile se la define como una economía de mercado, pero eso es algo engañoso: su mejor producto de exportación es una compañía estatal muy eficiente de cobre que fue nacionalizada bajo Allende. No se consiguen comparaciones como éstas en los estudios económicos muy frecuentemente. El apego a las reglas neoliberales ha sido asociado con el fracaso económico, y la violación de las órdenes, con el éxito: es muy difícil no ver esto. A lo mejor algunos economistas pueden no verlo, pero la gente no: ellos lo viven... Existe un levantamiento en contra de ellos. (67)

Este levantamiento ganó fuerzas a principios del siglo XXI, cuando muchos latinoamericanos salieron del desastre del neoliberalismo para protestar en contra de la represión del Estado y la explotación económica. Los efectos del neoliberalismo trajeron una nueva ola de cambio. Los movimientos sociales y los sindicatos de trabajadores comenzaron el nuevo milenio con las lecciones y los legados de rebeliones como las de Tupac Katari, de los trabajadores en la Revolución de 1952, y los logros de los sandinistas en Nicaragua y de Allende en Chile. Los movimientos se levantaron en contra del robo y del terror que habían maldecido a la región. Sin embargo, ningún otro lugar de América Latina sufrió tanto por la globalización como Bolivia. Y en ningún otro lugar ha habido una resistencia popular tan fuerte.

Notas

(1)   Eduardo Galeano, *Las venas abiertas de América Latina*, traducción Cedric Belfrage (New York: Monthly Review Press, 1973), 44-46.
(2)   Ibid, 20-22, 32, 34.
(3)   Ibid.
(4)   La idea de que la riqueza existe en el norte porque hay pobreza en el sur es un tema esencial del libro de Galeano, *Las venas abiertas...*

(5)   Para más información sobre las vidas de los mineros en Potosí, ver René
      Poppe, *Compañeros del Tío (cuentos mineros)*. La Paz: Plural editores,
      1977.
(6)   Herbert S. Klein, *A Concise History of Bolivia* (Cambridge: Cambridge
      University Press, 2003), 74-75.
(7)   Benjamin Kohl y Linda Farthing, *Impasse in Bolivia: Neoliberal Hegemony
      and Popular Resistance* (New York: Zed Books, 2006), 39.
(8)   Sinclair Thomson, "Cuando sólo reinasen los indios: recuperando la
      variedad de proyectos anticoloniales entre los comunitarios andinos
      (La Paz, 1740-1781)" en *Ya es otro tiempo el presente*, Forrest Hylton,
      Félix Patzi, Sergio Serulinikov y Sinclair Thomson (La Paz: Muela del
      Diablo Editores, 2005), 43.
(9)   Galeano, *Las venas abiertas de América Latina*, 44-46.
(10) Klein, *A Concise History*, 75-76.
(11) Galeano, *Las venas abiertas de América Latina*, 44-46.
(12) Pablo Solón, *Bartolina Sisa* (La Paz: Fundación Solón, 1999), 1-10.
(13) Ibid.
(14) Agosto es uno de los meses más fríos en los Andes.
(15) Iván Ignacio, "Nuestro homenaje a la comandante Bartolina Sisa, líder
      aymara incorrompible", Andean First Nacions Council, http://www.
      pusinsuyu.com/english/html/bartolina_sisa_english.html
(16) Solón, *Bartolina Sisa*, p. 10-20.
(17) Para más información sobre el rebelde indígena del siglo XIX Pablo Zá-
      rate, ver "¿Quién fue Pablo Zárate?", en *El Temible Willka*, http://willka.
      net/Pablo%20Zarate.htm. Para más información sobre las rebeliones
      indígenas en los Andes, ver Fausto Reinaga, *La revolución india*. El Alto:
      Imp. Movil Graf, 2001. También ver Hylton et al., *Ya es otro tiempo*.
(18) Kohl y Farthing, *Impasse*, 40-41.
(19) Ver Capítulo 7 sobre el levantamiento de El Alto en octubre de 2003.
(20) Luis Antezana E., *Masacres y levantamientos campesinos en Bolivia* (La Paz:
      Libreria Editorial Juventud, 1994), 129. Para más información sobre
      rebeliones indígenas pre-revolucionarias (1952), ver Roberto Choque
      Canqui con Cristina Quisbert, *Historia de una lucha desigual*. Serie:
      Rebeliones indígenas. La Paz: Unidad de investigaciones históricas
      Unih-Pakaxa, 2005.
(21) Silvia Rivera Cusicanqui, *Oprimidos pero no vencidos: luchas del campesi-
      nado aymara y quechua 1900-1980* (La Paz: HISBOL-CSUTCB, 1984),
      104-109.
(22) Pablo Solón, *La otra cara de la historia* (La Paz: Fundación Solón, 1999),
      22-25.
(23) Kohl y Farthing, *Impasse*, 44-46.
(24) Klein, *A Concise History*, 206-208.
(25) James Dunkerley, *Rebelión en las venas: la lucha política en Bolivia,
      1952-1982* (La Paz: Plural, 2003), 67-69.

(26) Klein, *A Concise History*, 206–208.

(27) En el 2003, la llegada de los mineros al conflicto del gas en octubre fue esencial en obligar a Sánchez de Lozada a que se fuera del país.

(28) Dunkerly, *Rebelión*, 67-69, 70-71.

(29) Solón, *La otra cara*, 27-29, 30-31.

(30) Ibid., 32-36.

(31) COMIBOL produjo más del 50 por ciento de los minerales bolivianos a principios de los ochentas (Farthing and Kohl, *Impasse*, 64). Para más información sobre COMIBOL, ver Salomón Rivas Valenzuela, *COMIBOL, una historia de amor*. La Paz: Imprenta Astral, 1998.

(32) Domitila Barrios de Chungara con Moema Viezzer, *Let Me Speak!: Testimony of Domitila, A Woman of the Bolivian Mines*. Traducción: Victoria Ortiz (New York: Monthly Review Press, 1978), 25. Para más información sobre las mujeres en las comunidades y sindicatos mineros bolivianos, ver María L. Lagos, *Nos hemos forjado así: al rojo vivo y a puro golpe, Historias del Comité de Amas de Casa de Siglo XX*. La Paz: Plural editores, 2006.

(33) Rivera, *Oprimidos*, 122-123.

(34) Dunkerly, *Rebelión*, 104-106. También ver Solón, *La otra cara*, 39-42.

(35) Domitila Barrios de Chungara con Moema Viezzer, *Let Me Speak!*, María L. Lagos, *Nos hemos forjado así: al rojo vivo y a puro golpe, Historias del Comité de Amas de Casa de Siglo XX*.

(36) Kohl y Farthing, *Impasse*, 49.

(37) Solón, *La otra cara*, 32-38, 39-42. También ver Dunkerly, *Rebelión*, 91-94.

(38) Duncan Green, *Faces of Latin America* (London: Latin America Bureau, 1997), 6-7. También ver Galeano, *Las venas abiertas*, 285.

(39) Green, *Faces*, 11.

(40) Para más información sobre United Fruit en Guatemala, ver Manu Saxena, "United Fruit and the CIA", *Eat the State*, 1999, http://eatthestate. org/03-26/UnitedFruitCIA.htm. También ver Dana Frank, *Bananeras: Women Transforming the Banana Unions of Latin America*. Cambridge: South End Press, 2005.

(41) Greg Grandin, *Empire's Workshop* (New York: Metropolitan Books, 2006), 42-43.

(42) Más detalles en Stephen Kinzer, *Overthrow: America's Century of Regime Change from Hawaii to Iraq*. New York: Times Books, 2006.

(43) Lesley Gill, *The School of the Americas* (Durham: Duke University Press, 2004), 14-15.

(44) Grandin, *Empire's Workshop*, 14, nota 7.

(45) Ibid., notas 5, 6 y 8.

(46) Kohl y Farthing, *Impasse*, 15-18. Para más información ver Robin Hahnel, *The ABC's of Political Economy*. London: Pluto Press, 2002, Douglas Dowd, *Capitalism and Its Economics*. London: Pluto Press, 2004,

y Noam Chomsky, *Profit Over People*. New York: Seven Stories Press, 1998, y *Radical Priorities*, Oakland: AK Press, 2003. Al nivel regional, las políticas neoliberales han tenido efectos devastadores, aumentando la pobreza y las diferencias económicas a lo largo de Latinoamérica. También ver Green, *Faces*, y Galeano, *Las venas abiertas*.

(47) Duncan Green, *Silent Revolution: The Rise and Crisis of Market Economics in Latin America* (New York: Monthly Review Press, 2003), 12-13.

(48) Kohl y Farthing, *Impasse*, 32.

(49) Para más información sobre Kissinger, ver Seymour Hersh, *The Price of Power: Kissinger in the Nixon White House* (New York: Summit Books, 1983), y William Shawcross, *Sideshow, Kissinger, Nixon and the Destruction of Cambodia* (New York: Simon and Schuster, 1979), así como *The Trials of Henry Kissinger* (London: BBC Documentary, 2002) de Alex Gibney y Eugene Jarecki.

(50) "Plan Condor", Source Watch, Center for Media and Democracy (February 10, 2006), http://www.sourcewatch.org/index.php?title=Plan_Condor.

(51) Para más información sobre Sandino, ver "Biographical notes", Sandino. org, http://www.sandino.org/bio_en.htm

(52) Ver Toni Solo, "Coming Soon to the US? Plan Condor the Sequel", Counterpunch (October 1, 2003), http://www.counterpunch.org/solo10012003.html. También ver Renate Lunn, "Five Lessons Bush Learned from Argentina's Dirty War and Five Lessons for the Rest of Us", *Upside Down World* (January 3, 2006), http://upsidedownworld.org/main/content/view/160/32/. Para más información sobre la guerra sucia en Argentina, ver Rodolfo Walsh "A year of dictatorship in Argentina, March 1976 - March 1977: An open letter to the military junta from Rodolfo Walsh". Varias películas sobre el legado de las dictaduras puede verse en http://www.agoratv.org/.

(53) Para más información sobre las Madres de la Plaza de Mayo, ver el sitio de internet http://www.madres.org.

(54) Grandin, *Empire's Workshop*, 89-91.

(55) Mickey Z., "Nothing But Human Rights", MIT Western Hemisphere Project (August 16, 2001), http://web.mit.edu/hemisphere/events/kissingerchile.shtml.

(56) Miembros de la Junta Militar bombardearon el palacio de gobierno chileno durante el golpe en 1973. Para más información ver Kinzer, Overthrow.

(57) Green, *Silent Revolution*, 33-34.

(58) Grandin, *Empire's Workshop*, 163-164, 170-174.

(59) Benjamin Dangl, "CHILE: Coup anniversary sparks national debate", *Green Left Weekly* (September 24, 2003), http://www.greenleft.org.au/back/2003/555/555p18.htm.

(60) Desde su inauguración, Michelle Bachelet ha establecido leyes para prevenir a que se repitan las violaciones de derechos humanos.

(61) Ver Kohl y Farthing, *Impasse*, así como Barrios de Chungara, *Let Me Speak!*

(62) Las políticas e historias del Fondo Monetario Internacional y del Banco Mundial son discutidas en el capítulo sobre el "Febrero Negro" boliviano.

(63) El plan de privatización de Sánchez de Lozada regresaría para presionar a su gestión a través de demandas públicas por el control estatal de las reservas de gas. Green, *Silent Revolution*, 74.

(64) Forrest Hylton, "Popular Insurrection and National Revolution: Bolivia in Historical and Regional Context", *CounterPunch* (October 30, 2003), http://www.counterpunch.org/hylton10302003.html

(65) Green, *Silent Revolution*, 75, 85 (nota 52), 86.

(66) John Crabtree, *Perfiles de la protesta: política y movimientos sociales en Bolivia* (La Paz: Programa de Investigación Estratégica en Bolivia y Fundación UNIR Bolivia, 2005), 7.

(67) Noam Chomsky y Bernie Dwyer, "Latin American Integration: Radio Havana Cuba Interview", *Z Magazine* (March 7, 2006), http://www.zmag.org/content/print_article.cfm?itemID=9862&sectionID=1.

CAPÍTULO DOS

Más que una hoja: la coca y el conflicto en Bolivia

"Ésta no es una guerra en contra de los narcotraficantes, es una guerra en contra de aquellos que trabajan para poder sobrevivir"
- Leonilda Zurita (1)

La cocalera Leonilda Zurita seca unas hojas de coca cerca de su casa en el Chapare.
FOTO: Benjamin Dangl

En el Chapare –la región cocalera más grande del país y el enfoque de la guerra contra las drogas en Bolivia–, las fuerzas de seguridad han jugado fútbol con los cocaleros mientras esperaban las órdenes de los oficiales norteamericanos para destruir las plantaciones de coca. Una vez que recibían tal orden, el juego terminaba y el conflicto comenzaba. "Es como si nuestro propio Ejército boliviano aquí en el trópico no tuviera autoridad", me dijo la sindicalista cocalera Leonilda Zurita, "los norteamericanos son los que tienen la autoridad" (2).

La hoja de coca representa quizás el choque cultural más explosivo en Bolivia. Este recurso natural se ha usado en la región andina por miles de años para calmar el hambre, el cansancio y la enfermedad, para incrementar los niveles de oxígeno en la sangre en la altura, y como un símbolo religioso y cultural. Los bolivianos mascan la hoja pequeña y verde como si fuera tabaco y la toman en forma de té. Hasta la Embajada de los Estados Unidos, la cual ha iniciado la mayoría de las campañas de erradicación, recomienda tomar té de coca para aliviar el mal de altura. Aparte de sus usos tradicionales, la coca es también un ingrediente en anestésicos, jarabes, vinos, gomas de mascar y Coca-Cola. Las hojas secas se venden en bolsas pequeñas por todo el país, y el mate de coca es más común en Bolivia que el café. Gran parte de la coca producida en Bolivia está destinada a este uso legal y controlado.

Para Washington, sin embargo, la hoja de coca es esencialmente el ingrediente principal de la cocaína. Desde 1989, el gobierno de los Estados Unidos se ha enfocado en parar la producción de coca en Bolivia y otros países de América Latina. Este proyecto, conocido como la "Guerra Contra las Drogas", incluye la militarización de regiones semi-tropicales de producción de coca, como el Chapare y los Yungas, así como la erradicación de plantaciones de coca, para disminuir el flujo de cocaína a los Estados Unidos. Otros métodos incluyen la interdicción del tráfico de drogas y la destrucción de laboratorios de cocaína. Esta guerra contra las drogas en Bolivia ha resultado en violencia, muerte, tortura y trauma para las familias campesinas que dependen de las plantaciones de coca. Mientras tanto, los millones de dólares que Washington ha introducido a este conflicto no han disminuido la cantidad de cocaína en las calles de los Estados Unidos, llevando a Leonilda Zurita a pensar que la guerra contra las drogas no es "una guerra en contra de los narcotraficantes, es una guerra en contra de aquellos que trabajan para sobrevivir".

Para muchos bolivianos, la hoja de coca es un símbolo de resistencia contra la intervención directa de Washington. La hoja verde también sostiene a gente de otro niveles, desde los mineros que sacrifican sus vidas en condiciones laborales terribles, hasta campesinos en el altiplano. La coca ayuda a quienes salen en largas protestas, movilizaciones y huelgas de hambre. Los movimientos sociales y los partidos políticos más poderosos de Bolivia han surgido de la lucha campesina en el Chapare para sembrar coca y resistir la militarización. Aunque muchas de las políticas mencionadas aquí han mejorado durante gestiones pasadas, la historia de este conflicto pone en contexto a los movimientos y a los líderes políticos que han cambiado radicalmente la sociedad y la política boliviana.

La coca viajó libremente por el mundo como un ingrediente en el vino y las medicinas hasta 1952, cuando un estudio de la Organización de las Naciones Unidas (ONU) denominó a la hoja como una substancia adictiva y dañina para la salud, y la colocó junto a la cocaína en una lista de drogas ilegales. La ONU determinó que la coca debería ser considerada igual que la cocaína (3). Desde ése entonces, las exportaciones legales de coca se han acabado y han sido substituidas por la famosa exportación ilegal.

Uno de los argumentos centrales de los campesinos en contra de la erradicación es que existe una gran diferencia entre la hoja de coca y el producto refinado de la cocaína. "Tratar de comparar a la coca con la cocaína es como comparar semillas de café con metamfetaminas, existe un universo de diferencias entre las dos", explica Sanho Tree del Institute for Policy Studies. "La coca es casi imposible de abusar en su estado natural" (4). En Bolivia esta diferencia es obvia, pero los bolivianos saben que este mensaje todavía debe ganar fuerza a nivel internacional. "Yo he mascado coca todos los días de mi vida y aún no estoy loca", me dijo Leonilda Zurita. "Una uva es una uva y luego de un proceso largo se hace vino de ella.

Es lo mismo con la coca. La coca es coca y sólo a través de un largo proceso se puede hacer la cocaína". De manera similar, el árbol de sassafras, el cual produce un ingrediente principal en la droga ecstasy, es completamente legal (5).

Silvia Rivera, una socióloga y una autoridad en el tema de la historia y el uso de la coca, me habló sobre este recurso importante (6). Nos sentamos sobre pieles de ovejas que cubrían el piso de su oficina, al frente de un mantel de colores cubierto con hojas de coca. Rivera prendió un cigarrillo, sacó el tallo de una hoja y me habló sobre la importancia de la coca en la dieta andina desde hace miles de años. Los andinos comían verduras, ensaladas, quinua, maíz y coca con regularidad, previniendo las enfermedades y mejorando la energía. Como estas comidas eran tan nutritivas, la gente de los Andes no tenía por qué comer mucho. De acuerdo a Rivera, esto impresionó a los españoles durante la Colonia, quienes comían en grandes cantidades. Rivera dijo que la coca ayuda a la digestión, a los problemas sanguíneos y del corazón, e incrementa la capacidad pulmonar. "También cura a las personas que tienen adicción al crack y a la cocaína... Así sean hojas, pastillas o cápsulas". Como muchos otros bolivianos, ella usa la coca como una cura para dolores comunes, en vez de la aspirina y de medicinas farmacéuticas.

Además de ofrecer sustento y ayuda medicinal, la coca ha servido como una red de seguridad para las gente pobre. A mediados de los años ochenta, un gran sector de la población trabajaba en las minas o en el campo. Todo esto cambió cuando en 1983 una sequía obligó a los campesinos a migrar hacia otras regiones. En 1985, el cierre de la compañía estatal de minas dejó a más de 20.000 mineros sin trabajo. Aunque esto fue el resultado de una baja en el precio del estaño, el cierre fue también parte de un plan neoliberal para privatizar empresas estatales y romper la unidad de los mineros, quienes formaban la unión de trabajadores más poderosa del país. Muchos migraron hacia el Chapare, donde podían producir coca para sobrevivir. De esta manera, la coca salvó a la gente del neoliberalismo como un barco en un mar tormentoso (7). Isabel, una inmigrante de una familia minera, describió el trauma del cierre de las minas: "El dinero había desaparecido... Los mineros no sabían cómo trabajar en otras cosas, sólo sabían ir bajo tierra... Durante este tiempo casi nos morimos de hambre" (8).

La militancia de los sindicatos mineras, evidenciada de forma más clara durante la Revolución de 1952, fue transferida a las organizaciones sociales de El Alto y el Chapare. Estas cualidades se aplicaron a los sindicatos, las alcaldías y las asambleas (9). Los migrantes al Chapare formaron sindicatos para llenar el vacío dejado por el gobierno. Los sindicatos organizaron ciclos de trabajo, la distribución de tierras y la mediación de disputas. A través del trabajo comunal obligatorio se construyeron caminos, clínicas de salud y escuelas. La participación en protestas, reuniones y bloqueos también fue obligatoria (10). Esta estructura organizada formó a las Seis Federaciones, las que hoy en día forman una unión de alrededor de 40.000 cocaleros en el Chapare. Las Seis Federaciones se han convertido en un instrumento poderoso a través del cual los campesinos se organizan, protestan y presionan al gobierno sobre políticas de la Guerra contra las Drogas (11).

El cierre de las minas en los años ochenta coincidió con una creciente demanda de cocaína en los Estados Unidos y en Europa. La coca rápidamente reemplazó al estaño como el producto de exportación más grande de la década (12). La coca también era más fácil de plantar, guardar y transportar que muchos otros productos en el Chapare, una zona con escasez de caminos o puentes. Otros productos como la yuca, el arroz, la fruta y el maíz se sembraban para el consumo de subsistencia y no para la venta. En la historia boliviana reciente, la coca –y la cocaína– han sido un gran negocio. Desde 1980 hasta 1997 el negocio de la coca y de la pasta de cocaína generó 500 millones de dólares al año. La industria creó más dinero y más trabajos que cualquier otro producto agrícola. Durante este tiempo, la cantidad de personas que trabajaron en la producción de la coca llegó a los cientos de miles (13).

La coca que va hacia la producción de cocaína se envía a laboratorios en el Chapare donde es combinada con una mezcla de químicos, y es transformada en una pasta que es comprada primordialmente por narcotraficantes colombianos. Una vez en Colombia, esta pasta es refinada hasta producir cocaína pura, y después es llevada hacia los Estados Unidos o a otros mercados (14). De acuerdo a Kathryn Ledebur, la directora de la Red de Información Andina, una organización que estudia la política de las drogas en Cochabamba, existe alguna producción de drogas en el Chapare, pero los sindicatos cocaleros y las comunidades se distancian para no estar implicados en la actividad. Por esta razón, la mayoría de los laboratorios de pasta de cocaína en la región se encuentran en tierras abandonadas. Las drogas se producen en la zona pero, de acuerdo a Ledebur, la producción no se da de manera abierta, ni tampoco beneficia a los miembros de las comunidades, de manera que el enfoque de la guerra en contra de las drogas hacia los campesinos resulta aún más contradictorio (15).

En vez de encargarse de la demanda de drogas en el país, el gobierno de los Estados Unidos ha destinado dinero y recursos para acabar con la producción de la coca. Y los campesinos pobres son los que más han sufrido por causa de este conflicto. El gobierno boliviano, con el apoyo de Washington, estableció leyes estrictas anti-coca, criminalizando su producción y usando la violencia en contra de cualquier persona que resistiera la erradicación. A menudo la violencia, las violaciones de derechos humanos y los arrestos acompañaban a los esfuerzos de erradicación, obligando a los sindicatos de cocaleros a que se organicen para defender sus derechos de producir coca.

Pocos entienden la manera en que la guerra contra las drogas ha impactado a las comunidades del Chapare tan profundamente como Leonilda Zurita. Como cocalera y dirigente sindical desde hace mucho tiempo, ella ha sido arrestada y maltratada por la policía y las fuerzas militares. Después de que su padre falleciera cuando ella tenía dos años, su madre crió a Zurita y a sus cinco hermanos. Cuando ella tenía diecisiete años, su madre participó en un programa del gobierno de desarrollo alternativo para reemplazar a la coca. El proyecto fue un fracaso, y quienes formaron parte de él perdieron dinero, tiempo y cosechas. Como resultado, Zurita tuvo que abandonar la escuela para ayudar a su familia a sembrar coca. En 1991, ella empezó a cocinar y a limpiar en las reuniones de los sindicatos de coca, y en 1994 fue nombrada secretaria de la Federación de Cocaleros. Asimismo, ella ayudó a formar la primera Federación de Mujeres del Chapare en 1995, y después el Comité Coordinador de las Seis Federaciones de Mujeres Campesinas del Trópico. Ella continúa sembrando coca en su pequeña finca familiar, luego de superar varias erradicaciones (16).

Me reuní con Zurita y su compañera cocalera Apolonia Sánchez en el pueblo de Eterazama, en el Chapare, en febrero del 2006. Ambas vestían las faldas anchas y los sombreros blancos y de ala ancha que son típicos de las mujeres indígenas del Chapare. Zurita es una dirigente maternal pero al mismo tiempo feroz. Contestó a mis preguntas con entusiasmo. Su carisma y su fuerza de espíritu ayudó a que se convirtiera en una de las dirigentes más distinguidas del país, así como una senadora alterna en el Congreso Nacional. Sánchez es miembro del sindicato liderizado por Zurita y, además de producir coca, también vende ropa para ganarse la vida. Ellas me llevaron al mercado de coca del pueblo, el cual está organizado y monitoreado por el sindicato local.

El mercado en Eterazama, que se encuentra en un terreno amplio con piso de cemento y bajo un techo de metal corrugado, está funcionando desde hace 25 años. Adentro el aire tenía el olor fuerte de la hoja de coca. Montones verdes de coca de hasta un metro de alto cubrían el piso. Los niños jugaban entre los montones, revolcándose y lanzándose hojas los unos a los otros, mientras que sus familiares bajaban sacos llenos de coca de autos y bicicletas, para después vaciarlos en el piso del mercado.

Como en otras partes del Chapare, Eterazama está rodeada por pequeños cocales. El clima tropical les permite a
los campesinos sembrar coca todo el año, y cosechar cada tres
o cuatro meses. La mayoría de la coca de la región es producida por campesinos que viajan varios kilómetros en bicicleta,
automóvil o a pie, para vender sus hojas en mercados legales
y controlados por los sindicatos, como éste. La coca que se
compra en mercados del pueblo se vuelve generalmente a vender en mercados citadinos más grandes. El sindicato controla
estrictamente las ventas, y quienes son descubiertos vendiendo
coca fuera del mercado legal y bajo la mira de los sindicatos,
son expulsados.

Para muchos campesinos en el Chapare la alternativa a
sembrar coca es el desempleo y el hambre. "Nosotros necesitamos cuidar de nuestra coca como si fuera un niño, para que
toda la familia pueda sobrevivir", dijo Zurita. "La coca nos da
alimento. Nos da educación y salud, porque aquí la educación
y la salud no son gratis. Cuando vendemos la coca, podemos
comprar artículos escolares para que nuestros niños puedan
estudiar" (17).

Después de mi visita al mercado de coca de Eterazama
tomé un bus a la casa de Zurita en el Chapare. El vehículo
estaba lleno de sacos de arroz, aceite de cocina y niños vestidos
de uniformes escolares blancos. Conseguí un espacio entre la
cantidad de gente y de bolsas mientras bajamos por el camino de
tierra, cruzando un campamento militar donde se encontraban
centenares de efectivos de fuerzas de erradicación. Pasamos por
muchos terrenos cultivados con coca y casas donde secaban la
hoja al frente de sus entradas.

Su casa era de las últimas en un camino que terminaba en la
jungla. Como otras en el área, la casa de Zurita no tenía electricidad ni tuberías de agua potable. El edificio de dos pisos era de
más o menos tres por seis metros de ancho, sin paredes ni piso.
Era un espacio abierto hecho de palos de madera amarrados y
cubierto con hojas entrelazadas. Aunque la familia de Zurita
vive en condiciones parecidas a otros miles de campesinos

cocaleros, ella aún se mantiene conectada al mundo exterior. Cuando llegamos, su teléfono celular estaba cargando energía en el auto de su esposo, y sonaba constantemente. Mientras ella secaba arroz al sol, y su esposo cortaba madera, ella respondía a una entrevista por el teléfono. Después le pregunté quién le había llamado. "Alguien de la BBC de Londres", me dijo, sin mostrar mucho interés.

El día siguiente marchamos entre la maleza de un bosque espeso desde su casa hasta el cocal. El camino principal estaba inundado, así que tuvimos que cruzar pantanos, atravesando ramas colgantes y nubes de insectos. Después de un par de kilómetros, el bosque oscuro dio paso a un campo grande y soleado, plantado con coca. Zurita y su esposo llenaron sus mejillas de bolas de coca masticada del tamaño de pelotas de golf, y comenzaron a rociar pesticidas sobre la plantación. Me explicaron que masticando la coca a diario les da fuerzas para trabajar.

Cuando Zurita terminó de rociar una sección, se sentó en la sombra. Mientras tomaba tragos de agua, me contó sobre las movilizaciones en las cuales ella participó como dirigente. Zurita vio que su vida se tornaba alrededor de su pelea en contra de la militarización y de la erradicación de coca. Me contó que en una marcha de mujeres que fue de Cochabamba a La Paz desde diciembre de 1995 hasta enero de 1996 los cocaleros exigieron que se acabara la violencia en el Chapare. También demandaron una reunión con la esposa del presidente Sánchez de Lozada, quien rehusó. "No entendieron nuestra situación, así que comenzamos una huelga de hambre que duró doce días", me dijo.

A través de los sindicatos se han organizado bloqueos y protestas para defender el derecho de los campesinos de sembrar coca. Una autopista que cruza el Chapare conecta a la potencia económica que es la ciudad de Santa Cruz con Cochabamba y La Paz. El bloqueo de esta ruta importante a menudo presiona al gobierno a escuchar las demandas de los cocaleros. Los bloqueos, hechos con tierra o piedras, palos y llantas, a veces se mantienen por semanas, o son espontáneos y móviles, de manera que las fuerzas de seguridad no los puedan eliminar. Los comités de bloqueos son creados por los sindicatos de cocaleros con una estructura y liderazgo que les permite a los protestantes coordinar su trabajo y sus actividades (18).

Sin embargo, los sindicatos cocaleros han hecho mucho más que protestar. Zurita dijo que uno de los objetivos de su trabajo es "ayudar a que las mujeres avancen, a través de la organización, la capacitación y la orientación, conjuntamente con seminarios. Muchas mujeres en el Chapare no saben leer ni escribir. Así que la mejor escuela para las mujeres es el sindicato. Ahí sí tenemos gente capacitada. Nosotros aprendemos cuáles leyes están en nuestro favor, y cuáles no. Todo esto nos ha demostrado que el sindicato es importante para defender a nuestra madre tierra, para defender a la coca, y defender nuestros recursos naturales...".

El sol empezó a calentarnos más. El esposo de Zurita se perdió en otra parte del cocal, y ella buscó más coca para mascar. Ella conoce la realidad del Chapare, pero también tiene otra vida, la cual también ocupa mucho de su tiempo. Esta otra vida es una de muchos viajes, reuniones del sindicato, protestas, charlas y entrevistas con la prensa. "A veces dura semanas y mi único hogar está en los buses", dijo. "Debo estar en una reunión un día y tomar un bus de noche para llegar a la próxima la mañana siguiente". Una vez en el cocal, este aspecto de su vida se sentía muy lejano. Pero de alguna manera ella logra vivir en ambas realidades: "Produzco coca para mis hijos, porque si me muero mañana ellos podrán seguir comiendo gracias a este poco de coca".

La militarización del Chapare es una realidad. La primera vez que entré al Chapare en un bus de noche me desperté a observar uno de los aspectos de la guerra contra las drogas. Las llantas del bus frenaron bruscamente al lado de un puesto de vigilancia anti-drogas. Los pasajeros adormilados se despertaron, y apenas pudieron abrir los ojos.

Una lluvia leve caía encima de la gente que salía en fila del bus. Paquetes de galletas, caramelos, coca y refrescos brillaban bajo las luces de los vendedores en la calle. Mientras que la gente charlaba e iba al baño, los agentes anti-narcóticos revisaban el bus. Me sentí tranquilo cuando me di cuenta de que ellos estaban más interesados en el juego televisado de fútbol que en su búsqueda rutinaria. Mientras los gritos y la narración del juego de fútbol se escuchaban al fondo, los hombres chequeaban los tapacubos de las ruedas del bus y examinaban de vez en cuando las valijas de los pasajeros. Una pizarra blanca al frente de la parada le pedía a los pasajeros que reportara cualquier persona que pudiera estar cargando drogas: "Nosotros pagamos mejor que los narcotraficantes", decía el anuncio oxidado. Más allá de la ciudad mínima cubierta en luces estaba la noche y la selva. El conductor del bus silbó a gran volumen y tocó la bocina dos veces para avisar a los pasajeros que ya era hora de partir. Nuestro bus pasó el examen. Estuvimos dormitando por el resto del camino mientras que una voz en la televisión gritaba: "Gooooool!".

La creación de la Guerra Contra las Drogas en América Latina coincidió con la caída de la Unión Soviética y el fin de la "amenaza" del comunismo en la región. Esta guerra reemplazó convenientemente a la guerra contra el comunismo como una excusa para que el ejército de los Estados Unidos interviniera en los países de América Latina. Gracias a su cooperación en la lucha contra la producción de coca el gobierno de Bolivia ha recibido grandes cantidades de dinero para sus fuerzas de seguridad por parte del gobierno estadounidense.

Dentro de estas condiciones, el gobierno de Bolivia se ahogó en deudas y perdió su soberanía mientras más se acercaba a Washington. Una de las maneras a través de las cuales el gobierno de los Estados Unidos chantajea a Bolivia a seguir con su campaña de erradicación es amenazándole con que cortará su ayuda financiera (19). Por ésta razón, los esfuerzos de erradicación se encuentran bajo una dirección específica. "Existe un control muy estricto de la erradicación e interdicción por parte de los representantes de la sección de intereses antinarcóticos de la Embajada Norteamericana, o el Southern Command", dijo Ledebur. "Por cada vuelo de helicóptero, los agentes de erradicación bolivianos necesitan autorización específica de la Embajada Norteamericana" (20).

La disparidad entre la política estadounidense y cómo se ejecuta se manifiesta en la manera en que muchas fuerzas de seguridad mascan coca durante los largos días de trabajo de erradicación. Un oficial de un campamento de erradicación le dijo a Ledebur: "No puedes esperar que estos muchachos tengan la energía para seguir erradicando sin la hoja de coca". Las fuerzas militares y policiales también mascan coca durante las confrontaciones y las protestas (21).

Desde un comienzo, los esfuerzos de erradicación han creado un ciclo de violencia que se puede acreditar directamente a Washington. En 1983, los Estados Unidos ofreció 4 millones de dólares para fundar UMOPAR, la Unidad Móvil de Patrullaje Rural, que se encarga del control de drogas en áreas rurales. La embajada de los Estados Unidos se encarga del presupuesto de UMOPAR, y la Drug Enforcement Agency (DEA) coordina los esfuerzos de interdicción. La mayoría de las violaciones de derechos humanos hasta 1997 han sido atribuidas a UMOPAR. La Fuerza Especial de la Lucha Contra el Narcotráfico (FELCN) fue creada en 1987 por el presidente Víctor Paz Estenssoro.

El gobierno de los Estados Unidos les ofreció entrenamiento, armas e incentivos económicos por encima de sus sueldos. Desde ese entonces la FELCN ha servido como la organización que agrupa a otros programas antidrogas que reciben ayuda de Washington, como la Expeditionary Task Force (ETF), que operó de 2001 a 2002. Los esfuerzos de interdicción de drogas y de químicos necesarios para fabricar cocaína en Bolivia se incrementaron durante este tiempo a través de la Blue Devils Task Force del ejército (22).

Los cocaleros y las fuerzas de seguridad siguieron enfrentándose bajo un programa de erradicación llamado Coca Cero, el cual se implementó durante la primera gestión de Sánchez de Lozada desde 1993 hasta 1997. Aunque este programa fue administrado por la policía antinarcóticos en vez del ejército, luego cambiaría con el Plan Dignidad, implementado por el presidente Hugo Bánzer en 1998 después de ser presionado por el presidente norteamericano Bill Clinton, quien exigió un programa de erradicación de toda la coca (23). El Plan Dignidad combinó los esfuerzos de erradicación forzosa con mayor presencia militar, algo que llevó a violaciones de derechos humanos y a la tortura y el asesinato de campesinos cocaleros (24). Los Estados Unidos estaban esperanzados con este plan, que dio prioridad a la destrucción de la coca por encima de los derechos humanos y de la legalidad. Al pasar de varios años, la idea de ofrecer recompensas por la erradicación de plantaciones de coca desapareció por completo (25).

Aunque esta militarización ha resultado en la muerte de 60 cocaleros desde la década de los ochenta, pocos culpables han sido llevados a la justicia (26). Tal impunidad ha incrementado la habilidad de las fuerzas de seguridad para cometer otros actos de violencia. Al mismo tiempo, los esfuerzos antidrogas han ayudado al ejército norteamericano a establecer una relación estrecha con el ejército boliviano, un gol estratégico del Pentágono.

Pancartas de la campaña de un Evo Morales sonriente se despegaban de las paredes en una oficina sindical cerca del mercado de coca de Eterazama, donde me senté con Berto Bautizado, un campesino sindicalista. Como cocalero y activista en los últimos 14 años, Bautizado es uno de los muchos campesinos cocaleros amenazados por las políticas norteamericanas. Él fue arrestado y agobiado varias veces por las fuerzas de seguridad antinarcóticos de la región.

"Ha habido tanta violencia", dijo, acentuando sus declaraciones con los movimientos de sus manos. "Hemos sufrido mucha tortura, muerte y encarcelamiento. Miles de personas de varias edades han sido afectadas. Hemos sufrido todo esto por defender nuestra tierra y nuestra coca... El gobierno de los Estados Unidos no está consciente de nuestra realidad. Ellos siempre nos han visto como si fuéramos narco-terroristas". Bautizado miró más allá de la puerta, y el perfil de su cara arrugada eclipsaba al de Morales en las pancartas. "No es posible terminar con la coca. La coca nunca se acabará. Ha estado aquí desde siempre".

Isaura, otra cocalera de por vida, había caminado medio día para traer sus bolsas de coca al mercado cerca de la oficina del sindicato. Para Isaura, la violencia militar se había convertido en parte de su vida diaria. Ella me habló de las fuerzas de seguridad, quienes llegaban a su cocal para arrancar sus plantas de coca y quemarlas. "Si usted se sienta al medio del cocal cuando ellos llegan para erradicar, le pueden matar. Usted sólo se puede sentar y observar en silencio", me dijo. Aunque estas políticas han cambiado desde aquel entonces, las cicatrices aún siguen (27).

Varios estudios demuestran que a pesar del dinero y los pertrechos que han sido utilizados en la Guerra Norteamericana Contra las Drogas en Bolivia, el conflicto aún no ha generado nada más que sangre. Un documento de la Oficina de Contabilidad del gobierno norteamericano explica que "Mientras los Estados Unidos ha derrochado 6 mil millones de dólares en la guerra antidrogas de los Andes en los últimos cinco años... el número de consumidores de drogas en los Estados Unidos se ha mantenido relativamente igual". El Servicio de Investigación del Congreso Norteamericano ha establecido que la Guerra en Contra las Drogas de los Estados Unidos no ha tenido efecto en el precio, la pureza y la disponibilidad de cocaína en los Estados Unidos (28). George Anne Potter, un consejero para sindicalistas cocaleros bolivianos, explicó que hasta el gobierno de los Estados Unidos admite que la "cocaína boliviana lo que queda de ella no va hacia los Estados Unidos, si no más bien hacia Europa" (29).

Otra pista de que la Guerra Contra las Drogas es una manera conveniente de seguir interviniendo en los países de América Latina después de la Guerra Fría es la participación de instituciones eestadounidenses como la Escuela de las Américas (SOA) en Fort Benning, Georgia. Muchos de los que desataron la pesadilla en los campos del Chapare fueron entrenados en la infame Escuela de las Américas. El libro *La Escuela de las Américas: el entrenamiento militar y la violencia política en las Américas* de Leslie Gill explica que desde su creación en Panamá en 1946, el SOA ha enseñado técnicas de combate y contrainsurgencia a más de 60.000 soldados (30). Algunos de sus graduados han conseguido cargos militares importantes en las dictaduras latinoamericanas, desde las cuales orquestaron graves violaciones a los derechos humanos. Entre 1970 y 1979, al centro de la Guerra Fría, miles de soldados fueron enviados a la Escuela de las Américas por las dictaduras militares. Los oficiales de la Escuela estaban tan satisfechos con su alumno el dictador boliviano Hugo Bánzer, que en 1998 lo instalaron en el pasillo de la fama de la institución. Entre 1967 y 1979, el gobierno boliviano envió un promedio anual de 155 soldados a la Escuela, donde fueron instruidos en técnicas de guerra para la jungla, teorías anti-comunistas, puntería, espionaje e inteligencia (31).

Juan Ricardo Pantoja, ex comandante militar boliviano, describió su educación en la Escuela de las Américas. Le dijo a Gill que el fue entrenado en "cómo amarrar a los prisioneros de guerra y en cómo torturarlos; técnicas que tienes que utilizar para forzarlos a hacer declaraciones. [Por ejemplo] no se les puede dejar dormir para que den resultados". De acuerdo a Pantoja, otra lección que aprendieron los estudiantes de la Escuela era que "un subversivo muerto era mejor que un prisionero". El tener un prisionero interfería en las operaciones subsecuentes. El punto era tomar prisioneros, "sacarles la información rápidamente, ponerlos cuatro metros bajo tierra, y continuar con las operaciones". El entrenamiento con los soldados norteamericanos en la Escuela de las Américas era atractivo para un boliviano con oportunidades limitadas y con la ambición de recibir una promoción. Ricardo dijo que le impresionó el conocimiento técnico y la riqueza de los Estados

Unidos. Para muchos bolivianos pobres, el ejército aún ofrece una de las pocas vías fuera de la pobreza (32).

La militarización es un lado de la moneda de la Guerra Contra las Drogas. Otro lado es la criminalización, mayormente impuesta a través de la Ley 1008, la cual fue aprobada en 1988 después de mucha presión por parte de oficiales norteamericanos (33). La ley opaca la diferencia entre la coca y el negocio de la cocaína, y criminaliza a los pequeños productores y contrabandistas quienes trabajan para sobrevivir, mientras que los grandes jefes de la droga se mantienen intocables. La ley se llevó los derechos de defensa legal de las personas, dejando a muchos en la cárcel por mucho tiempo y sin cargos de culpa (34). Muchos son sentenciados con poca evidencia; en algunos casos, un reportaje simple de la policía es suficiente para llevar a un sospechoso a la prisión (35).

La Ley 1008 ha llenado las cárceles bolivianas con gente pobre y no juzgada. Con el fin de parecer triunfantes en la Guerra Contra las Drogas, muchos oficiales bolivianos han generado constantemente estadísticas que muestran un alto número de narcotraficantes detenidos. De acuerdo con los oficiales norteamericanos, mientras exista un mayor número de personas en las cárceles, más exitosa es la Guerra contra el Narcotráfico. Cuando la autora Christina Haglund visitó una prisión de mujeres donde muchas fueron encarceladas bajo la Ley 1008, Walter Vino, un guardia de la Policía Nacional, le dijo: "Yo creo que existen más personas inocentes que culpables aquí" (36). Aunque la ley ha sido tópicamente reformada, muchas de sus políticas se mantienen hasta hoy en día bajo la presidencia de Evo Morales.

Además de la legislación existente, como la Ley 1008, proyectos de desarrollo alternativo se han establecido para reducir el narcotráfico. El fin del desarrollo alternativo es el de reemplazar la coca por otras cosechas, como la piña, el plátano, la naranja y el arroz. Cientos de millones de dólares se han usado en éestos programas, y muchos cocaleros han perdido tiempo y dinero intentando producir cosechas alternativas (37). Aparte de la falta de mercado para vegetales y frutas generadas por programas de desarrollo alternativo, estos productos son más difíciles de producir, transportar y guardar que la coca. Otras formas de empleo y de producción agrícola podrían ser exitosas, pero en el Chapare ningún otro negocio se ha mostrado tan lucrativo o posible como la coca (38).

Los campesinos cocaleros en el mercado de Eterazama enfatizaron sus opiniones sobre los programas de desarrollo alternativo. Una mujer joven llamada María se sentó al lado de unas cuantas bolsas de coca y de vez en cuando sacaba hojas de su bolsillo para mascar. Sus ojos se movían por la sala, mientras hablaba y reía con una señora mayor sentada a su lado. Como muchos otros campesinos, María produce arroz, plátanos y yuca, además de cultivar coca, pero solamente para uso familiar. "Existe un mercado para la coca, pero para nada más", dijo.

Otra razón del fracaso del desarrollo alternativo es que las organizaciones que implementan los proyectos –como la embajada de los Estados Unidos y la Agencia Estadounidense para el Desarrollo Internacional (USAID)– se rehusan a trabajar conjuntamente con sindicatos cocaleros como las Seis Federaciones del Trópico de Cochabamba, a pesar de su infraestructura poderosa, su membresía y su conocimiento de la región y del área de trabajo. Los campesinos que buscan ayuda técnica y préstamos deben distanciarse de los sindicatos cocaleros. Aunque esta dinámica ha cambiado últimamente, en el pasado ha llevado a muchos fracasos del desarrollo alternativo (39).

"Los programas de desarrollo alternativo trataban menos de aliviar la pobreza que de presionar a los campesinos a que abandonen su única cosecha productiva", escribió Gill. Lo que se necesita para que estos proyectos alternativos funcionen son "caminos seguros, préstamos, asistencia técnica y precios altos para productos de sustitución" (40). El dinero que ha abastecido a estos proyectos pudiera haber sido usado de mejor manera. "Para nosotros, el desarrollo alternativo ha significado gasificaciones, balas, muertes, heridos y detenidos", dijo la cocalera Apolonia Sánchez (41).

Al igual que los sindicatos cocaleros, el partido político Movimiento al Socialismo (MAS) nació de las necesidades propias del Chapare. Los campesinos cocaleros se dieron cuenta de que necesitaban un instrumento político a través del cual pudieran cambiar las políticas que destruían su modo de vida. Ellos crearon el MAS a partir de un sentimiento general de indignación, y con el propósito de resistir la represión, la erradicación, la Ley 1008 y el fracaso del desarrollo alternativo (42).

La llegada de migrantes al Chapare a mediados de los años ochenta fortaleció a los sindicatos cocaleros y unió a diversos grupos que compartían el deseo y el desafío de una población creciente y de una demanda por la coca. Los sindicatos se reunieron con la intención de formar un partido político. En 1989, los cocaleros entraron al mundo electoral al aliarse con el partido Izquierda Unida (IU) en las elecciones municipales. Fueron exitosos en el Chapare, ganando un 42 por ciento de los votos. A través de esta nueva configuración política, el carismático activista y campesino cocalero Evo Morales ganó un puesto parlamentario junto a Román Loayza, el secretario ejecutivo de la Confederación Sindical Única de Trabajadores Campesinos de Bolivia (CSUTCB). Morales recuerda que "sin ninguna experiencia parlamentaria", él y otros tres congresistas "compartíamos el mismo pequeño departamento en La Paz". En 1992, las Seis Federaciones del Trópico se juntaron bajo una misma organización. Cuatro años después, Morales fue elegido presidente de esta federación con un pequeño margen (43).

En marzo de 1995, los cocaleros –así como otros pueblos indígenas y campesinos– fundaron la Asamblea por la Soberanía de los Pueblos (ASP) y el Instrumento Político por la Soberanía de los Pueblos (IPSP), con el fin de ganar poder político a nivel local y nacional. En 1999, el IPSP tomó el nombre de Movimiento al Socialismo (MAS) (44). Los cocaleros se convirtieron en una entidad poderosa, tanto en las calles como en la política electoral. Su decisión de fundar el partido del MAS creó un cambio importante para la izquierda boliviana. Por varias décadas, otros partidos de izquierda habían operado bajo la dirección de la COB, raramente presentando sus propios requerimientos electorales. El MAS cambiaría esto, gradualmente moviéndose hacia la izquierda en la política electoral (45). Morales ayudó a desarrollar en el MAS un sentido "antiimperialista" y "antineoliberal", el cual, junto a otras plataformas, defendía la legalidad de la producción de coca y la visión de que los recursos naturales como el gas y el petróleo deberían estar bajo el control del Estado (46).

El discurso del MAS está unido a la realidad y a los desafíos de sus bases, usando a la hoja de coca como un símbolo de su lucha y de sus tradiciones andinas. Como el sociólogo Pablo Mamani explica en su libro Geopolíticas *Indígenas*, el MAS ha utilizado la hoja de coca como un instrumento político que no solamente representa su antiguo uso por parte de los trabajadores, sino también representa la lucha directa contra el imperialismo norteamericano y la Guerra contra las Drogas. La hoja de coca funcionó como un puente que unía a muchos temas de la campaña del MAS, así como lo hizo la Wiphala, la bandera multicolor de las diferentes culturas indígenas de los Andes. Ambos símbolos estaban presentes en las demostraciones, las marchas y bloqueos organizados por el MAS. Los seguidores cocaleros también se identificaban con los orígenes humildes de líderes masistas como Evo Morales. Mientras que otros líderes de sindicatos o partidos de izquierda se enfocaban únicamente en temas campesinos o indígenas, Morales –un cocalero indígena proveniente del altiplano– les habló tanto a votantes campesinos, como a indígenas y cocaleros (47).

Morales nació en 1959, de padres pobres que cuidaban llamas para ganarse la vida en Isallavi, cerca de Oruro, población que se encuentra a una altitud de aproximadamente 3.600 metros sobre el nivel del mar. Esta área aislada no tenía acceso a la electricidad, agua potable o centros de salud, por lo cual tres de los siete hermanos de Morales murieron cuando todavía eran niños. "Ésta es la realidad para las familias o los niños que viven en comunidades rurales", explicó Morales. Su casa era de aproximadamente tres por cuatro metros de tamaño, con techo de paja. "La usábamos como nuestra habitación, cocina, comedor, o lo que sea" (48).

A la edad de seis años, Morales viajó con su familia al norte de Argentina para cosechar caña de azúcar. Seis años después una sequía destrozó su granja, junto con las de miles de otras familias en el altiplano. "Una tarde", se acordó, "habíamos acabado de limpiar el sembradío de papas con unos ayudantes. A la noche vino el viento y el frío. Al día siguiente, el sembradío de papas se había quemado, y tenía un mal olor. Mi madre lloró todo el día. Mi padre estaba con mis tíos, y entre todos decidieron, 'Nunca vamos a avanzar aquí, nunca vamos a llegar a ser campesinos prósperos. Tenemos que irnos y buscar tierras al oriente de Bolivia'". Morales caminó por un mes con su padre y su manada de llamas desde Oruro hasta Cochabamba. Su recuerdo mas vivo de este viaje fue "los grandes buses que viajaban en la autopista, llenos de personas que arrojaban las cáscaras de las naranjas y los bananos. Yo levantaba esas cáscaras para comer. Desde ese entonces uno de mis mas grandes sueños ha sido el viajar en uno de esos buses".

La familia migró a Puerto San Francisco, en la región del Chapare de Cochabamba. "En el Chapare la vida era dura", recordó Morales, usando como ejemplo el hecho de que la gente trabajaba tan duro con sus machetes que sus manos "lloraban sangre". En la nueva granja, la familia Morales sembró naranjas, papayas, plátanos y coca, más alimento que lo que el joven Evo hubiera creído posible. La nueva vida con el trabajo de la coca pronto se volvió violenta. Un evento en particular tuvo gran influencia en Morales y lo movilizó a tomar acción.

En Chipiriri, un cocalero fue asesinado por el ejército por no aceptar ser culpable del tráfico de drogas. "Sin pensar mucho en ello, [el ejército] cubrió su cuerpo con gasolina y, en frente de muchas personas, lo quemó vivo", dijo Morales. La mórbida escena lo obligó a involucrarse en sindicatos cocaleros para pelear en contra de la represión de la Guerra contra las Drogas. En 1989 fue golpeado tan gravemente por las fuerzas de seguridad durante una movilización para el aniversario de una masacre de cocaleros que su cuerpo fue echado al bosque. El ejército creyó que él ya estaba muerto. Cuando la violencia de la Guerra contra las Drogas motivó a que el movimiento cocalero luchara por el cambio, el MAS se convirtió en su instrumento de resistencia, y Evo Morales rápidamente se volvió en su vocero.

Los cocaleros se quejaron de las políticas de erradicación y de la violencia ejercida por parte del gobierno a través de bloqueos y protestas en el Chapare en los años 2000 y 2001. En respuesta, el presidente Jorge Quiroga se enfrentó a la resistencia usando la represión y la violencia de la policía y el ejército, empujando al movimiento cocalero hacia otro nivel de acción. La violencia creció cuando en noviembre de 2001 el gobierno aprobó la Ley 26415, la cual prohibió la venta de hojas de coca en los mercados del Chapare. El 6 de diciembre de aquel mismo año, cuando los cocaleros botaron bananos y piñas podridas en protesta a las políticas de desarrollo alternativo, las fuerzas de seguridad mataron a Casimiro Huanca, un líder sindicalista que participaba en el acto. Cuando los cocaleros se quejaron del cierre del mercado central de coca en Sacaba, en enero de 2002, los conflictos llevaron a la muerte de miembros de las fuerzas de seguridad y de los cocaleros (49).

Durante este tiempo Quiroga actuó en contra de los cocaleros a través de la represión y la retórica, lo cual a su vez, luego de la muerte de las fuerzas de seguridad en Sacaba, movilizó a la opinión pública en contra del movimiento cocalero y del MAS. A finales de enero de 2002, 104 congresistas acusaron a Morales de organizar la masacre de las fuerzas de seguridad en el Chapare, y votaron por echarlo del Congreso. Este intento tuvo un efecto opuesto: Morales se convirtió en un icono de la lucha contra el imperialismo norteamericano y la agresión hacia los cocaleros. En las elecciones de 2002 Morales dejó que su popularidad lo llevara a las elecciones presidenciales. Su oponente, Gonzalo Sánchez de Lozada, enfocó gran parte de su campaña en desafiar al candidato Manfred Reyes, lo cual dejó tranquilo a Morales. El abandono por parte de Sánchez de

Lozada, junto a algunos comentarios hechos por el embajador norteamericano en Bolivia, Manuel Rocha, le dieron a Morales un empujón considerable en las encuestas. Unos cuantos días antes de las elecciones, Rocha intentó arruinar la creciente popularidad de Morales. "Evo Morales acusó a la Embajada de los Estados Unidos de que intentaron asesinarlo", dijo Rocha. "Esta perversa acusación es totalmente falsa, una mentira absoluta. Los Estados Unidos han amenazado con matar a un hombre: Osama Bin Laden. A lo mejor Evo Morales, con su tremenda mentira, quiso mostrar su solidaridad con aquel asesino y terrorista. Evo Morales también dijo en un discurso que si fuera elegido, él terminaría con el programa norteamericano en contra de la coca. Quiero hacerle recuerdo a los bolivianos que California sólo comprará su gas natural si Bolivia no se envuelve con la cocaína. Ciudadanos bolivianos, abran sus ojos. El futuro de sus niños y sus familias está en sus manos" (50). Desafortunadamente para Rocha, su idea sobre el mejor futuro para los bolivianos no fue atractiva para una mayoría del público votante.

Su comentario tuvo el efecto opuesto. Movilizó a los votantes en contra de la intervención estadounidense y enfatizó a Morales como símbolo de esta lucha. Sánchez de Lozada bromeó que quizás el embajador estadounidense trabajó para Evo en su equipo de campaña. Evo respondió que esperaba que el embajador siguiera hablando. La elección tuvo lugar el 30 de junio y los resultados fueron muy estrechos entre los candidatos. Al final del día, Sánchez de Lozada recibió el 22,5 por ciento, Morales el 20,9 por ciento y Reyes Villa llegó en tercer lugar con el 20,8 por ciento. El MAS ganó ocho de los 27 puestos en el Senado y 27 de los 130 puestos en el Congreso (51). Los resultados marcaron una victoria histórica para el MAS, y reinventaron la política electoral en Bolivia. Sin embargo, la violencia continuaba en el Chapare. El 14 de enero de 2003, seis cocaleros murieron en enfrentamientos en protestas y bloqueos contra las fuerzas de seguridad. Los cocaleros ultrajados se unieron a otros grupos de mineros y campesinos con y sin tierras de todo el país (52).

Al pasar el tiempo, muchas de las políticas de la coca mencionadas aquí han cambiado, especialmente bajo el gobierno de Carlos Mesa y la gestión de Evo Morales. Existe mucha menos violencia y criminalización de la producción de coca, aunque la Ley 1008 todavía sobrevive. Estos cambios que afectan a los cocaleros bolivianos serán discutidos en el último capítulo.

Washington ha echado millones de dólares a su guerra contra la coca, uno de los recursos naturales de mayor valor para los bolivianos. De aquellas ruinas se creó una coalición de campesinos que pelearía contra el imperialismo, la militarización y el neoliberalismo, y por sus derechos de sembrar coca y de vivir en paz. El movimiento cocalero y el MAS, tanto en las calles como en el Palacio de Gobierno, eventualmente cambiaría el paisaje político del país. Mientras tanto, la hoja de coca continúa siendo un símbolo poderoso y unificador de la cultura y de la historia andina, y un frente al imperialismo norteamericano.

Notas

(1) Entrevista del autor con Leonilda Zurita Vargas en febrero de 2006. Citas e información sobre Zurita provienen de la entrevista del autor, a menos de que se especifique lo contrario.

(2) Entrevista del autor con Kathryn Ledebur y Leonilda Zurita Vargas en febrero de 2006. Citas e información sobre Ledebur provienen de la entrevista del autor, a menos de que se especifique lo contrario.

(3) ¿Coca Sí, Cocaína no?, Opciones legales para la hoja de coca, drogas y conflicto, Documento de Debate No. 13, Transnational Institute, (Mayo, 2006), 17.

(4) Michele Keleman, "Bolivian Leader's Stance on Coca Raises US Concerns", Morning Edition, National Public Radio (December 29, 2005).

(5) ¿Coca Sí, Cocaína no?, Transnational Institute, 17.

(6) Citas e información sobre Silvia Rivera provienen de la entrevista del autor en julio de 2006.

(7) Pablo Stefanoni, Evo Morales: De la coca al Palacio (Buenos Aires: Capital Intelectual, 2006), 46.

(8) Colectivo Situaciones, Mal de altura, (Buenos Aires: Tinta Limon Ediciones, 2005), 9.

(9) Sebastian Hacher, "Bolivia: Eradicate Coca-Cola", *ZNet* (February 5, 2003), http://www.zmag.org/content/print_article. cfmitemID=2971&sectionID=20.

(10) Stefanoni, *Evo Morales*, 37. También ver Alison Spedding, *Kawsachun Coca: economía campesina cocalera en los Yungas y el Chapare* (Programa de Investigación Estratégica en Bolivia, 2005). También Álvaro García Linera et al., *Sociología de los movimientos sociales* (La Paz: Diakonia-Oxfam, 2004). También Farthing y Kohl, *Impasse*, 157.

(11) Gill, *The School of the Americas*, 174.

(12) Ibid., 167-168, 174, nota 5.

(13) Kohl y Farthing, *Impasse*, 73, 74. Kohl y Farthing, *The Price of Success: The Destruction of Coca and the Bolivian Economy*, NACLA, 34(7), (2001), 35-41. También ver Madeline Barbara Léons, Harry Sanabria, *Coca, Cocaine and the Bolivian Reality* (New York: SUNY Press, 1997), 18-20.

(14) Gill, *The School of the Americas*, 164-165, 168. También ver Latin American Bureau-IEPALA, *Narcotráfico y política: militarismo y mafia en Bolivia* (Madrid: LAB-IEPALA Editorial, 1982).

(15) Entrevista del autor con Kathryn Ledebur.

(16) *Leonilda Zurita Biography*, University of Vermont (February 21, 2006).

(17) Desde octubre de 2006 existen doctores cubanos que trabajan en el Chapare ofreciendo servicios de salud gratuitos.

(18) Pablo Mamani Ramírez, *Geopolíticas indígenas* (El Alto: CADES, 2005), 64-65.

(19) Crabtree, *Perfiles de la protesta*, 20.

(20) Entrevista del autor con Ledebur.

(21) Entrevista del autor con Ledebur.

(22) Kathryn Ledebur, "Bolivia: Clear Consequences", in *Drugs and Democracy in Latin America: The Impact of US Policy*, eds. Coletta A. Youngers and Eileen Rosin (Boulder: Lynne Riener Publishers, 2005),149-152. También ver James Painter, *Bolivia and coca: A Study in Dependency Studies on the Impact of the Illegal Drug Trade* (Boulder: L. Reinner Publishers, 1994), 81. Información sobre interdicciones de "Bolivia: Military and Police Aid", *Just the Facts: A Civilian's Guide to US Defense and Security Assistance to Latin America and the Caribbean* (September 25, 2006), http://www.ciponline.org/facts/bo.htm.

(23) Stefanoni, *Evo Morales*, 39, 41.

(24) Gretchen Gordon, "Bullying Democracy", *Multinational Monitor* Vol. 27, N. 1 (Jan./Feb. 2006), http://multinationalmonitor.org/mm2006/012006/gordon.html.

(25) Phillip Coffin, "Coca Eradication", *Foreign Policy in Focus* Vol. 3, No. 29 (October 1998), http://www.fpif.org/briefs/vol3/v3n29coca_body.html. También ver Stefanoni, *Evo Morales*, 39, 41. Información sobre recompensas de Ledebur.

(26) Jessie Gaskell, "A Coca Grower to Lead Bolivia? How US Intervention May Have Triggered a Populist Revolution", *Council on Hemispheric Affairs* (July 13, 2005), http://www.coha.org/2005/07/13/a-coca-grower-to-lead-bolivia-how-us-intervention-may-have-triggered-a-populist-revolution/.

(27) Las políticas de erradicación de coca cambiaron significativamente en 2004 bajo la gestión de Mesa y luego con la gestión de Morales en 2006. Ver Capítulo 10 para más detalles.

(28) Keleman, "Bolivian Leader's Stance".

(29) Entrevista del autor por e-mail con George Anne Potter, 2005.

(30) Gill, School of the Americas, 6-9, 78, 79. Para más información sobre La Escuela de las Américas ver www.soaw.org.

(31) Gill, *School of the Americas*. Algunos de los graduados de la Escuela de las Américas incluyen al general Roberto Viola de Argentina, quien fue juzgado por secuestro, tortura y asesinato durante la Guerra Sucia en Argentina (1976-1983); al coronel Domingo Monterrosa, quien orquestó la masacre de El Mozote en El Salvador; al líder de los escuadrones de la muerte hondureñas general Luis Alonso; y al coronel Julio Alpirez en Guatemala, quien, mientras trabajaba para la CIA, mató y torturó a guerrilleros y a un ciudadano norteamericano.

(32) Ibid, 99, 105-107, 108, 109.

(33) Mamani, *Geopolíticas*, 57-59.

(34) Gill, *School of the Americas*, 170.

(35) Información de Ledebur. La Ley 1008 dice que el desarrollo alternativo debe seguirle a la erradicación, algo más que no se aplicó lo suficiente. Ahora existen algunas mejoras en la ley, pero estos cambios no se han implementado bien.

(36) Christina Haglund, "Sliding into the Soap Dish of the US War on Drugs", *Democracy Center* (November 2005), http://www.democracyctr.org/blog/2005/11/sliding-into-soap-dish-of-us-war-on.html.

(37) Entre 1988 y 2002 USAID gastó 750 millones de dólares en el Chapare en proyectos de desarrollo alternativo y en la construcción de caminos. Crabtree, *Perfiles de la protesta*, 26.

(38) Alison Spedding Pallet, *En defensa de la hoja de coca* (La Paz: Programa de Investigación Estratégica en Bolivia, 2003), 31.

(39) Gill, *School of the Americas*, 174.

(40) Ibid., 173-174.

(41) Cita de entrevista del autor. También ver Kohl y Farthing, *Impasse*, 157.

(42) Mamani, *Geopolíticas*, 57-59.

(43) Stefanoni, *Evo Morales*, 46-47.

(44) "Perfil", *Evo Morales* (2006), http://www.evomorales.org/.

(45) Luis Tapia, 2004. *Por el Sí, por el No: análisis de resultados del Referéndum 2004* (La Paz: Corte Nacional Electoral, 2004), 152–153. También ver Kohl y Farthing, *Impasse*,170.

EL PRECIO DEL FUEGO

(46) Stefanoni, *Evo Morales*, 60-62, 63, 69.
(47) Mamani, *Geopolíticas*, 59–60.
(48) Todo material biográfico sobre Morales viene de los siguientes medios: Alex Contreras Baspineiro, *Biografía de Evo Morales* (La Paz: 2005), "Perfil", *Evo Morales* (2006), http://www.evomorales.org/, "Evo Morales Ayma", Centro de Investigación de Relaciones Internacionales y Desarrollo (February14, 2006), http://www.cidob.org/es/documentacion/biografias_lideres_politicos/america_ del_sur/bolivia/evo_morales_ayma., "Profile: Evo Morales," BBC News (December 14, 2005), http:/news.bbc.co.uk/go/pr/fr/-/1/hi/world/americas/3203752.stm.
(49) "Conflict Flares in the Bolivian Tropics", *Transnational Institute Drug Policy Briefing* (January 2, 2002), http://www.tni.org/drugs/index.htm. También ver Benjamin Kunkel y Lisa Kunkel, "Who's Counting? US plan to eradicate coca crops in Bolivia fails miserably", In *These Times Magazine* (May 13, 2002).
(50) Ésta cita viene del documental de Rachel Boynton, *Our Brand is Crisis* (Koch Lorber Films, 2006)
(51) Kohl y Farthing, *Impasse*, 170–171.
(52) Mamani, Geopolíticas, 56.

CAPÍTULO TRES
La Guerra del Agua en Cochabamba: una victoria contra el miedo

"Estamos más enfocados en hacer dinero que en hacer cosas"
- Stephen Bechtel (1)

Fuerzas de seguridad y manifestantes se enfrentan en Cochabamba durante la Guerra del Agua en el 2000. FOTO: Thomas Kruse

Se brindaron varias copas de champaña por el éxito que la Corporación Bechtel tendría en Cochabamba. Políticos de los más altos rangos del gobierno boliviano le dieron palmadas de felicitación al representante de la compañía, Geoffrey Thorpe. Era el 3 de septiembre de 1999, una fecha para celebrar. El contrato de privatización del sistema de agua de la ciudad ya había sido firmado, y Thorpe tenía una buena razón para estar de buen humor. Su compañía pronto haría millones de dólares de los ciudadanos que ahora tendrían que pagar por su agua, así sea agua de lluvia o de las fuentes comunitarias (2).

Los gritos de protesta en las calles rompieron el embrujo de la celebración. Los protestantes no se sentían optimistas con los planes de Bechtel para Cochabamba. Pero adentro, la fiesta seguía. "Estoy acostumbrado a esta clase de música de acompañamiento", les dijo a sus invitados el Presidente y antiguo dictador boliviano, Hugo Bánzer. Esa "música de acompañamiento", sin embargo, crecería hasta convertirse en un rugido que tumbaría para siempre la fiesta de Bechtel en Cochabamba (3).

Cuando el contrato se firmó, la privatización de sistemas públicos de agua representó la marca del neoliberalismo en los países en vías de desarrollo. Los que propusieron que el agua pasara a manos privadas prometieron bajos costos, una administración más eficiente y mejor distribución. Pero la privatización a través de Bechtel tuvo diferentes consecuencias en Cochabamba: los costos se elevaron rápidamente, la distribución tuvo fallas, y los ciudadanos pobres fueron los que sufrieron más. Como respuesta, los campesinos, los sindicatos y los habitantes en las ciudades organizaron un movimiento de protesta que cambió el plan de privatización de agua, echó a Bechtel de Bolivia e inició una nueva era de los movimientos sociales en el país.

El conflicto que se inició en Cochabamba fue parte de una crisis de agua a nivel global. La población del planeta se está expandiendo por 80 millones cada año, y hasta 2020 se espera que llegue a casi ocho mil millones de habitantes (4). A su vez, la cantidad disponible de agua fresca está disminuyendo cada año. Para poder sostener a esta población hará falta más agua para beber y para el riego del campo (5). Si la población continúa al mismo ritmo de crecimiento, el uso total de agua por parte de los seres humanos llegará a un 100 por ciento a mediados del siglo XXI (6).

La mayor parte del agua en el planeta es agua salada de mar, o está congelada en los polos Norte y Sur. Menos del uno por ciento del agua del planeta es agua fresca y disponible.

La única manera de que el agua fresca se renueve es a través de la precipitación, y el calentamiento global está limitando esto (7). La contaminación, los métodos pobres de irrigación, la deforestación, las sequías y la urbanización están también bloqueando el acceso a este recurso vital, convirtiendo al agua fresca en algo únicamente disponible para quienes puedan pagar. Más de mil millones de personas, un 20 por ciento de la población global, actualmente carece de acceso al agua potable (8). Del mismo modo, alrededor del 70 por ciento de toda el agua limpia de lagos, acuíferos y ríos está siendo utilizada por los seres humanos para la agricultura (9). Mientras que sube el costo de vida, aquéllos con menos dinero no podrán pagar por el agua potable, la comida o la vivienda. Esto incrementa la posibilidad de que ocurran rebeliones de gente pobre en contra de compañías y gobiernos, instancias que son percibidas como las responsables de bloquear el acceso a los recursos (10). Las compañías en el negocio de la privatización del agua sacan gran provecho de esta crisis global.

De acuerdo con el Director General de la UNESCO, Klaus Toepfer, "mientras que [el agua] se vuelve aún más escasa, también es más buscada, y [capaz] de generar conflictos". Más que el petróleo y las tierras, dijo Toepfer que "los conflictos más amargos del futuro próximo serán peleados por el acceso al agua" (11). Esto es particularmente cierto en regiones áridas como Cochabamba.

La ciudad de Cochabamba está ubicada en un valle entre la zona tropical del Chapare y el Altiplano. Una gigante estatua blanca de Jesucristo observa a la ciudad desde una cima, cuyos brazos apuntan más allá del edificio de Bechtel que fue saqueado en el año 2000. Cristo mira más allá de La Cancha, el enorme mercado al aire libre, y hacia el campo, donde los campesinos bloquearon durante la Guerra del Agua. Muchos de los conflictos relacionados con el agua tuvieron lugar en la plaza principal.

Los problemas con el acceso al agua no fueron nada nuevo para los residentes de Cochabamba. Durante varias décadas, los políticos en épocas de elecciones han prometido resolver los problemas del agua en la ciudad. Mientras que la corrupción, los escándalos y la falta de dinero dejó al problema del agua sin resolver, la población siguió creciendo. En 1976, alrededor de 200.000 personas consideraban a Cochabamba su casa. Ese número creció a 500.000, al tiempo en que empezó la Guerra del Agua en noviembre de 1999. Un año antes de que el conflicto surgiera, la red pública de agua solamente llegaba al 60 por ciento de la población. El resto recibía su agua de fuentes propias o comunitarias, o la compraba de distribuidores independientes que vendían el recurso a precios elevados. Algunos de los participantes más radicales de la Guerra del Agua vinieron de barrios pobres sin conexión directa al agua potable, y aquellos residentes tenían que pagar mucho más por el agua distribuida por camión. Cuando Aguas del Tunari –el subsidiario de la Corporación Bechtel– anunció la subida de precios, el mayor incremento se sintió en los sectores más pobres (12).

Para ayudar a la privatización, se aprobó e implementó la Ley del Agua 2029, al mismo tiempo en que se firmó el contrato con Bechtel. La ley favoreció el uso del agua por parte de compañías internacionales para la minería, la agricultura y usos eléctricos, y por encima del consumo humano. La ley no garantizaba el mismo acceso al agua potable por todos los miembros de la sociedad, y en especial, por los sectores más pobres y aislados de la sociedad. También prohibía el funcionamiento de sistemas alternativos de distribución de agua que eran típicos de las zonas rurales y urbanas de bajos recursos. A la gente se le cobró por todo; por el agua que llegaba a sus casas a través de tuberías, la que era acumulada en tiempos de lluvia, y la de fuentes comunitarias. El hecho de que la ley y el contrato fueron diseñados sin los consejos o la participación de grupos sociales o sindicatos, también llevó a varios sectores de la población a las calles a protestar (13).

"Cada mañana cuando me levantaba, multitudes de campesinos, niños, mujeres y vecinos pasaban por mi casa con pancartas y palos", me dijo Luis González, estudiante de economía en la Universidad de San Simón durante la Guerra del Agua. "Toda Cochabamba estaba con los brazos arriba... Gente de todos los grupos políticos y sociales se juntaba en las calles para bloquear a la policía", dijo. "Ellos se defendían con piedras y con las latas vacías de gas lacrimógeno que tiraban de vuelta a los policías". Sus ojos se encendían cuando contaba la historia sobre los activistas que vaciaban botellas de Coca-Cola para usarlas como cócteles Molotov (14).

Las semillas de esta rebelión se sembraron en 1996, cuando el Banco Mundial presionó al gobierno boliviano a aceptar un contrato para la privatización del agua en Cochabamba (15). El banco amenazó con retener 600 millones de dólares de relevación de deuda si Bolivia se rehusaba a seguir con el plan. Un reporte a fondo del Democracy Center en Cochabamba explica que, en 1999, el gobierno de Bolivia le dio el contrato de privatización del agua a Aguas de Tunari durante una reunión a puerta cerrada. Este acuerdo prometía el derecho a la propiedad del agua en Cochabamba por los próximos 40 años, y les garantizaba ganancias anuales de un 16 por ciento. Aguas del Tunari se apoderó de los sistemas de irrigación en las áreas rurales y en las fuentes comunarias, muchos de los cuales habían sido construidos y financiados por los residentes del lugar. Inmediatamente después de ganar el control del agua, la compañía subió drásticamente su precio, en algunos casos hasta por un 200 por ciento. En una ciudad donde el salario mínimo mensual es de 60 dólares, muchos cochabambinos vieron que un costo de 15 a 20 dólares por mes sería imposible de pagar (16).

Carlos Crespo, un profesor cochabambino y experto en la Guerra del Agua, cree que no se debe olvidar el rol del Banco Mundial en el conflicto en Cochabamba. "El [Banco Mundial] piensa que el agua debe ser administrada por compañías privadas... y sujeta a la disciplina del mercado", explicó. "Te dicen que el Estado no puede administrar, que es corrupto, que no es transparente... Ellos piensan que el mercado es el mejor director y la mejor manera de administrar el agua. Pero [el mercado] deja a los pobres atrás. Hace que todo sea más caro, y que la calidad [del servicio] empeore" (17).

Como lo muestra el conflicto en Cochabamba, a menudo existe una gran diferencia entre lo que prometen los seguidores de las políticas neoliberales y cómo las cosas se desenvuelven en la realidad. Cuando Bechtel llegó a Bolivia, los políticos en la gestión de Bánzer estaban ansiosos de trabajar con la compañía, viendo a la privatización como una bendición a los problemas del agua en Cochabamba.

"Era muy extraño", dijo Rosseline Ugarte, una joven que organizó el bloqueo de caminos con la Confederación Sindical Única de Trabajadores Campesinos de Bolivia (CSUTCB) en las áreas rurales. "Hasta la gente que no tenía tuberías de agua en sus casas tuvo que pagar". Después de que se firmara el contrato de privatización, ella trabajó con la CSUTCB para conscientizar a los ciudadanos de las zonas rurales sobre Aguas de Tunari, organizándolos para que tomaran acción. Por falta de infraestructura pública, muchos campesinos y residentes de Cochabamba se habían organizado entre sí mismos para construir fuentes de agua y sistemas con sus propios recursos. "Las leyes del agua no te permitían tener tu propia fuente de agua en las zonas rurales", explicó. "Tenías que pagar un cierto monto hasta para tu propia fuente. Pero un campesino ni siquiera tiene suficiente dinero para comprar pan, mucho menos para pagar una factura de agua. ¿De dónde iban a sacar ese dinero?". La gente estaba muy molesta. "Cómo pueden cobrarnos por nuestra propia agua? Lo próximo sería que nos cobren por el aire!" (18).

Uno de los pozos que fueron creados con fondos de la comunidad y que cayó bajo el control de Bechtel estaba en Villa San Miguel, un pequeño pueblo en las afueras de Cochabamba. Desde 1994 hasta 1997 los residentes del lugar, sin la ayuda del gobierno, planearon y construyeron el pozo. Fredy Villagómez, un orgulloso organizador de la cooperativa, dijo que el pozo abastecía de agua limpia a bajo costo a 210 familias. Cada casa pagaba de dos a cinco dólares al mes por el costo de la bomba de agua y su mantenimiento. Pero bajo el contrato del agua, la cooperativa de Villagómez quedó en las manos de una compañía extranjera. Aguas del Tunari podía cobrarles por el uso de esta agua a través de medidores, y hasta podía cobrarles por la instalación de los mismos medidores (19).

El agua en Mallco Rancho, una pequeña comunidad rural al oeste de Cochabamba, se extrae de pozas a cargo de la comunidad. Cuando Bechtel se apropió del sistema de agua pública, los regantes de la zona fueron obligados a pagar costos extraordinarios por el agua que era disponible únicamente a través de un sistema que ellos mismos habían construido. Mientras que la población crecía, la presión aplicada a estos sistemas se convirtió aún mayor. Don Juan Saavedra, un residente de más de 90 años de edad, trabajó varias décadas administrando la distribución del agua a varias comunidades del valle. "En cada comunidad, alguien está a cargo de regular el uso del agua", dijo. Con el tiempo, la población creció, y también su uso de agua. "Es imposible vivir sin agua. Por eso es que empezamos los bloqueos [en la Guerra de Agua]" (20).

El negocio que afectó a las vidas de estos pobres campesinos está entre las 100 compañías más ricas del mundo. Bechtel tiene casi un siglo de existencia, y trabaja en todo, desde ferrovías, minas y petróleo, hasta aeropuertos, equipos de defensa y tecnología aeroespacial (21). Es la compañía de construcción más grande del planeta, con 19.000 proyectos en 140 países, hasta en cada continente excepto en la Antártida. Más de 200 plantas de tratamiento de agua alrededor del mundo llevan el nombre de la compañía (22). Para Bechtel, el cielo es el límite.

Warren Bechtel fundó su compañía en 1898, principalmente para construir vías ferroviarias desde Oklahoma hasta California con la labor de prisioneros y trabajadores Chinos. En 1930, la compañía fue responsable por el proyecto de construcción más grande desde la Gran Pirámide de Giza: la construcción de la represa Hoover. El hijo de Warren Bechtel, Stephen, hizo billones construyendo bases militares y barcos para uso en la Segunda Guerra Mundial. Bechtel luego entró en el negocio del petróleo, y eventualmente construyó bases militares norteamericanas en Vietnam. La compañía está ahora ganando billones con sus "esfuerzos en reconstrucción" en Iraq, un país con una infraestructura en ruinas gracias a los bombardeos de los Estados Unidos. Los sistemas eléctricos, el desagüe, el agua y el teléfono continúan siendo inestables. Los trenes, las escuelas y los caminos apenas pueden operar. El agua sucia es parte de la realidad diaria (23).

En la mayoría de los casos en que los gobiernos privatizan los sistemas de agua, las compañías no cumplen con sus promesas de mejorar infraestructuras, y más bien suben los costos de instalación y de uso más allá de lo que la mayoría puede pagar (24). Por eso, no debería sorprender el hecho de que el lema de este imperio, atribuido al jefe que lo reinó por largo tiempo, Stephen Bechtel, es "Nosotros estamos más enfocados en hacer dinero que en hacer cosas" (25).

La filosofía de Bechtel se chocó de frente con los habitantes de Cochabamba. El movimiento contra la Ley del Agua y el plan de privatización culminó en una serie de bloqueos y de protestas el 4 de noviembre de 1999. Los protestantes demandaron cambios en la ley y un contrato que protegiera sus métodos tradicionales de uso y distribución del agua. El líder de los regantes Omar Fernández escribió que en el pueblo de Vinto, a las cinco de la mañana del 4 de noviembre, la policía intervino en uno de los bloqueos, disparándoles a los protestantes con balas de goma y gases lacrimógenos. Los bloqueadores corrieron, lanzando piedras y escapando de las balas, obligando a la policía a disparar el gas lacrimógeno en contra de la corriente del viento, de manera que sopló de vuelta hacia ellos. Las fuerzas de seguridad se fueron confundidas, y los bloqueos se reorganizaron en otros lugares. El gobierno ignoró sus acciones, y la rabia entre los habitantes siguió madurando (26).

A finales de 1999, cuando los vecinos comenzaron a recibir sus facturas de agua, las protestas crecieron hasta incluir a más sectores de la sociedad, a las personas en las ciudades y a estudiantes. Sin embargo, la molestia general no fue solamente por el incremento de precios de Aguas de Tunari, sino que también tuvo que ver con el hecho de que el dinero iba a una gigante compañía transnacional, y que muchos tendrían que pagar por un recurso que anteriormente era como un regalo de la Pachamama. La cooperación poderosa que se dio entre los vecinos rurales y urbanos nació de esta frustración compartida (27).

Las movilizaciones en Cochabamba se organizaron de forma horizontal e incluyeron a diversos sectores sociales. Algunos, como los cocaleros y los trabajadores de irrigación en las áreas rurales (regantes), organizaron bloqueos que aislaron a la ciudad del resto del país, presionando a que las autoridades del gobierno respondan. Otros distribuyeron información y organizaron actividades entre trabajadores y vecinos. Un protestante llamado Marcelino había visto los efectos del incremento del agua mientras trabajaba para Aguas del Tunari y el Servicio Municipal de Agua Potable, Alcantarillado y Desagües Pluviales (SEMAPA), la compañía de agua pública previa a la privatización. Esto lo empujó a participar diariamente en las protestas junto con sus amigos, su familia y sus colegas de trabajo, además de motivar a otras doscientas personas de su barrio a unirse a las movilizaciones. Ellos caminaron diariamente hasta la plaza juntos en una sola fila (28).

Gran parte de la energía de estas fuerzas unidas fue canalizada por la Coordinadora del Agua y la Vida, una coalición de varios grupos que se organizaron el 12 de noviembre de 1999. La Coordinadora trabajó como un instrumento de acción, uniendo a ciudadanos de zonas rurales con los de las ciudades, y combinando a varios sectores económicos y políticos. Jugó un rol importante en la coordinación y organización de las protestas, los bloqueos y las negociaciones que concentraron al rechazo a la Ley del Agua y del contrato con Bechtel. Después del conflicto, Oscar Olivera, un miembro del sindicato local y líder de la Coordinadora, seguiría hasta convertirse en un vocero del movimiento "antiglobalización".

La Coordinadora nació de la necesidad de "consolidar algo entre grupos diversos", dijo Claudia López, quien se unió a la Coordinadora como una estudiante universitaria durante la Guerra del Agua. "Así que la pregunta era ¿cómo vamos a juntarlos? La respuesta era de traerlos a todos bajo la Coordinadora... la cual surgió cuando la gente dijo: 'Vamos a tomar el tema del agua en nuestras propias manos'". Durante la Guerra del Agua, López estaba terminando sus estudios en biología. Al principio, su trabajo trataba de diseminar información, organizando talleres sobre la Ley del Agua y el contrato, y orquestando demonstraciones (29).

De acuerdo con López, la Coordinadora usó las estrategias de organización del sector rural. "Los campesinos tenían una mejor idea de lo que estaba sucediendo", me dijo. "Ellos tenían una organización que se juntaba a través de asambleas, donde tomaban decisiones entre ellos mismos". Aquellos métodos de organización no eran comúnmente utilizados por la sociedad urbana. Sin embargo, los dos mundos se unieron en la Guerra del Agua, complementándose mutuamente. López dijo que la privatización actuó como un "detonador" de la acción social.

En enero de 2000, la Coordinadora comenzó a organizar protestas en contra del elevado precio del agua, y llamó a asambleas para discutir la acción que debían tomar. Los miembros recomendaron organizar bloqueos y protestas si los funcionarios del gobierno no llegaban para discutir los cambios al contrato y a la ley. Los funcionarios no contestaron, y los bloqueos comenzaron el 10 de enero. Otros grupos organizaron huelgas por toda la ciudad. La ciudad, el aeropuerto y las autopistas principales se cerraron por los bloqueos. Los protestantes usaron pilas de piedras y árboles para bloquear las calles e impedir el tráfico en la ciudad, y miles de personas se juntaron en la plaza principal. Jim Shultz del Democracy Center reportó que "la Coordinadora ha establecido su centro de operación en las viejas oficinas del sindicato de trabajadores fabriles, y ha colgado una gran pancarta en el tercer piso, con grandes letras rojas y blancas, que llevaba el nuevo mensaje urgente de la ciudad: 'El Agua es Nuestra Carajo!'" (30).

La tensión crecía el 13 de enero cuando los ministros de Economía y Comercio del gobierno de Bánzer llegaron a Cochabamba para discutir los cambios en la Ley del Agua y el contrato. Representantes de la Coordinadora y otros grupos se reunieron con los delegados del gobierno. Durante la primera ronda de diálogo la policía gasificó a los protestantes afuera del edificio, lo que llevó a que los representantes de la Coordinadora salieran de la reunión, rehusándose a negociar mientras que la policía reprimiera a los ciudadanos. En una reunión más tarde ese mismo día, los funcionarios del gobierno dijeron que revisarían el contrato de privatización y la Ley del Agua, pero sin modificar el costo del agua. Al final de la reunión, se acordó que el gobierno revisaría y respondería a los cambios que la Coordinadora demandaba dentro de un espacio de tres meses (31).

A muchos cochabambinos les faltaba la paciencia o el dinero para esperar tres meses. Los ciudadanos estaban desafiantes: en vez de pagar sus nuevas facturas de agua, las quemaron en la plaza. En respuesta, la compañía amenazó con cancelar las conexiones de agua. A principios de febrero, la Coordinadora anunció una marcha regional para ocupar de forma pacífica la plaza principal de Cochabamba (32). A pesar del hecho de que ésta fue una acción sin uso de la violencia, los funcionarios del gobierno prohibieron la marcha. Fuerzas policiales especiales llamadas "Dálmatas", por sus uniformes camuflados, llegaron a Cochabamba desde La Paz para neutralizar las protestas anunciadas (33).

En la mañana del 4 de febrero, miles de personas marcharon hacia Cochabamba. Cuando los protestantes ingresaron justo a una cuadra dentro de la ciudad, los Dálmatas aparecieron en motocicletas y dispararon gases lacrimógenos. El puente Quillacollo estaba bloqueado por fuerzas de seguridad. Los protestantes cruzaron con rapidez, intentando romper el cordón de la policía, pero fueron paralizados por el gas. Cuando eventualmente lograron cruzar al otro lado, la policía usó un gas aún más poderoso. En respuesta, los cocaleros del Chapare y los vecinos del lugar se separaron para entrar en la plaza por calles diferentes (34). Fredy Villagómez, un miembro de la Coordinadora, describió los eventos: "Los jóvenes estaban al centro de la ciudad, ocupando la plaza. Los otros estaban... manteniendo una barricada a través de la autopista. Las mujeres cocinaban para aquéllos en la barricada. Habían muchos campesinos que pasaban por ahí, en camino a Cochabamba para unirse a la rebelión" (35). Más de 1.000 policías y soldados con equipos antidisturbios estaban en las calles, transformando a la ciudad en una zona de guerra (36).

Uno de los muchos líderes de este movimiento amplio era Oscar Olivera. Yo lo había conocido y escuchado en varias ocasiones; la primera de ellas en una protesta en Washington DC en contra del FMI y el Banco Mundial en abril de 2000, justo después de la rebelión de Cochabamba. Él era un hombre bajo, que apenas alcanzaba al micrófono en el escenario, y su manera de hablar lo mostraba como a alguien con inteligencia, talento y pasión. Estas cualidades contribuyeron a su rol como el vocero de la Coordinadora en la Guerra del Agua. Durante el conflicto, las fotos lo mostraban con sus ojos intensos pero cansados por falta de sueño, y con su típico sombrero negro.

En *Cochabamba*, un libro escrito por Olivera, él describe la solidaridad entre los ciudadanos durante las protestas. Durante una de ellas, la intensidad del gas lacrimógeno los obligó a él y a otros a tocar la puerta de una casa en búsqueda de agua. La familia dejó que el grupo entrara y Olivera habló con ellos sobre el motivo de la protesta. "Ellos han elevado el precio de su agua también", les dijo. "Tenemos que salir y pelear con ellos, es la única forma". Después –el escribe– la misma familia distribuyó agua a los protestantes, y participó en algunas de las peores peleas en las calles. Situaciones como éstas ocurrieron por toda Cochabamba. "El logro más grande de aquellos días de febrero", continúa Olivera, "fue que perdimos nuestro miedo... Empezamos a hablar entre nosotros, a conocernos, y a ganarnos la confianza propia y la de los demás" (37). Como respuesta a la presión en las calles, el gobierno firmó un tratado el 6 de febrero que congeló el costo del agua. En marzo, la Coordinadora organizó un referéndum sobre el conflicto. Noventa y seis por ciento de 50.000 votantes apoyaron a cancelar el contrato con Aguas del Tunari. Sin embargo, el gobierno no quiso cambiar de posición (38).

Las movilizaciones en las calles aparecieron de nuevo el 4 de abril. Pero, al contrario de lo que sucedió en febrero, esta vez el gobierno no desplegó a la policía o a los soldados para reprimir a los protestantes. Fue una táctica para eliminar la presión. "Nos empezamos a preocupar, porque parecía que la única manera de mantener nuestra resistencia era provocando al gobierno para que reaccione" escribe Olivera. Se llamó a las asambleas populares para discutir los nuevos pasos. En estas reuniones, "todo el mundo tenía el chance no sólo de quejarse, sino también de discutir ideas y propuestas" (39).

"Cualquiera podía hablar, pero para ser escuchado debía tomar acción", escribe Olivera. "Éste se convirtió en el primer requerimiento para poder hablar. Era un tiempo para discutir, pero no sin actuar... Las decisiones que tomamos después de este proceso se presentaron para ser validadas al próximo nivel, en los cabildos". Los cabildos tomaron lugar en las plazas públicas y fueron atendidos por 50.000-70.000 personas. Las decisiones finales se tomaron dependiendo de la reacción de la gente. "Las personas respondieron a propuestas diferentes expresando un sentimiento colectivo, tanto con aplausos como con sonidos de desaprobación. A veces los líderes tuvieron que seguir a la gente". Se propuso que los protestantes le den al gobierno 24 horas para cancelar el contrato de agua. Sin embargo, la gente se rehusó a esperar tanto tiempo, y se movilizaron hacia la oficina de Aguas del Tunari, donde bajaron el nombre de la compañía y pacíficamente ocuparon la oficina. Al día siguiente, decenas de miles de personas se juntaron en la plaza para protestar contra la Ley del Agua y el contrato con Bechtel. Se rehusaron a irse hasta que sus demandas se cumplieran (40).

Mientras tanto, los bloqueos y las confrontaciones entre los protestantes y las fuerzas de seguridad en las áreas rurales se intensificaban. Rosseline Ugarte explicó que mientras que el gas lacrimógeno saturaba el aire en Cochabamba, afuera en el campo se mantenían los bloqueos de caminos por parte de grupos campesinos, quienes cortaron los caminos más importantes hacia la ciudad. "Pusimos piedras en el camino, todo lo que pudimos. Cada día salíamos a bloquear". Ella visitó diferentes comunidades para ayudar a organizar y a coordinar los bloqueos. "Discutíamos nuestros planes hasta el amanecer. No podía ser algo que improvisáramos. Tenía que ser estratégico, para que la presión diera resultados".

Los bloqueos se coordinaron a través de un sistema complejo de comunicación y de decisiones. Los representantes de las diferentes comunidades se juntaban para planear actividades, y luego se iban a sus casas para discutir las tácticas con sus vecinos. "Ellos estaban preparados", dijo Ugarte. "Los campesinos no son idiotas a quienes puedes decirles 'compañero, vamos a este bloqueo por esto o por lo otro'. No, ellos tienen sus ojos abiertos". Después de muchas reuniones, la gente llegaría a un acuerdo. "Los campesinos organizaron sus propios comités para decidir los lugares estratégicos de bloqueo". También se discutió cómo se ofrecerían las piedras, la dinamita y la comida. Ella habló de las estrategias del bloqueo, como dejar clavos desatendidos en las calles para prevenir a que el tráfico pase, y otros, como quiénes brincarían de un lado del camino al otro "como pulgas" si llegaba la policía (41).

Aparte de la privatización del agua, la rabia por la represión de las fuerzas de seguridad también empujó a los ciudadanos a la acción. "Un enorme error de parte del gobierno fue militarizar la ciudad y traer a otros policías. Solamente aumentó la rabia", se acordó Carlos Crespo.

El acto de violencia más trágico fue la muerte del joven Víctor Daza, quien murió por causa de un disparo el 8 de abril. El francotirador, capitán Robinson Iriarte de La Fuente, había sido entrenado en la Escuela de las Américas (42). La tragedia se amplificó aún más por el hecho de que Daza no participaba en la protesta, ya que simplemente caminaba por la calle. Ugarte se acuerda del hecho con detalle: "Yo estaba circulando por la calle y justo a un metro de mí dispararon a nuestro amigo [Daza]. No podíamos hacer nada. Él murió instantáneamente. La gente lo levantó con una frazada y consiguió un pequeño auto para llevarlo a la plaza y protestar". Esta violencia galvanizó la rabia popular en contra del gobierno y las fuerzas de seguridad.

El 6 de abril se declaró una ley marcial y los líderes de la Coordinadora fueron perseguidos por la policía. Al esconderse en varias casas y al cambiarse de ropa para distraer a los demás, los líderes fueron capaces de mantenerse en libertad y mandar mensajes a quienes protestaban y bloqueaban las calles a través de la radio y los teléfonos celulares. Hasta el sábado 8 de abril las movilizaciones ya eran enormes. Grupos de jóvenes tomaron la plaza central e instalaron barricadas. Otros grupos tomaron la cárcel de San Antonio y quemaron autos de la policía (43).

"Nadie quería quedarse atrás", me dijo López. "Todos los barrios de la ciudad se habían organizado. Estaban llenos de un sentimiento de resistencia... Recogían donaciones [de comida], delegaban líderes y organizaban ollas comunes en diferentes localidades. Otros traían comida para quienes estaban al centro de la ciudad en resistencia, porque las protestas seguían de día y de noche... Era un enorme gesto de solidaridad". López recordaba aquellos días con emoción en sus ojos: "Estábamos unidos por algo que era obvio para todos nosotros: queríamos que se echara a Aguas del Tunari de Cochabamba".

A los manifestantes que seguían en las calles, manteniendo sus bloqueos y defendiendo las plazas ocupadas, se los denominó los "Guerreros del Agua". Muchos de ellos eran jóvenes y de todas las clases sociales. Chicos de la calle pelearon al lado de jóvenes de barrios ricos. Los equipos de fútbol llevaron a su solidaridad fuera de las canchas y la transformaron en una pelea en las barricadas de las calles (44). "Los chicos más pobres estaban siempre al frente, lanzando piedras a la policía", dijo Luis González. "Ellos tienen una tradición de pelea porque siempre han sido ignorados, marginados, empujados. Siempre están luchando para sobrevivir. Ellos nos inspiraron para seguir adelante".

Como respuesta al desorden civil, los oficiales del gobierno se reunieron con la Coordinadora el lunes 10 de abril. Los funcionarios de la oficina del Alcalde, el Defensor del Pueblo y el presidente del Concejo Municipal estaban presentes (45). Algunos políticos en la reunión llegaron dispuestos a escuchar las demandas de los manifestantes. Otros proclamaron que no importaba cuanta gente muriera en las calles, porque el contrato y la ley se quedarían al igual que antes (46). Los líderes de la Coordinadora fueron a la plaza, la cual estaba llena de manifestantes y Guerreros del Agua. Pidieron a la gente que se quedaran en la plaza y que estuvieran dispuestos a llevar las acciones necesarias si no lograban lo que esperaban en las negociaciones. Aquella tarde se logró un acuerdo entre los oficiales del gobierno y la Coordinadora para rescindir el contrato y devolverle el agua al público. La Ley 2029 fue modificada, pero tenía que ser aprobada por el Parlamento. Hasta ese entonces continuó la presión en las calles (47).

El líder de los regantes Omar Fernández fue a La Paz para participar en la sesión parlamentaria donde se trató la ley, con algunas alteraciones. La ley colocó a la que ahora sería la compañía de agua pública, SEMAPA, en las manos de un gabinete que sería administrado de forma participativa, e incluía a líderes de la oficina del Alcalde, trabajadores del sindicato de SEMAPA y a la Coordinadora (48).

Aunque el costo del agua volvió a lo que era antes de que llegara Bechtel, la creación de un sistema eficiente de agua pública resultó ser más difícil de lo que muchos se imaginaban. De acuerdo a la especialista del agua en Cochabamba Susan Spronk, SEMAPA intentó expandir la red de agua a los barrios más pobres al pasar de los años, pero la falta de recursos no se los ha permitido. La calidad del servicio de quienes ya estaban conectados a SEMAPA tampoco ha mejorado. El trabajo ineficiente de SEMAPA ha sido motivo de quejas, y también han habido casos de corrupción en la administración del sistema. También se han escuchado casos de conexiones ilegales al sistema de agua, las cuales se han hecho con el permiso de gerentes de SEMAPA, resultando en grandes pérdidas para la compañía (49).

"Por lo menos el hecho de que haya tres funcionarios electos en el gabinete le permite a los movimientos sociales el acceso a la información sobre presupuestos y planes de expansión", explicó Spronk. Sin embargo, estas tres personas no ejercen suficiente poder sobre la administración de la compañía porque el alcalde y sus aliados todavía mantienen el control. De acuerdo a Spronk, el servicio de agua es autónomo porque tiene su propio presupuesto, pero el alcalde es el presidente del gabinete. Ella cree que "el proceso para establecer control social es largo porque algunos grupos locales poderosos no quieren ceder el poder, y se los debe pelear. El proceso lento de democratización de la compañía de agua pública aún está en sus primeras fases" (50).

Los bolivianos enfrentan a otro desafío desde la victoria en Cochabamba. Para recobrar las pérdidas y falta de ganancias de Bechtel por causa de la cancelación del contrato en el año 2000, la compañía le demandó al gobierno boliviano 50 millones de dólares. Luego llevó su caso al Centro Internacional para la Resolución de Disputas de Inversión del Banco Mundial, el cual es notoriamente secreto y tampoco dio acceso a la prensa o a testimonios por parte de bolivianos (51).

En enero de 2006, Bechtel abandonó su caso contra Bolivia después de una campaña internacional de protestas, correos electrónicos y peticiones exigiendo que el caso se abriera al público. Las protestas llegaron a las oficinas de Bechtel en todo el mundo, y en 2002 los manifestantes se encadenaron al pasillo de las oficinas de la compañía en San Francisco. La policía y los bomberos usaron sierras para cortar las cadenas y sacar a los activistas. Después de esta acción y de otras, el gabinete de supervisores de la compañía pasó una resolución para pedirle a Bechtel que abandone el caso contra el país más pobre de Sur America. En vez de los millones que pidió inicialmente, Bechtel se quedó con 30 simbólicos centavos en su bolsillo (52).

La Guerra del Agua de Cochabamba debilitó la legitimidad de los partidos políticos y de los sindicatos tradicionales, y fortaleció el poder y la capacidad de las coaliciones de trabajadores y ciudadanos, como la Coordinadora del Agua. "Ahora se cree menos en el gobierno y en el sistema político tradicional", dijo Carlos Crespo. "El sentido de dirección del pueblo se ha repetido en varias otras ocasiones... Estoy convencido de que la vida y la política en Bolivia se transformaron después del año 2000".

El conflicto del agua del 2000 tuvo lugar en un momento clave para el movimiento antiglobalización. La Batalla de Seattle –las protestas callejeras contra la Organización de Comercio Mundial– ocurrió justo meses antes de la Guerra del Agua; y otra movilización parecida tomó lugar contra el FMI y el Banco Mundial en Washington DC en abril de 2000, justo después de la victoria en Cochabamba. La presencia de Oscar Olivera en la protesta en Washington DC junto a reportajes sobre la Guerra del Agua que fueron distribuidos por Internet ayudaron a establecer al conflicto como un símbolo de este movimiento.

Otros grupos opuestos a la privatización del agua surgieron al poco tiempo de la victoria en Cochabamba. Un contrato con la compañía Francesa Vivendi fue cancelado en Argentina por su mala reputación en los negocios (53). Poco tiempo después de la rebelión en Cochabamba, la Confederación de Naciones Indígenas del Ecuador (CONAIE) creó su propia propuesta de reforma, la cual se enfoca en los aspectos sociales, comunitarios y ecológicos del agua. En la provincia ecuatoriana de Chimborazo los vecinos se organizaron en cooperativas de consumidores de agua, quienes defendieron su zona de compañías, terratenientes y del gobierno (54). En 2005 los vecinos y las organizaciones sociales de El Alto se unieron para echar a la compañía francesa de agua Suez. (55)

Otras organizaciones de diferentes países se juntaron con activistas de la Guerra del Agua de 2000 para intercambiar ideas y estrategias. Uno de estos grupos vino del Uruguay, donde se organizó un referéndum en contra de la privatización del agua.

Olivera viajó a Uruguay varias veces antes del referéndum para reunirse con grupos de defensa del agua. Los activistas uruguayos se sentían inspirados por la experiencia en Cochabamba y la usaron como un punto de referencia al fundar su propia Coordinadora.

La presión para el referéndum en Uruguay fue motivada por la Comisión Nacional en Defensa del Agua y de la Vida (CNDAV), una coalición de grupos sociales y cívicos que incluían a sindicatos de la compañía estatal de desagüe y agua, la Oficina Sanitaria Estatal (OSE). La coalición comenzó su trabajo en 2002 cuando el gobierno uruguayo y el FMI planearon la privatización del agua en el país. Las compañías que tendrían mayor ganancia incluían a Suez y Aguas de Bilbao, de España. Como parte del trato, se exageró el costo de la conexión al sistema de agua, así que su precio sería diez veces más alto que el de OSE. Además, el servicio por parte de estas compañías sería de menor calidad y menos confiable que el de la compañía estatal. Aguas de la Costa –parte de la compañía Suez– también contaminaba al lago Blanca, al cual usaba en su proceso de saneamiento. La compañía pública ofrecía servicio a zonas lejanas para asegurarse de que los vecinos tuvieran acceso al agua. Para incrementar las ganancias, las compañías privadas cortaron estas vías hasta que los clientes pagaran por una nueva conexión. Quienes no pudieran pagar por la nueva conexión se quedarían sin agua. Esta clase de negocios contribuyó al ultraje y al referéndum (56).

En octubre de 2003, CNDAV presentó 283.000 firmas al Parlamento, lo que garantizó que un referéndum tuviera lugar al año siguiente durante las elecciones. Los votantes uruguayos rehusaron la privatización del agua y decidieron que el acceso al agua sea declarado un derecho humano protegido por la Constitución. En octubre de 2004, 1.440.000 uruguayos (casi un 65 por ciento) votaron para apoyar esta enmienda constitucional (57).

La nueva enmienda requirió que la sociedad civil, los consumidores y los grupos cívicos participaran en todos los aspectos de la administración de las aguas públicas (58). Una carta firmada por 127 organizaciones sociales de 36 países señaló el hecho de que la enmienda constitucional que se aprobó en el referéndum uruguayo "asegura la protección y la soberanía de este recurso natural en contra de ataques de compañías transnacionales que traspasan los límites nacionales del Uruguay y establecen un precedente político para toda la región" (59).

Además de fortalecer a los movimientos sociales en Bolivia, sirviendo como ejemplo de lo que sería posible a través de la protesta popular, la Guerra del Agua en Cochabamba inspiró a activistas de todo el mundo a pelear contra la explotación por parte de las empresas. El conflicto ofreció un buen ejemplo del error de políticas neoliberales que se enfrentan a grandes compañías con gente trabajadora. En vez de crear sistemas de agua mejorados, la privatización del agua de la ciudad produjo una rebelión que cambiaría el paisaje político boliviano por muchos años. Como el autor uruguayo Eduardo Galeano describe al movimiento por los derechos del agua en su país, "más de cinco siglos han pasado desde Cristóbal Colón. ¿Por cuánto tiempo seguiremos intercambiando oro por piedras de vidrio?" (60).

Notas

(1) Jeffrey St. Clair, "Straight to Bechtel", *CounterPunch* (May 9, 2005), http://www. counterpunch.org/stclair05092005.html.
(2) Thomas Kruse, "Bechtel versus Bolivia: the Next Battle in the 'Water War'", *Public Citizen*, https://www.citizen.org/print_article. cfm?ID=8114
(3) Kruse, "Bechtel versus Bolivia: the Next Battle in the 'Water War'".
(4) *World Resources 1998-99: Environmental change and human health* (Washington, D.C.: World Resources Institute, 1998),141-45, 244-45.
(5) Peter H. Gleick, *The World's Water, 2000-2001: The Biennial Report on Freshwater Resources* (Washington, DC: Island Press, 2000), 63-92.
(6) Michael T. Klare, *Resource Wars: The New Landscape of Global Conflict* (New York: Owl Books, 2002), 19.
(7) M. Barlow y T. Clarke, "The Struggle for Latin America's water", NACLA Report of the Americas 38, No. 1 (July, 2004).

(8)   Mark Kinver, "Water policy 'fails world's poor'", *British Broadcasting Corporation News* (March 9, 2006), http://news.bbc.co.uk/2/hi/science/nature/4787758.stm. También ver Barlow y Clarke, *Blue Gold: The fight to stop the corporate theft of the world's water* (New York: The New Press, 2002).

(9)   Sandra Postel, *Last Oasis: Facing Water Scarcity, The Worldwatch Environmental Alert Series* (New York: W. W. Norton & Company,1997), 19-20, 48-59. De Klare, *Resource Wars*.

(10) Klare, *Resource Wars*, 24.

(11) Entrevista con Klaus Toepfer, "Water Wars Forecast If Solutions Not Found", Environmental Science and Technology (January 1, 1999.) De Klare, *Resource Wars*.

(12) Crabtree, *Perfiles de la protesta*, 10. También ver Thomas Kruse, "La "Guerra del Agua en Cochabamba, Bolivia: terrenos complejos, convergencias nuevas", en *Sindicatos y nuevos movimientos sociales en América Latina* (Buenos Aires: CLACSO, 2005), 121-161.

(13) Carmen Peredo, Carlos Crespo y Omar Fernández, *Los regantes de Cochabamba en la Guerra del Agua, Presión social y negociación* (Cochabamba: CESU-UMSS, 2004), 114-115.

(14) Todas las citas e información son de la entrevista del autor con Luis González en febrero de 2006.

(15) A menudo el Banco Mundial no sólo hace que la privatización del agua sea una condición para dar préstamos, pero le dice a los gobiernos con qué compañías de agua debe trabajar. Para ofrecerle agua a la población y recibir préstamos, muchos gobiernos se quedan sin otra opción que seguir órdenes. Para más información, ver Jeff Fleischer, "An Interview with Maude Barlow", *Mother Jones* (January 14, 2005), http://www.motherjones.com/news/qa/2005/01/maude_barlow.html. Las empresas que tratan con la administración de agua como Bechtel y la compañía Francesa Suez, a menudo influyen en las instituciones prestamistas como el Banco Interamericano de Desarrollo y el Banco Mundial para que se establezcan políticas a su favor. Hacen esto para adquirir financiamientos o contratos. Por ejemplo, algunos de los préstamos más grandes del BID han sido hecho a compañías por la privatización del agua en América Latina. El Banco Mundial recientemente ha triplicado su presupuesto para financiar a proyectos de privatización. Detrás de tales políticas se encuentra la creencia en el neoliberalismo. Ver Barlow y Clarke, "The Struggle for Latin America's Water".

(16) Jim Shultz, "Bolivia's War Over Water", *The Democracy Center* (2004), http://democracyctr.org/bechtel/the_water_war.htm.

(17) Todas las citas e información de la entrevista del autor con Carlos Crespo, febrero de 2006.

(18) Todas las citas e información de la entrevista del autor con Rosseline Ugarte en febrero de 2006.

(19) William Finnegan, "Leasing the Rain", The New Yorker (April 8, 2002), http://www.newyorker.com/printables/fact/020408fa_FACT1.

(20) Crabtree, *Perfiles de la protesta*, 9. También ver Thomas Kruse, "La 'Guerra del Agua' en Cochabamba, Bolivia: terrenos complejos, convergencias nuevas", en *Sindicatos y nuevos movimientos sociales en América Latina* (Buenos Aires: CLACSO, 2005), 121-161.

(21) Sitio de Internet de Bechtel: www.Bechtel.com.

(22) Barlow y Clarke, *The Struggle for Latin America's water*, and Blue Gold: *The fight to stop the corporate theft of the world's wate*. También ver Vandana Shiva, *Bechtel and Blood for Water: War As An Excuse For Enlarging Corporate Rule*, ZNet (May 12, 2003).

(23) St. Clair, *Straight to Bechtel*.

(24) Arnie Alpert, "Is Another World Possible? A Water Activist Reports from Porto Alegre", *Common Dreams* (February 23, 2005), http://www.commondreams.org/cgi-bin/print.cgi?file=/views05/0223-29.htm.

(25) St. Clair, *Straight to Bechtel*. Ibid.

(26) Fernández, *Los regantes de Cochabamba*, 128-130.

(27) Esta información sobre las causas de la rabia entre las áreas urbanas y rurales viene de un correo electrónico con Susan Spronk, noviembre, 2005.

(28) Ana Esther Ceceña, *La guerra por el agua y por la vida* (Buenos Aires: Madres de Plaza de Mayo, 2005), 105.

(29) Todas las citas e información de la entrevista del autor con Claudia López en febrero de 2006.

(30) Shultz, *Bolivia's War Over Water*.

(31) Fernández, *Los regantes de Cochabamba*,132, y Oscar Olivera, Cochabamba: *Water War in Bolivia*, traducción de Tom Lewis (Cambridge: South End Press, 2004), 31-32.

(32) Shultz, *Bolivia's War Over Water*.

(33) Fernández, *Los regantes de Cochabamba*, 135.

(34) Ibid.

(35) Finnegan, *Leasing the Rain*.

(36) Shultz, *Bolivia's War Over Water*.

(37) Oscar Olivera, *Cochabamba*, 34-36.

(38) Finnegan, *Leasing the Rain*.

(39) Olivera, *Cochabamba*, 37.

(40) Ibid., 38.

(41) En la Guerra del Agua de 2000, los regantes también usaron las mismas habilidades que aprendieron en movilizaciones pasadas en temas de agua.

(42) Para más información sobre el trabajo de esta escuela, ver el sitio de internet de School of the Americas Watch: www.soaw.org, y también Gill, *The School of the Americas*.

(43) Fernández, *Los regantes de Cochabamba*, 146.

(44) Cecena, *La Guerra por el Agua*, 103-104.
(45) Fernández, *Los regantes de Cochabamba*, 149.
(46) Olivera, *Cochabamba*, 44-45.
(47) Fernández, *Los regantes de Cochabamba*, 149.
(48) Ibid, 150-151.
(49) De Susan Spronk, "Roots of Resistance to Urban Water Privatization in Bolivia: The 'New Working Class,' the Crisis of Neoliberalism, and Public Services", *Fifth draft submitted to International Labor and Working Class History, Special issue on Privatization of Public Services* (August 25, 2006). Los problemas sindicales también se han incrementado. De acuerdo a una entrevista por correo electrónico con Spronk, "varios activistas en Cochabamba se sienten especialmente frustrados con el sindicato, el cual hizo un trato con la administradora para incrementar el número de empleados poco tiempo después de que se contratara al último gerente (Gonzalo Ugalde) en 2001. El sindicato también parece influenciar en los nuevos contratos (pero no de gerentes, los cuales son seleccionados por la mesa de directores)". También ver Belén Balanyá, Brid Brennan, Olivier Hoedeman, Satoko Kishimoto y Philipp Terhorst editores, *Reclaiming Public Water Achievements, Struggles and Visions from Around the World* (Netherlands: Transnational Institute and Corporate Europe Observatory, 2005), http://www.tni.org/books/publicwater.htm. También ver Food and Water Watch: http://www.foodandwaterwatch. org/water.
(50) De la entrevista del autor con Spronk.
(51) Paul Harris, "Bechtel, Bolivia resolve dispute: Company drops demand over water contract canceling", *Chronicle Foreign Service* (January 19, 2006), http://www.sfgate.com/cgi-bin/article.cgi?file=/c/a/2006/01/19/MNGM8GPJAK1.DTL&type=printable. También ver Jim Shultz, "Bechtel vs. Bolivia: The People Win!", *PeaceWork* (February, 2006), http:www.peaceworkmagazine.org/pwork/0602/060208.htm.
(52) Harris, *Bechtel, Bolivia resolve dispute*, y Shultz, *Bechtel vs. Bolivia*.
(53) Finnegan, *Leasing the Rain*.
(54) Rutgerd Boelens y Hugo de Vos, "Water War and Indigenous Rights in the Andes", *Cultural Survival Quarterly* (January 6, 2006), http://209.200.101.189/publications/csq/csq-article.cfm?id=1867.
(55) La historia de la rebelión en El Alto contra Suez se narra en el Capítulo 9.
(56) Belén Balanyá, Brid Brennan, Olivier Hoedeman, Satoko Kishimoto y Philipp Terhorst editores, *Por un modelo público de agua: triunfos, luchas y sueños*, traducción: Beatriz Martínez Ruiz (Netherlands: Transnational Institute / Corporate Europe Observatory / El viejo topo, November 2005), 179.
(57) Balanyá et al., *Por un modelo público de agua*, 178.
(58) Ibid., 180-181.

(59) Raúl Pierri, "Uruguary, Referendum Gives Resounding 'No' to the Privatization of Water", *Inter Press News Service* (November 1, 2004), http://www.ipsnews.net/interna.asp?idnews=26097.

(60) Eduardo Galeano, "Where the People Voted Against Fear", Common Dreams.org (November 13, 2004), http://www.commondreams.org/views04/1113-20.htm.

CAPÍTULO CUATRO

La reacción al FMI: ¡Que se vayan todos!

"No se le ocurrió al Presidente de Bolivia
hacer otra cosa que seguir las leyes del FMI"
- Eduardo Duhalde (1)

Manifestantes demandan que el ex presidente Gonzalo Sánchez de Lozada sea juzgado por las muertes causadas por la represión de parte de la policía y el ejército bajo su gestión. Las pancartas dicen: "¿Que ha hecho usted para que los crímenes de este hombre no queden impunes?". FOTO: Julio Mamani

Una sola piedra rompió la ventana del palacio presidencial en La Paz alrededor del mediodía el 12 de febrero de 2003. La tensión entre los policías en huelga y los militares había llegado a un clímax. La piedra, que fue lanzada por un estudiante de colegio, dio comienzo a un conflicto sangriento que dejaría 30 muertos y cientos de heridos.

El conflicto resultó de la presión del FMI al gobierno boliviano por incrementar el impuesto al salario. En vez de reducir el déficit del gobierno, la nueva medida llevó a Bolivia al caos. La Policía, que ya demandaba mejores salarios, se declaró en huelga una vez que se anunció el impuesto. Organizaciones cívicas, de estudiantes y de trabajadores siguieron su iniciativa, y una guerra civil de dos días se desató entre los manifestantes que estaban aliados a la Policía, y militares del Ejército, que defendían los intereses del gobierno. En la pelea, los jóvenes reclutas se enfrentaron contra los policías que peleaban por sueldos más decentes. El FMI, junto a la administración neoliberal de Sánchez de Lozada, creó su propia tumba en un país que estaba siguiendo el ejemplo de las protestas de dos años atrás contra el FMI en Argentina – ¡Que se vayan todos!

Como miles de bolivianos, Abraham Bojórquez, un rapero joven de El Alto, se sintió arrastrado por el conflicto de aquellos dos días. Lo encontré en Wayna Tambo, un centro cultural para jóvenes con una estación de radio, un estudio de grabación, una cafetería y una biblioteca. Bojórquez se viste como un artista de hip-hop norteamericano, con pantalones anchos, un casco de béisbol puesto de lado, y un gran abrigo. Antes de haber sido enviado al palacio presidencial el 12 de febrero para defenderlo con fusil en mano, él ya había vivido varias aventuras. Su vida lo había llevado desde El Alto a Brasil, y de regreso también llegó al conflicto del FMI de manera poco esperada (2). Charlamos en el segundo piso de Wayna Tambo mientras que una banda de rock practicaba en el piso de abajo. El sol caía en una de las ciudades más altas del mundo, y el viento frío de las montañas nevadas en la distancia se metía por la ventanas rotas.

Bojórquez tenía doce años cuando se montó a un bus que viajaba desde Bolivia a Brasil. Problemas económicos y familiares lo obligaron a irse de su casa en El Alto a ver si tendría suerte en Sao Paulo. Encontró su primer trabajo sentado al frente de una máquina de coser en una sastrería coreana de las seis de la mañana hasta la medianoche, todos los días de la semana. Sus problemas de dinero no eran los únicos que tenía.

"Me amenazaron con una pistola cinco veces mientras estuve en Brasil", dijo. La primera vez fue porque bailó, sin saberlo, con la novia de un brasileño. La segunda vez fue durante una pelea en defensa de un amigo boliviano quien estaba siendo insultado por un brasileño. "Todo el mundo llevaba armas ahí, hasta los chicos que solamente tenían de diez a trece años".

Cuando regresó a Bolivia, cansado del estilo de vida en el Brasil, Bojórquez se presentó al servicio militar obligatorio, más que todo por curiosidad. El servicio militar hace que sea más fácil entrar a la universidad o conseguir trabajo en Bolivia. Mientras él se entrenaba en el ejército, el presidente Gonzalo Sánchez de Lozada trabajaba con el FMI para bajar el déficit del país y poder adquirir un préstamo a largo plazo. Durante los primeros meses de su entrenamiento militar, Abraham fue enviado al palacio presidencial para proteger al edificio de un eventual ataque de la policía y de los estudiantes que protestaban por la subida de los impuestos. Como muchos otros planes de corte neoliberal, éste fue aplicado a la fuerza y con el uso de las armas, una de las cuales terminó siendo la de Bojórquez.

El hombre que dio la orden para que Bojórquez acuda al palacio presidencial fue el mismo Sánchez de Lozada. Éste era su segundo período presidencial después de haber vivido los primeros 22 años de su vida en los Estados Unidos. Ahí su español adquirió un acento norteamericano, y ahí aprendió el evangelio del libre mercado, una religión a la que siguió con tanto fervor que sus amigos en Washington lo llamaban "el neoliberal más inteligente de América Latina". Por ello, y por su acento, muchos bolivianos se referían a él simplemente como "El Gringo". Sánchez de Lozada acumuló una riqueza enorme en dos de las áreas de mayor explotación del país: las tierras y la minería, para luego convertirse en presidente del Senado, Ministro de Planeamiento y hasta consejero económico para el gobierno (3). Antes de su primera experiencia como Presidente desde 1994 hasta 1997, dejó su cargo como director de la compañía minera COMSUR, la cual se había convertido en una de las diez más grandes del país (4).

El documental "Our Brand is Crisis" siguió la campaña presidencial de Sánchez de Lozada para las elecciones de 2002, revelando su carácter peculiar (5). Para darse el empuje que necesitaba en la campaña, el candidato de 73 años contrató a un grupo de consultores de Greenberg, Carville and Shrum (GCS) Political Consulting, cuya base se encontraba en Washington DC. La compañía ha trabajado en encuestas, administración de campañas, estrategia y publicidad para varias elecciones en el mundo entero. Su idea de la democracia está basada en la creencia de que la economía de libre mercado trae beneficios para quienes votan por ciertos candidatos. La película muestra el vacío entre la élite rica boliviana, representada por el equipo de campaña de Sánchez de Lozada, y la mayoría pobre, a la cual los consultores manipularon, mintieron y prometieron soluciones que nunca habían tenido la intención de ejecutar.

GCS fue contratada para modelar un candidato que, de acuerdo a las encuestas, nadie quería comprar. Jeremy Rosner, el arquitecto central de la campaña, le dijo a Sánchez de Lozada con sensatez: "Todavía tienes a más de la otra mitad del electorado que no te puede aguantar... Es decir, para un 55 por ciento de la gente en Bolivia la única pregunta que se hacen es ¿'Cuándo nos ahorcaremos?'". A pesar de esto, Sánchez de Lozada ganó la Presidencia, con Evo Morales muy cerca detrás de él, con sólo 2,5 por ciento menos votos.

Como presidente reelecto, Sánchez de Lozada tuvo la capacidad de transformar a Bolivia en una rata de laboratorio para las economías neoliberales. En 2002, Sánchez de Lozada entraba en una crisis que él mismo ayudó a crear. Desde el 2000 hasta el 2003, los sueldos del 10 por ciento de la población más pobre bajaron en un 15 por ciento, mientras que los del 10 por ciento de los más ricos subieron en un 16 por ciento. En el altiplano, más del 90 por ciento de la población vivía en la pobreza (6). Desde 1997 hasta 2002 el déficit del presupuesto boliviano subió de un 3,3 por ciento de la renta nacional al 8,7 por ciento (7). En julio de 2003, un reporte del gobierno indicó que la calidad de vida de los bolivianos estaba peor de lo que había sido unos cinco años atrás. El desempleo creció, y la gente ganaba menos. En 1998, 2,3 millones de bolivianos vivían sin electricidad. Para las elecciones de 2002, aquel número creció a 3,1 millones de personas (8).

Pero el FMI tenía un plan para darle vuelta a la crisis. Representantes de la institución le dijeron a la administración de Sánchez de Lozada que para poder recibir un préstamo esencial, el déficit del país tendría que reducirse de 8,5 a 5,5 por ciento (9). El gobierno se encontraba entre la espada y la pared, desesperado por conseguir dinero y sin poder rechazar el préstamo. Sin embargo, las políticas que estaban por implementarse terminarían siendo desastrosas para el país. George Gray Molina, uno de los principales economistas de Sánchez de Lozada, dijo que su gestión se encontraba "en contra la pared cada mes" con el FMI. Sin el préstamo, no serían capaces de pagar los salarios de los empleados públicos (10).

Cuando el FMI le pidió a Sánchez de Lozada que bajara el déficit, su equipo de economistas diseñó un plan de impuesto salarial para generar los fondos que el gobierno necesitaba para superar la crisis. Para lograr este fin, ellos quisieron aplicarle un impuesto de 12,5 por ciento a los ciudadanos con los salarios más bajos del país (11). De acuerdo con Jim Shultz del Democracy Center, el plan de impuestos de Sánchez de Lozada fue diseñado de manera que las personas con los sueldos más bajos tuvieran que pagar dos dólares extra por mes, lo que en muchos casos equivalía al costo de hasta dos días de comida (12). Una vez más en Bolivia la gente pobre tuvo que sufrir bajo un nuevo sistema económico neoliberal.

Los funcionarios del FMI, sin embargo, se negaron haber presionado al gobierno boliviano para que aplicara el impuesto. "En los documentos eso es evidente y en la realidad se sabe que el FMI toma un rol activo en proponer soluciones a los problemas que detecta", explicaba un anuncio de prensa del grupo activista 50 Years is Enough. "La introducción de nuevos impuestos para los trabajadores se conoce como el remedio favorito del FMI para el déficit" (13).

El impuesto obligó a que la gente descontenta saliera a las calles. Irónicamente, la protesta fue organizada por la misma gente que en algunos casos habría aplicado la represión: la Policía Boliviana. En una mañana fría del mes de julio tomé un taxi para reunirme con el coronel José Villarroel, un protagonista central de las protestas de febrero.

Villaroel trabajó por varios años en una fuerza especial de la Policía y luego fue director de inteligencia para la ciudad de La Paz (14). Su uniforme se encontraba limpio y bien planchado, y su cabello, corto. La manera en que se presentaba a sí mismo y la forma como se comunicaba con sus colegas, mostraba su sentido de honor y de respeto a los demás. Todos en el edificio lo saludaban con afecto, mientras yo lo seguía hasta su oficina. A mi alrededor vi a los policías que terminarían siendo afectados por el plan de impuestos. Junto a sus familiares y amigos, ellos sufrirían recortes salariales para que el modelo neoliberal continúe triunfando en Bolivia.

El resto del edificio adquiría dinámica con las actividades de la mañana, pero la oficina de Villarroel seguía tranquila y en orden. Su sonrisa sugería que tenía un buen sentido del humor, bondad, y hasta fastidio con su trabajo, mostrando quizás sus ganas de charlar conmigo para salir de su rutina. Como muchos otros que participaron en la rebelión de febrero de 2003, la experiencia cambió su vida y su manera de ver las cosas. Él ahora tenía un trabajo diferente en la oficina de migración, y veía a las protestas con una nueva perspectiva.

"El salario de los policías es muy bajo", me explicó Villaroel. "En enero de 2003 hubo un incremento salarial para empleados estatales, pero no para nosotros". Esto molestó a muchos, y llevó a un grupo de policías liderizados por el mayor David Vargas a la huelga. "Muchos niveles de policías salieron en huelga, y la unidad y la participación en las protestas crecieron. La policía simplemente dejó de trabajar. La huelga comenzó en El Alto y siguió hasta el sur de La Paz", dijo Villarroel.

Los mismos métodos que utilizó la Policía para reprimir las protestas fueron usados para empezar con ésta. Pero en esta ocasión su capacidad de organización policial les sirvió para resistir a las políticas de Estado, y no para hacerlas cumplir. "Existe un liderazgo nacional dentro de la Policía, cada departamento tiene un líder y ellos se comunican mutuamente. A través de este sistema se decide qué acciones tomar... En este caso, el mayor Vargas era nuestro líder. El comando estaba en huelga, así que todos se sentían muy unidos", dijo Villaroel. "Existía un movimiento dentro de la fuerza policial para estar en huelga y dejar de trabajar. Las órdenes venían de nuestros superiores, desde arriba". Los oficiales se encontraban todos de mutuo acuerdo.

El 9 de febrero, Sánchez de Lozada anunció la subida del impuesto por un 12,5 por ciento. Muchos trabajadores y organizaciones sociales inmediatamente criticaron las medidas impuestas. Para la fuerza policial el incremento representó un ultimátum. Ni siquiera habían recibido sus salarios del mes de enero cuando el Presidente se negó a subirles el salario por un 40 por ciento. Con David Vargas como su líder, la Policía se reunió con el Ministro de Gobierno, Alberto Gasser. Su demanda central fue la modificación del impuesto para que sea aplicado únicamente a quienes recibieran salarios de $us 660 o más por mes, y no a los ciudadanos más pobres. De acuerdo con Vargas, el Ministro contestó: "[El impuesto] no puede ser modificado. El Presidente no lo puede hacer. Tenemos un acuerdo con el Fondo Monetario Internacional. No podemos cambiarlo porque significaría que el gobierno no está actuando con seriedad" (15). Lo que el gobierno no sabía era que la Policía también hablaba con seriedad.

La manera en que estas políticas fueron aplicadas en Bolivia era cosa de todos los días para el FMI, una institución conocida por su falta de principios democráticos, donde el poder del voto está basado en la influencia económica. El 17 por ciento de las decisiones del FMI están en manos de congresistas norteamericanos. Aunque las políticas de la institución financiera afectan seriamente a las naciones más pobres, como Bolivia, el FMI siempre ha tenido un presidente europeo. Este sistema deja a las personas más afectadas por las políticas completamente fuera del proceso de decisión (16). A pesar de que los funcionarios del FMI piensan que trabajan en beneficio de los países, a menudo ellos no parecen estar abiertos a otras alternativas. Sus políticas son creadas para ayudar a que un país participe en el comercio global, incrementando su potencial de compra y de exportación. Y a menudo, las élites locales como Sánchez de Lozada se ven satisfechos de seguir estas recetas (17).

Como lo dijo en su libro *La globalización y sus descontentos*, Joseph Stiglitz, ganador del Premio Nobel, antiguo economista y vicepresidente del Banco Mundial, gran parte del problema del FMI es que "no acepta que el desarrollo implique la transformación de la sociedad". Él argumenta que en vez de las políticas de libre comercio, el FMI debería enfocarse en programas de educación, reforma agraria y salud para generar mejoras sociales y económicas (18). En el estilo antiguo del FMI, Sánchez de Lozada hizo exactamente lo opuesto. Pero él no fue el primer Presidente en seguir las órdenes del FMI hacia un trágico final. Dos años antes de que él intentara aplicar el impuesto salarial a los sectores más pobres, una crisis similar, inspirada también por el FMI, golpeó a la economía argentina.

En cuestión de pocos días, Argentina dejó de ser una de las naciones más ricas de la región y se convirtió en una de las más pobres. Las raíces de esta caída se encontraba en los antiguos dictadores que estuvieron aliados al FMI. La dictadura argentina de Jorge Videla en 1976 desarrolló una fuerte alianza con la institución, adoptando políticas de privatización y de acumulación de deudas que mejoraron la reputación de la dictadura entre los países ricos, especialmente en los Estados Unidos. La Reserva Federal Estadounidense apoyó al régimen de Videla porque la mayor parte del dinero prestado fue colocado en cuentas bancarias en los Estados Unidos (19).

Cuando la dictadura de Videla culminó en 1984, Raúl Alfonsín fue elegido Presidente. Sus políticas económicas eran básicamente iguales a las de Videla, y muchos de los funcionarios del rubro de economía y finanzas de la dictadura se mantuvieron en sus posiciones en el gobierno. Bajo el régimen de Videla, los subsidiarios argentinos de compañías como IBM Argentina, CitiBank, Bank of America, Renault Argentina y otros habían sido motivados a caer en deuda. El gobierno de Alfonsín pagó las deudas de estas compañías con el impuesto de los ciudadanos. Carlos Menem, quien le siguió a Alfonsín, privatizó todo lo que pudo, vendiendo la mayoría de las empresas estatales y recursos naturales a empresas extranjeras a muy bajos costos. Por ejemplo, las aeronaves Boeing 707 de la compañía Aerolíneas Argentinas, las cuales siguen en uso, fueron vendidas a una compañía francesa por 1,40 millones de dólares cada una. Mientras tanto, la deuda del gobierno creció rápidamente, desde 8 mil millones de dólares en 1976, a casi 160 mil millones de dólares en 2001. Esto obligó al gobierno a gastar un enorme porcentaje de las ganancias de impuestos en préstamos e intereses, en vez de mantener programas sociales, de educación y de salud (20).

Para combatir la inflación, el gobierno argentino impuso un plan económico en 1991 que creó un mismo valor para el peso y el dólar. Esto le permitió al gobierno distribuir únicamente pesos que estuvieran en sus reservas en dólares. Para mantener la estabilidad durante la década de los noventa, Argentina tuvo que prestarse aún más dinero (21). La privatización de las obras públicas por parte de Menem, junto a la desregulación y el flujo de libre capital, básicamente permitieron que el gobierno perdiera el control sobre la economía. La mayoría de los bancos argentinos terminaron en manos de compañías extranjeras, las cuales prefirieron hacerles préstamos a sus clientes tradicionales como empresas transnacionales, en vez de hacerlo con negocios argentinos pequeños y medianos. Esto disminuyó seriamente el crecimiento nacional. Al mismo tiempo, el FMI presionó por una subida de impuestos y recortes en el gasto social, llevando al país hacia la ruina (22).

El FMI anteriormente se refería a Argentina como su ejemplo exitoso. En sus propias palabras, los programas del

FMI "tienen la intención de ayudar a un país a adoptar políticas que lo ayudarán a ganarse la confianza de los mercados y a acceder al capital privado, dos elementos esenciales para generar crecimiento y empleo" (23). Además, como lo indica Stiglitz, "dentro del FMI simplemente se asumía que cualquier sufrimiento que estas políticas provocaran, era necesario para que el país se encaminara hacia una economía más exitosa..." (24). Mientras que la economía "mejoraba" bajo el liderazgo neoliberal de Videla, Alfonsín y Menem, los argentinos de clase baja aguantaban los desastres de tal "éxito".

Abraham Leonardo Gak, Rector de la Escuela de Negocios en la Universidad de Buenos Aires, explicó que durante los años noventa el control del gobierno argentino sobre la economía gradualmente se fue a las manos del mercado. "Existe la idea de que el mercado es la mejor manera de controlar los recursos", dijo Gak. "Se ha dicho esto continuamente por más de 27 años. Se lo practicó no solamente en la economía, sino en las mentes de las personas. Las importaciones reemplazaron la producción local y el capital de inversión podía entrar o salir del país en cualquier momento. Parecía que la economía estaba creciendo...". Pero la riqueza realmente se estaba concentrando en las manos de pocos, mientras que crecía el desempleo y el negocio se deregularizaba. Se suponía que de esta manera el sector privado empujaría a la economía (25).

La fiesta neoliberal se acabó el 19 de diciembre del 2001. Argentina dejó de pagar su deuda de 100 mil millones de dólares y el sistema bancario se cayó para abajo. Muchos ciudadanos argentinos se despertaron la mañana del 19 de diciembre incapaces de acceder a sus cuentas de ahorros. Con la intención de frenar la salida de dólares del país, el gobierno había congelado las cuentas bancarias de los ciudadanos. Los de clase media se hicieron pobres, los pobres sufrieron hambrunas, y el desempleo llegó al cielo. Miles de personas salieron a las calles, y veintiún personas murieron en enfrentamientos con la policía. El país vio cinco presidentes diferentes en tan sólo dos semanas (26).

De lo que quedó en ruinas, la gente intentó construir un nuevo mundo. Los ciudadanos se enfrentaron a la pobreza, a la falta de vivienda y de empleo con sistemas de trueque y de moneda alternativa. Los vecinos organizaron asambleas y llevaron comida a los más necesitados en sus comunidades. Los desempleados tomaron y dirigieron sus fábricas y negocios como si fueran cooperativas. La depresión económica empujó a todos los Argentinos a trabajar conjuntamente, uniendo a los movimientos sociales y creando un espacio para otras movilizaciones y logros electorales más progresistas. Una experiencia transformativa similar tuvo lugar en Bolivia dos años después. Las políticas apoyadas por el FMI en ese país debilitaron al gobierno y fortalecieron la capacidad de los movimientos sociales para movilizarse. Y además motivaron el ultraje que se sintió a nivel nacional contra la presidencia de Sánchez de Lozada.

"No se le ocurrió al Presidente de Bolivia hacer otra cosa que seguir las reglas del FMI", dijo el presidente argentino Eduardo Duhalde, a manera de comparar ambos conflictos. A pesar de las lecciones que les ofreció el desastre argentino, la receta que dio el FMI a Bolivia tan sólo hizo que el país se enfermara más (27). Sin embargo, antes de que el incremento de impuestos afectara a los trabajadores más pobres, las calles de La Paz ya se estaban cubriendo de sangre por las protestas.

El líder cocalero del partido MAS, Evo Morales, luego de su casi victoria en las elecciones presidenciales de 2002, llamó a que sigan las protestas, huelgas y bloqueos contra la subida del impuesto. Organizaciones laborales y sociales de todo el país escucharon su llamado. El Grupo de Seguridad Especial (GES), la fuerza policial dirigida por el mayor Vargas, a la cual también pertenecía José Villarroel, liderizó el movimiento con una huelga y una protesta nacional. Aproximadamente 100 miembros del GES se juntaron en la plaza Murillo al frente del Palacio Presidencial a las 10 de la mañana el 12 de febrero.

Los estudiantes del Colegio Ayacucho llegaron a las 11 de la mañana para unirse a la marcha (28).

Bojórquez, el artista de hip hop, estaba en el Palacio Presidencial cuando la situación explotó. Aunque sus superiores siempre lo obligaban a levantarse temprano para hacer su entrenamiento de combate y contra conflictos sociales, él se sorprendió cuando le pidieron que fuera al Palacio Presidencial para demostrarles sus propias habilidades. Generalmente, los reclutas del ejército son enviados a disparar después de tres o cuatro meses de prácticas. Pero a Abraham lo enviaron a hacer este trabajo apenas después de dos semanas. "No estaba preparado", me dijo.

Él sintió solidaridad hacia quienes estuvieron protestando en la plaza, pero siendo miembro del ejército se sintió atrapado. Dijo que sus superiores enviaban a los soldados más jovenes y con menos entrenamiento para llevar a cabo la desagradable labor de dispararles a sus prójimos. "Lo más triste es que los soldados fueron usados y controlados para defender a un Presidente que lamentablemente no estaba haciendo su trabajo correctamente... muchos de los militares dentro del palacio querían irse durante el conflicto", dijo. "Ellos no creían en lo que les estaban diciendo". Otros soldados en el conflicto de febrero estaban también mal preparados. Dentro de la confusión, algunos de ellos dispararon sus armas equivocadamente. Un soldado se disparó a sí mismo sin querer (29). Villarroel, que se encotraba en la plaza Murillo con otros policías durante el conflicto, también criticó a la seguridad del palacio, culpando la falta de experiencia de los soldados por muchas de las muertes (30).

Alrededor del mediodía, los estudiantes de los colegios Ayacucho y Felipe Segundo Guzmán empezaron a lanzar piedras hacia el Palacio Presidencial (31). Los policías festejaron la acción con aplausos (32). En respuesta, los militares dispararon gas lacrimógeno hacia las barricadas de la policía. Provocados por el gas, la policía respondió lanzando sus propias latas de gas (33). Refuerzos armados del Ejército y de la Policía llegaron a la plaza y comenzaron a dispararse (34). Se intentó parar el fuego, pero la violencia continuó, incrementándose alrededor de las dos de la tarde con el intercambio de disparos fatales entre los policías y los soldados, mientras que otros militares disparaban desde los techos de las casas (35).

Una de las víctimas de los disparos fue Julián Huáscar, un estudiante del Colegio Ítalo Boliviano Cristóbal Colón. El 12 de febrero, Julián dejó su desayuno y salió corriendo. Su madre, la artesana Marí Calcina, se preguntó por qué salió tan apurado. Más tarde, aquel mismo día, después de que su madre escuchara acerca de la violencia en la plaza Murillo, ella, como muchos otros padres, salió en busca de su hijo. Lo encontró en la morgue. "Levántate", le dijo, pero él ya había muerto con un disparo en el corazón (36).

Villaroel dijo que la falta de policía en las calles creó aún más caos, algo que muchos otros supieron aprovechar. La gente robó cajeros automáticos, negocios y oficinas del gobierno. Este drama llegó hasta Cochabamba, Santa Cruz y otras áreas del país. A las 3:30 de la tarde del 12 de febrero, los manifestantes atacaron al Palacio de la Vicepresidencia de la República y quemaron documentos y muebles. En la noche se metieron en bancos, oficinas de partidos políticos y una estación estatal de televisión (37). El nivel de violencia obligó a las autoridades del gobierno a negociar con el mayor Vargas.

"En la tarde se llamó a un cese de la violencia", dijo Villaroel. "Las ambulancias llegaron a buscar a los muertos y a los heridos. La policía marchó pacíficamente alrededor de la plaza Murillo y dejaron de disparar desde los techos". Sin embargo, las emociones se encontraban al filo, y la tranquilidad no duró por mucho tiempo. Villarroel dijo que poco tiempo después "el ejército empezó a dispararles a más ciudadanos, asumiendo que eran policías disfrazados. El ejército usó pistolas de alto calibre, y transportaron armas, gas lacrimógeno y munición dentro de las ambulancias. Decididamente querían matar a más gente". Los uniformes de la policía se volvieron blanco aquélla noche mientras que los tanques del ejército se acercaban y la policía seguía construyendo barricadas.

Mientras que en muchas dictaduras y protestas los de cabello largo y barba suelen ser buscados por el Ejército y la Policía,
en este conflicto eran los de cabello corto quienes terminaron
siendo las víctimas. Ese fue el caso de Jorge Mauro Franco
Miranda, un ciudadano vestido de civil, quien acudió al centro
de la ciudad para buscar su carnet de identidad en una tienda y
nunca logró conseguirlo. De acuerdo a su esposa, Rosa Mamani, Miranda llevaba un corte de cabello similar al de un policía
uniformado. Rosa llamó a su celular a las 3 en punto, pero él no
contestaba. A él ya lo habían disparado en la calle (38).

En el transcurso del 12 de febrero, El Alto fue invadido
por el gas lacrimógeno del Ejército y el humo de los bloqueos.
Los manifestantes construyeron barricadas en la calle y fogatas
hechas de muebles y basura para bloquearle el paso al ejército y a
otros vehículos (39). Durante dos días, las marchas organizadas
por estudiantes, trabajadores y organizaciones civiles entraron
y salieron de El Alto a La Paz. Aunque hubo mucha destrucción en El Alto, los sindicatos y grupos de vecinos organizaron
líneas de defensa para proteger a sus comunidades y negocios
de eventuales incursiones del ejército, de los ladrones y de otros
quienes se aprovechaban del caos de aquel momento (40).

Manifestantes alteños atacaron los símbolos de poder
corporativo y político en aquellos días. Unos quemaron la
Alcaldía, cuya principal autoridad era un aliado del Presidente,
mientras que otros destrozaban y robaban bancos y oficinas de
las compañías de electricidad y agua (41). Cuando un grupo
trató de ocupar la planta de Coca-Cola en El Alto, las fuerzas
de seguridad dispararon a las masas matando a seis personas
(42). El día siguiente, las calles de La Paz se transformaron en
campos de batalla. Los francotiradores disparaban desde los
techos de las casas, y los manifestantes lanzaban dinamitas,
provocando temblores en los edificios (43).

Aunque sus padres le habían pedido que no saliera a la
calle, Ana Colque, estudiante de enfermería de 24 años de edad
y madre de un niño de 22 meses, salió el día 13 de febrero para
ayudar a los heridos. Dejó a su hijo al cuidado de sus padres

(44). El carpintero Ronald Collanqui, quien trabajaba aquél día en el techo de un edificio cercano a la plaza San Francisco, fue alcanzado por un disparo de francotiradores militares desde el otro lado de la calle. Colque, quien estaba vestida con un traje blanco de enfermera, subió las escaleras hasta el techo para ayudar a Collanqui, y fue también fue alcanzada por un disparo en el pecho. Una ambulancia llegó diez minutos después para llevarla al hospital donde ella murió pocos minutos después. Los francotiradores dijeron que ellos creían que las dos víctimas podían haber sido peligrosas, así que les dispararon en defensa propia (45).

Ese mismo día, varias demostraciones de campesinos, trabajadores, estudiantes y mineros ganaron impulso en Cochabamba, Potosí, Santa Cruz y en el Chapare. Se movilizaban en contra a la subida del impuesto y demandaron la renuncia del Presidente. Villarroel me habló sobre la solidaridad entre la policía y los ciudadanos bolivianos. "Muchos nos apoyaron y se unieron a nosotros en protesta. Ellos cantaban canciones cuando pasábamos de lado. A donde sea que ibamos, la gente nos aplaudía".

Cuando la paz finalmente llegó a las calles el viernes 14, treinta y un personas habían sido declaradas muertas, la mayoría de ellas jóvenes menores de 25 años de edad (46). Los funcionarios del FMI, sin embargo, no se quedaron para ver los resultados de sus recetas; apenas empezó el conflicto, desalojaron el Hotel Plaza de cinco estrellas y se fueron del país (47). El FMI luego negó que hubiera tenido algo que ver las políticas de la institución y la explosión de la violencia en Bolivia (48). Como respuesta a las protestas y a la violencia, Sánchez de Lozada canceló el impuestazo y anunció: "Nuestro presupuesto no será el presupuesto del Fondo Monetario Internacional" (49). Ni Villarroel ni Bojórquez terminaron heridos durante el conflicto. Villarroel se fue a trabajar a un lugar más tranquilo con la policía migratoria, en parte para poder compartir más tiempo con su familia. Bojórquez dejó el servicio militar justo a tiempo para poder cambiar de bandos, y juntarse a las movilizaciones públicas en contra del presidente Sánchez de Lozada y su plan de exportación de gas en octubre de 2003 (50).

En vez de modelar al país como un elemento más de la máquina de globalización, la agenda del FMI promovió un contragolpe violento en Bolivia. Los conflictos generados en Argentina y en Bolivia motivaron el surgimiento de nuevos movimientos sociales en ambos países. Después del golpe económico, los movimientos sociales en Argentina crecieron, se estableció una mayor solidaridad entre vecinos, y las fábricas fueron ocupadas y manejadas por trabajadores desempleados. En Bolivia, los movimientos sociales unieron sus esfuerzos contra a la gestión de Sánchez de Lozada.

Varios reportajes sobre un encuesta ejecutada por la compañía de televisión Unitel en agosto de 2003 indicaron que Sánchez de Lozada contaba con el apoyo de tan sólo el 9 por ciento de la población. Entre las causas principales del descontento estaban las muertes del 12 y 13 de febrero, y su manejo de la crisis económica y la corrupción del país. "Ha sido un año terrible", admitió el Presidente a principios de agosto (51). Pero aún estaba por ponerse peor.

Notas

(1)   "Cronología de febrero de 2003", en *Para que no se olvide: 12-13 de febrero 2003*, APDH, ASIFAMD, DIAKONIA (La Paz: Plural editores, 2004). Este libro incluye documentos de la OEA y de los diarios bolivianos, Pulso, La Razón y La Prensa.

(2)   Todas las citas son de la entrevista del autor con Abraham Bojórquez en febrero y julio, 2006.

(3)   La información biográfica sobre Gonzalo Sánchez de Lozada es de los siguientes medios: "Gonzalo Sánchez de Lozada", entrevista con Public Broadcasting System (marzo 20, 2001), http://www.pbs.org/wgbh/commandingheights/shared/minitextlo/int_gonzalodelozada.html#top, "Gonzalo Sánchez de Lozada", Fundación CIDOB (septiembre 7, 2006), http://www.cidob.org/es/documentacion/biografias_lideres_politicos/america_del_sur/bolivia/gonzalo_Sánchez_de_lozada. También "Sánchez de Lozada", Latin Trade (noviembre, 2004).

(4)   Klein, *A Concise History*. 258-262.

(5) Rachel Boyton, "Our Brand Is Crisis", Koch Lorber Films (2005).

(6) Tom Kruse, "The IMF's Impact on Bolivia", Americas.org, http://www. americas.org/item_64.

(7) Jim Shultz y Lily Whitesell, "Deadly Consequences: How the IMF Provoked Bolivia into Bloody Crisis", Multinational Monitor (May/ June 2005), http://www.thirdworldtraveler.com/IMF_WB/IMF_Bolivia_Crisis.html.

(8) "Empeora la calidad de vida de los bolivianos", Econoticiasbolivia.com (June 24, 2003).

(9) Kohl y Farthing, Impasse, 172-173.

(10) Jim Shultz, "Deadly Consequences: The International Monetary Fund and Bolivia's "Black February", Democracy Center (April 2005), http:// www.democracyctr.org/publications/imfindex.htm.

(11) Kohl y Farthing, Impasse, 172-173.

(12) Shultz y Whitesell, "Deadly Consequences".

(13) Emad Mekay, "IMF Policies at Root of Riots, Say Activists", Inter Press News Service (February 13, 2003), http://www.globalpolicy.org/ socecon/bwi-wto/imf/2003/0213riot.htm.

(14) Esta cita y todas las otras del coronel José Villarroel son de una entrevista con el autor en julio de 2006.

(15) Shultz, "Deadly Consequences".

(16) Este sistema se explica a fondo en Globalization and its Discontents de Joseph E. Stiglitz (New York: W. W. Norton & Company, 2003).

(17) Para leer más historia sobre el FMI, ver Eric Toussaint, Your Money or Your Life (Chicago: Haymarket Books, 2005).

(18) Stiglitz, Globalization, XIV.

(19) Toussaint, Your Money, p. 313-323

(20) Ibid.

(21) Parte del paquete del Fondo Monetario Internacional que empeoró la deuda fue la privatización de las pensiones. En el anterior plan de pensiones, los ciudadanos trabajadores pagaban por las pensiones de los demás. Bajo el plan de privatización, cada persona pagaba por su propia pensión. Durante la transición al nuevo plan, el gobierno boliviano no recibió ayuda por las pensiones, y tuvo que pagar él mismo, contribuyendo de esa manera un mayor déficit. Green, Silent Revolution, 14-15.

(22) Stiglitz, Globalization, 69.

(23) Fondo Monetario Internacional, http://imf.org/external/np/exr/ccrit/ eng/crans.htm#q08

(24) Stiglitz, Globalization.

(25) Mark Dworkin y Melissa Young, Argentina: Hope in Hard times (Reading: Bull Frog Films, 2004).

(26) Green, Silent Revolution, 13, 14-15.

(27) "Cronología de febrero de 2003", en Para que no se olvide, 21-28.

(28) "Cronología de febrero de 2003", pp. 21-28, capítulo del libro *Para que no se olvide*, incluye documentos de la OEA y de los diarios bolivianos, Pulso, La Razón y La Prensa.

(29) Víctor Orduna dijo que el servicio militar obligatorio fue usado sin escrúpulos en febrero. De acuerdo a Orduna, los oficiales superiores pusieron a jóvenes estudiantes en la posición de disparar a sus prójimos, Victor Orduna, "Los Jóvenes desde el 12 y 13 de Febrero", en *Para que no se olvide*, 163-164.

(30) Información de entrevistas con Bojórquez, Villaroel.

(31) Sin haberlo planeado, los estudiantes se habían vuelto protagonistas en el conflicto. El lanzamiento de piedras al Palacio del Gobierno, lo cual Orduna describió como "catarsis", no duró mucho, pero si fue un momento clave en una situación tensa, Orduna, "Los jóvenes", en *Para que no se olvide*, 12–13.

(32) "Cronología de Febrero", *Para que no se olvide*.

(33) No está claro quién disparó la primera bala. El ejército argumenta que fue la policía, y la policía dice que el ejército disparó primero. Ver Shultz, "Deadly Consequences".

(34) "Cronología de febrero de 2003", en *Para que no se olvide*, 21-28.

(35) Ibid. También José Antonio Quiroga T., "Antecedentes y contexto de la crisis de febrero", en *Para que no se olvide*, 43-44.

(36) "Testimonio de María Calcina, representante de la Asociación de Familias de las Víctimas del 12 y 13 de febrero", Fundación Solón, Tunapa publicación, #9, 2003, 5-6. Calcina luego comenzó a organizar marchas en la plaza Murrillo por la justicia a la muerte de su hijo, al estilo de las marchas de las Madres de Plaza de Mayo en Argentina.

(37) "Cronología de Febrero de 2003", *Para que no se olvide*.

(38) Testimonio de su esposa, Rosa Mamani de Quintana, "Policías y Militares", en *Para que no se olvide*, 136.

(39) Prensa Alteña, Año 2, #8 (February, 2003), pp. 3-11.

(40) Ibid.

(41) "Cronología de febrero de 2003", en *Para que no se olvide*.

(42) Orduna, "Los jóvenes desde el 12 y 13 de febrero", en *Para que no se olvide*, 178.

(43) Sebastián Hacher, "Gringo Go Home", ZNet (February 14, 2003), http://www.zmag.org/content/print_article.cfm?itemID=3044&section ID=20.

(44) Shultz y Whitesell, "Deadly Consequences".

(45) "Cronología de febrero de 2003", en *Para que no se olvide*. Y Shultz, "Deadly Consequences".

(46) De las 31 personas que murieron en aquellos dos días, 22 eran menores de 25 años, 7 tenían 20 años y 5 eran menores de 19 años. Los muertos incluyeron a 16 ciudadanos, 10 policías y 5 soldados, todos de heridas de bala. Ciento ochenta y nueve personas quedaron heridas, incluyendo

a 106 ciudadanos, 53 efectivos del ejército y 30 policías. Información de Orduna, "Los jóvenes desde el 12 y 13 de febrero".
(47) Shultz, "Deadly Consequences".
(48) Mekay, "IMF Policies at Root of Riots".
(49) Shultz y Whitesell, "Deadly Consequences".
(50) Acerca de las protestas en octubre, Bojórquez dijo: "Si yo hubiera estado en el ejército durante aquella rebelión, hubiera estado listo para unirme a la gente de El Alto con mi pistola. La gente solamente estaba luchando con palos y piedras".
(51) "Sólo el 9% de los bolivianos apoya a Goni", Econoticiasbolivia.com (August 5, 2003).

CAPÍTULO CINCO
Ocupar, resistir, producir

*"Si quieres tomar el poder y no puedes tomar el Estado, tienes que
por lo menos tomar los medios de producción"*
- Cándido González (1)

Miembros de organizaciones campesinas e indígenas ocupan la plaza Murillo al frente del Palacio Presidencial en La Paz para demandar la distribución de tierras sin uso a campesinos sin tierras. FOTO: Benjamin Dangl

El 20 de abril de 2000, cientos de familias bolivianas sin tierras ocuparon pacíficamente un terreno en Pananti, en el departamento de Tarija, y comenzaron ahí a construir una vida nueva y precaria. Juntaron su labor para poder cultivar las tierras, las cuales habían sido abandonadas durante ocho años, y construyeron sus hogares para protegerse de los hombres contratados por terratenientes de la zona que decían que las tierras les pertenecían. Los residentes hacían guardia para cuidar su comunidad mientras que otros dormían, trabajaban en el campo o buscaban agua en lugares lejanos. A principios de noviembre de 2001, 60 hombres armados los atacaron, quemando sus casas y matando a cinco hombres y a un niño de 13 años, e hiriendo a otros 22. En respuesta, los campesinos sin tierras mataron al líder del ataque (2). La policía arrestó a cinco dueños de tierras responsables de la violencia y a nueve campesinos. Juana Ortega, quien había dado a luz justo tres días antes, fue una de las personas arrestadas. Ortega dijo que ella ocupaba las tierras por sus hijos: "Decidí hacerlo por ellos, por la tierra que ellos necesitarán para sobrevivir" (3).

Este tipo de violencia refleja el antiguo sistema de explotación en el que la tierra se concentra en manos de pocos y ricos terratenientes, mientras que los campesinos pobres y con hambre no tienen otra opción que sembrar en condiciones de esclavitud. En Brasil, Bolivia y Paraguay, la ocupación de terrenos por moviemientos de campesinos sin tierras se ha manejado con represión por parte de gobiernos y de grandes terratenientes. En Paraguay, la presencia del ejército norteamericano está relacionada con la violencia. Cuando la represión colonial y neoliberal elimina los derechos de las personas que buscan tierras y empleo, ellos sienten a menudo que su única opción es la de ocupar y reclamar aquellos espacios que les ofrecen algún modo de supervivencia.

En años recientes, América Latina ha presenciado un renacimiento de movimientos de ocupación y de recuperación por parte de campesinos, trabajadores de fábricas y miembros en varias comunidades. En Venezuela, los disidentes de un barrio pobre ocuparon una prisión donde ellos habían sido anteriormente encarcelados, y la transformaron en una estación de radio comunitaria. En Argentina, la crisis económica de 2001-2002 obligó a que trabajadores desempleados retomaran los medios de producción y de empleo en hoteles, negocios y fábricas. En la mayoría de los casos, los trabajadores y las familias reclamaron espacios y también recursos que habían estado en manos de corporaciones, dictaduras o gobiernos que aplicaban políticas neoliberales. Los casos mencionados aquí ofrecen ejemplos de personas que se enfrentaron a la explotación de compañías y del imperio norteamericano en formas físicas y concretas; ejemplos que podrían ser aplicados a otras partes del mundo.

Un vistazo a tales ejemplos de ocupación y de recuperación de espacios políticos y laborales en América Latina demuestra la relación entre el neoliberalismo y los movimientos sociales populares en Bolivia y el resto de la región. Desde tierras y prisiones, hasta fábricas y hoteles, la gente ha peleado en contra de su desplazamiento bajo un mismo lema: Ocupar, Resistir y Producir.

La riqueza en manos de grandes terratenientes latinoamericanos se construyó con el sudor de campesinos pobres y sin tierras de la región. Desde que los colonizadores españoles llegaron al continente, las haciendas funcionaron gracias a la esclavitud, aunque de vez en cuando la tierra fue prestada a los trabajadores e intercambiada por dinero, cosechas y labor. Era común que los dueños controlaran todos los aspectos de la vida en las plantaciones, desde la comunicación con el mundo exterior, hasta el comercio interno y la justicia. Estas cadenas de la época de la Colonia aún afectan al continente. Con la aplicación de nuevas políticas neoliberales, las antiguas plantaciones se convirtieron en granjas industriales modernas como propiedad de compañías norteamericanas y europeas. Los campesinos, cansados de sus condiciones de trabajo e incapaces de competir con las grandes agroindustrias, migraron hacia las ciudades. Actualmente, América Latina tiene una de las distribuciones de tierras menos justas en todo el mundo (4).

En un país como Bolivia que es tan dependiente de la agricultura, los conflictos por la tierra han surgido varias veces en su historia. Antes de la Revolución de 1952, una de las pocas maneras en que los campesinos sobrevivían era a través del trabajo en grandes granjas bajo terribles condiciones. Para poder pagar por el uso de sus propios terrenos, los campesinos les servían a las familias de sus dueños día y noche, limpiando, cocinando y cuidando al ganado y a las cosechas. La Revolución de 1952 les trajo alguna esperanza a éstos campesinos. Grandes propiedades, sobre todo en los departamentos del occidente del país se dividieron y fueron distribuidas a campesinos sin tierras. Varias formas de explotación también fueron prohibidas. Algunas comunidades indígenas hasta recibieron títulos por sus tierras (5).

Desde aquel entonces, la lucha ha sido seria y constante para la mayoría de los campesinos que no tienen sus propias tierras. El general Hugo Bánzer dotó a sus aliados miles de hectáreas, mayormente en el fértil departamento de Santa Cruz (6). En los años noventa, cuando las políticas neoliberales se aplicaron con toda su fuerza en América Latina, se estimuló la privatización y la inversión extranjera, y los campesinos fueron una vez más ignorados. Se eliminaron los subsidios y las tierras se vendieron a personas de otros países. La "modernización" de la agricultura benefició a la exportación y a los bajos costos de producción, a lo que se opusieron los campesinos (7).

Setenta por ciento de las tierras productivas en Bolivia pertenecen al cinco por ciento de la población (8). La ganadería, la expansión de la industria de la soya, y la minería han generado dificultades para el uso y la distribución de las mismas tierras. Compañías de soya brasileñas se han apoderado de grandes extensiones en el departamento de Santa Cruz, desplazando a las poblaciones indígenas guarayas. En el sur de Santa Cruz, los terratenientes compiten por tierras con las comunidades guaraníes. Los conflictos entre campesinos y productores a nivel industrial son comunes en otras partes del departamento (9).

Pocos terrenos indígenas llegaron a reconocerse hasta que las comunidades de las zonas bajas de Santa Cruz y del Beni realizaron una marcha en 1990 para exigir un reconocimiento legal. Les motivó el hecho de que las tierras que ellos tradicionalmente utilizaban estaban amenazadas por la deforestación, la crianza de ganado y la producción de la soya. Sus demandas fueron eventualmente escuchadas por el presidente Paz Zamora, quien promulgó leyes para reconocer a las tierras indígenas

(10), aunque éstas han tenido dificultades en convencer al gobierno de que debe respetar las leyes que se diseñaron para evitar conflictos sociales. Además, los títulos que se distribuyeron a comunidades indígenas sólo permitían un solo dueño, provocando disputas internas y facilitando la venta de tierras indígenas por parte de dueños particulares (11).

Las protestas y enfrentamietos violentos continuaron en todo el país, obligando al gobierno a tomar una decisión en 1996, con la aprobación de la Ley del Instituto Nacional de Reforma Agraria (INRA), la cual incluyó un plan para dotar títulos colectivos a comunidades indígenas, resolver conflictos y distribuir tierras del Estado, sin uso, u obtenidas ilegalmente. Sin embargo, de acuerdo a una investigación de la Red de Información Andina, los gobiernos posteriores incumplieron la ley gracias a una definición vaga de las que son denominadas tierras de baja producción y medidas para determinar la legalidad de la posesión de tierras. Durante los nueve años que siguieron a la aprobación de la ley, apenas se distribuyeron títulos en un 18 por ciento de las áreas permitidas. La corrupción y la falta de iniciativa para implementar la ley resultó en pocas victorias para los campesinos bolivianos sin tierras (12).

Otro aspecto de la Ley INRA que molestó a muchos campesinos fue el cambio al artículo de la ley establecida durante la Reforma Agraria de 1953, que indicaba que "La tierra la pertenece a quienes trabajan en ella", lo que significaba que las tierras debían ser utilizadas para la producción, o el Estado podría apoderarse de ellas. Bajo la Ley INRA, los dueños de tierras podían mantenerlas sin uso con tal de pagar un impuesto de propiedad del uno por ciento del valor completo. Sin embargo, los dueños mismos podían establecer el valor de sus tierras, fomentándose así a la corrupción (13).

Al frente de tanta desigualdad, los campesinos sin tierras se han organizado para tomar tierras sin uso sin importar la sanción oficial. El 14 de junio de 2000, una marcha de campesinos que demandaban tierras llegaron al pueblo de Entre Ríos, en el departamento de Tarija, donde un representante del Prefecto pidió reunirse con los líderes de la marcha. Fue entonces cuando los campesinos decidieron formar el Movimiento Sin Tierras boliviano (MST). Desde sus comienzos, el MST ha coordinado acciones, marchas y ocupación de tierras, inspirando a otros en el resto del país a hacer lo mismo. Las primeras ocupaciones típicamente implicaron de 34 a 40 familias que tomaron tierras sin uso e instalaron carpas o casas con paredes de madera y techos de plástico. Las comunidades luego empezaron a sembrar cultivos de subsistencia en tierras que habían estado sin uso por varias décadas (14).

Los terrenos en Timboy Tiguazu, una zona húmeda a 65 kilómetros de Yacuiba, en el departamento de Tarija, estaban totalmente abandonados y sin uso cuando 13 familias los ocuparon en el año 2000. Después de la toma, los hombres prepararon la tierra para el cultivo y las mujeres buscaron el mejor espacio para sus casas. Aunque los malos caminos hacían que la zona fuera casi inaccesible, el terreno contaba con buenos recursos de agua y campos para la producción. En un principio, las familias trabajaron para grandes terratenientes en las afueras o en ciudades y pueblos cercanos para poder comprar lo que necesitaban en su nueva comunidad. Dividieron sus responsabilidades de trabajo y crearon horarios para protegerse. En el 2001, un total de 40 familias vivían ahí, muchos de ellos produciendo vegetales para venderlos en los mercados de la zona (15).

Al observar este éxito, otros campesinos sin tierras ocuparon otros terrenos, especialmente en Santa Cruz y en el Chaco, donde existen grandes extensiones de tierras sin uso. En el año 2000 Wilfor Coque del MST participó en una ocupación de tierras en Ichilo, al noreste de Santa Cruz. De acuerdo con Coque, las tierras de esa zona habían sido adquiridas ilegalmente, dejando poco espacio para los indígenas y campesinos de la región. Choque dijo que la comunidad continuaría ocupando tierras sin uso hasta que el "Estado nos devuelva lo que es nuestro" (16). Muchos campesinos se unen a las ocupaciones de tierras para sobrevivir, como en el pasado, porque el trabajo para grandes terratenientes raramente paga lo suficiente para poder sobrevivir. "Todavía existen haciendas donde 30 peones trabajan desde el amanecer por un salario completamente inadecuado", dijo Ermelinda Fernández, miembro del MST en el Chaco. Algunos trabajadores apenas ganan 1,41 dólares por día, pero, de acuerdo a Fernández, "...no tienen otra alternativa porque no tienen sus tierras propias" (17).

Silvestre Saisari, un líder del MST en Santa Cruz, en el año 2005 fue brutalmente agredido mientras daba una conferencia de prensa en la plaza principal de la ciudad –la cual él llama "la plaza más fachista de Bolivia"– sobre la existencia de hombres armados por los dueños de tierras. Para prevenir a que él denunciara estos actos violentos a la prensa, personas que supuestamente representaban a los terratenientes le jalaron su cabello, y lo estrangularon y golpearon (18). Yo lo conocí en la oficina de MST en Santa Cruz, en un edificio con un cerco alto y rodeado de un alambre de púas. Desde afuera, parecía un arcón militar. Esto tenía sentido, considerando el trato que Saisari y otros han recibido por parte de la élite derechista de la ciudad. Saisari, un joven barbudo de voz suave, dijo: "La tierra está al centro del poder. Aquél quien tiene tierras, tiene poder... Proponemos que estas tierras se distribuyan, para que se afecte el poder de las élites" (19).

La lucha de los campesinos sin tierras es de toda la región, y no conoce fronteras. Aunque en Brasil existen enormes cantidades de tierras sin uso, muchos campesinos viven sin terreno propio. Peleas aisladas por parte de campesinos brasileños ganaron fuerza a finales de los años setenta, cuando las políticas neoliberales concentraron las propiedades, y los campesinos vieron la ocupación de tierras o la migración hacia las ciudades como las únicas opciones.

El MST de Brasil fue creado oficialmente en 1984, y luego organizó reuniones y tomas de tierras. Desde su fundación, el MST ha ocupado tierras sin uso y ha construido casas, cooperativas de granjas, escuelas y clínicas de salud. Sus comunidades están basadas en una agricultura y ambiente sostenibles que ayudan a la mayoría de los residentes.

Cuando terminó la dictadura militar en Brasil en 1985, se aprobó una Constitución que permitió la apropiación de grandes terrenos sin uso o sin función social. Aunque los campesinos sin tierras esperaron a que esto llevaría a la redistribución, las tierras se mantuvieron en manos de pocos propietarios, quienes estaban dispuestos a usar la violencia para defender sus propiedades. Desde 1985, más de mil activistas del MST han muerto en enfrentamientos durante las tomas de tierras (20). Sin embargo, para ese entonces el movimiento había crecido tanto que no fue fácil reprimirlo. El MST de Brasil ahora incluye alrededor de 1,5 millones de miembros, quienes no solamente han ocupado tierras, sino que también han presionado al gobierno para el cambio; han organizado marchas y bloqueos contra las cosechas genético-modificadas; han ocupado edificios y otros espacios en protesta por las políticas económicas; y han demandado acceso a préstamos, salud y educación. Cientos de miles de familias brasileñas ahora han recibido tierras como resultado de la labor del MST (21).

Muchas Miembros del MST en Brasil esperaban que el candidato presidencial Luiz Inácio Lula da Silva les ayudaría a lograr cambios, y por ello la organización se concentró en la campaña presidencial de Lula en el 2002, durante la cual el Partido de Trabajadores (de Lula) demandó que el MST dejara de ocupar tierras, por temor a que la derecha usara las acciones en contra de Lula y le quitara al candidato votos importantes de la clase media. El MST accedió. Después de su victoria electoral, Lula le dio la espalda al movimiento y tomó una actitud hostil hacia las ocupaciones de tierras. En vez de trabajar conjuntamente con el MST, Lula criminalizó el movimiento y sus tácticas, y agudizó la división entre productores a gran escala y los campesinos, dándoles beneficios a los grandes productores como subsidios, bajos impuestos y préstamos. Los pequeños productores no pudieron competir en este nuevo ambiente. La agresión de Lula hacia los campesinos sin tierras los obligó a tomar sus propias decisiones drásticas. Durante el primer año de gestión de Lula la cantidad de familias que ocuparon tierras subió de 26.958 a 54.368. Los conflictos rurales por tierras también crecieron durante este tiempo. (22)

Como el agua, la tierra es algo que se necesita para poder vivir. Pero en términos de la cobertura por parte de la prensa internacional, la propiedad privada representa el premio del neoliberalismo, y los gobiernos que han distribuido tierras o han nacionalizado a compañías privadas han podido sobrevivir por poco tiempo. Tan sólo el anuncio de redistribución de tierras en Venezuela y Bolivia ha llevado a las élites a quejarse con miedo de los socialistas, y ha motivado a editores de últimas noticias a titular sus artículos con la palabra "dictador". Por esta razón muchos candidatos presidenciales de izquierda, quienes han contado con el apoyo de campesinos sin tierra y grupos indígenas durante sus campañas, tienen temor de aprobar la distribución de tierras una vez que lleguen al poder.

Muchos gobiernos a menudo interpretan la ocupación de tierras y de fábricas como una amenaza directa a su autoridad, lo que les ha motivado a usar la fuerza del ejército, en vez del diálogo, para solucionar estos conflictos. En algunos casos, el ejército de los Estados Unidos ha ofrecido sus servicios contra las ocupaciones. En Paraguay, varias organizaciones de derechos humanos han visto una relación entre los ejercicios militares norteamericanos y la violencia hacia los campesinos sin tierras. Mientras yo viajaba a lo largo de este país en el 2002, conocí a campesinos amables, quienes me dejaban acampar en sus patios. Eventualmente llegué a Ciudad del Este, conocida por sus mercados negros y libres fronteras. Hoy en día la ciudad y los campesinos que conocí se encuentran al medio de la "guerra contra el terrorismo" de los Estados Unidos.

El 26 de mayo de 2005 se presionó al Senado paraguayo para que permitiera que tropas de los Estados Unidos entrenaran a sus contrapartes paraguayos en inmunidad absoluta

(23). Los Estados Unidos amenazaron con cancelar una ayuda de millones de dólares si Paraguay no les daba luz verde a sus tropas. En julio del 2005, cientos de soldados estadounidenses llegaron con aviones, armas y munición. El apoyo de Washington para la lucha contra el terrorismo en Paraguay se duplicó, y las protestas por la presencia militar se sintieron en las calles. El ganador del Nobel de la Paz argentino, Adolfo Pérez Esquivel, comentó sobre la situación en Paraguay: "Una vez que llegan los Estados Unidos, les toma tiempo irse. Y eso me trae mucho miedo" (24).

El gobierno norteamericano a menudo ha usado la excusa de que debe asegurar su presencia militar en América Latina. Típicamente esto significa que debe ofrecer seguridad económica a las compañías que buscan materia prima barata y nuevos mercados. Paraguay tiene muchos recursos naturales, como el acuífero Guaraní, una de las fuentes de agua potable más grandes del continente; también cuenta con buenas reservas de gas en sus vecinos Bolivia y Argentina, y grandes extensiones de tierra para la creciente industria de la soya (25). Después de que llegaran las tropas norteamericanas, los conflictos crecieron por uno de los recursos: la tierra. Como en la mayoría de los países de la región, las disputas por la propiedad de tierras no eran nada nuevas, sobre todo en Paraguay, donde el uno por ciento de la población es dueña del noventa por ciento de las tierras con potencial agrícola (26). Recientemente, mientras que los agricultores industriales han tenido éxito, y Paraguay se ha convertido en la última base pro Estados Unidos en Suramérica, los campesinos han perdido de nuevo. Se está protegiendo más a la seguridad de estos intereses que la de los derechos civiles.

Paraguay es el cuarto productor de soya en el mundo. Mientras que la industria se expande, alrededor de 90.000 familias pobres han sido expulsadas de sus tierras. El uso de pesticidas tóxicos, de semillas genéticamente modificadas y la expulsión de campesinos ocurren conjuntamente en zonas donde las industrias agrícolas quieren trabajar. Esta situación desesperada ha obligado a muchos campesinos a ocupar tierras, provocando violentas peleas desde el 2003. Después de desplegar sus fuerzas en las áreas de conflicto, el ejército paraguayo estableció puestos para monitorear y controlar al movimiento sin tierras (27). Los campesinos han organizado protestas, bloqueos de caminos y ocupaciones de tierras con tal de no ser expulsados. Estas actividades llevaron a la represión por parte del ejército y de fuerzas paramilitares. De acuerdo con el Grupo de Reflexión Rural (GRR), una organización argentina que documenta la violencia contra campesinos, el 24 de junio de 2005 en Tekojoja, Paraguay, policías contratados y productores de soya expulsaron a 270 campesinos que habían ocupado tierras pacíficamente, quemaron 54 casas, arrestaron a 130 personas, y mataron a dos (28).

Otro ejemplo de la violencia fue la muerte de Serapio Villasboa Cabrera, un miembro del Movimiento Campesino Paraguayo. Su cuerpo fue descubierto lleno de puñaladas el 8 de mayo de 2006. Cabrera era el hermano de Petrona Villasboa, que había iniciado una investigación sobre la muerte de su hijo, quien murió después de haber sido expuesto a los químicos tóxicos usados por productores de soya genéticamente modificada. De acuerdo al Servicio, Paz y Justicia (Serpaj), un grupo internacional de derechos humanos con oficinas en Paraguay, uno de los métodos que usaban los dueños de tierras e industrias agrícolas para expulsar a los campesinos era a través del uso de pesticidas tóxicos hasta que la enfermedad obligara a los campesinos a irse del lugar (29).

GRR dijo que Cabrera fue asesinado por paramilitares asociados con grandes terratenientes y productores de soya, quienes buscaban la ampliación de sus tierras. La organización explica que los dueños contratan a paramilitares para monitorear a líderes campesinos que ocupan tierras. Las investigaciones de Serpaj indican que los peores casos de represión contra los campesinos han tenido lugar en áreas donde existe la mayor concentración de militares norteamericanos.

Estos repetidos casos demuestran la influencia que actualmente tiene el ejército estadounidense en la región. "El ejército norteamericano le aconseja a la policía y al ejército de Paraguay sobre el trato que debe darse a los grupos campesinos... Les están enseñando teoría y técnica. Estos nuevos métodos de combate se han usado internamente", dice Orlando Castillo de Serpaj. Tomás Palau, sociólogo paraguayo en BASE-IS, un instituto de investigación social, me habló sobre la relación entre la represión de campesinos sin tierras y la nueva presencia militar de los Estados Unidos en el país. Al igual que Castillo, Palau dijo que existe una asociación entre la presencia norteamericana y la violencia hacia los campesinos: "Los Estados Unidos está enseñando cursos de contrainsurgencia y preparando a las tropas paraguayas para pelear a sus enemigos dentro del país... Estos cursos son liderizados por norteamericanos, quienes están bajo el Comando Sur, la oficina del ejército norteamericano en Sur América" (30).

Castillo describió los métodos de inteligencia que usa el ejército para conseguir líderes campesinos: "Las tropas norteamericanas hablan con los campesinos y llegan a conocer a los líderes y a los grupos y organizaciones que trabajan allí, y después crean planes y acciones para controlar al movimiento, y aconsejarle al ejército y a la policía paraguaya sobre cómo proceder...". Castillo cree que los gobiernos de Estados Unidos y Paraguay están utilizando la retórica del terrorismo para suprimir a los movimientos nacionales por la justicia social. "Las tropas norteamericanas forman parte de un plan de seguridad para reprimir a los movimientos sociales en Paraguay. Gran parte de la represión ha tomado lugar bajo la excusa de buscar seguridad y en contra al terrorismo", dijo.

La embajada de los Estados Unidos en Asunción rechaza las acusaciones de que el ejército norteamericano tenga algo que ver con la represión hacia campesinos y grupos de protesta, así sea a través de ejercicios o de cursos. En una respuesta por e mail, Bruce Kleiner de la oficina de relaciones públicas de la embajada dijo que "el personal del ejército norteamericano no está monitoreando a grupos de protesta en Paraguay" y que "el personal del ejército norteamericano y las Fuerzas Armadas Paraguayas se han entrenado para ejercicios de asistencia médica (MEDRETEs) para dar asistencia humanitaria a los ciudadanos paraguayos con mayor necesidad". Sin embargo, las declaraciones de Kleiner se contradicen por el portavoz del Parlamento paraguayo, Alejandro Velázquez Ugarte, quien dijo que de los 13 ejercicios en el país, tan sólo dos de ellos son de tipo civil (31).

Un grupo de representantes de organizaciones de derechos humanos y de universidades del mundo entero, incluyendo a las Madres de la Plaza de Mayo en Argentina, y un grupo de la Universidad de Toulousse, Francia, viajaron a Paraguay en julio de 2006. Fueron como parte de la Campaña por la Demilitarización de las Américas (CADA), para observar y documentar la represión en el país con relación a la presencia de tropas norteamericanas (32). Entrevistas con campesinos revelaron que ellos no supieron qué medicamentos les dieron durante las operaciones médicas estadounidenses. Los campesinos también reportaron que los pacientes generalmente recibían el mismo tratamiento sin importar la enfermedad. En algunos casos, las medicinas produjeron hemorragias y abortos. Cuando el tratamiento médico tuvo lugar, los pacientes dijeron haber sido cuestionados sobre su membresía en cualquier organización social o sindical. Se filmaron a comunidades, gente y sus hogares, y se interrogaron a varios de los residentes del lugar.

A lo largo de la Guerra Fría, el gobierno de los Estados Unidos utilizó a los peligros del comunismo como excusa para las aventuras de su ejército en América Latina. En el presente están usando otro "ismo" como pretexto de su presencial militar: el terrorismo. El Pentágono actualmente ha invertido más recursos y dinero en América Latina que los Departamentos de Estado, Agricultura, Comercio y del Tesoro Nacional conjuntamente. Antes del 11 de septiembre de 2001 la ayuda militar anual de los Estados Unidos a la región era de alrededor de 400 millones de dólares. Ahora ha llegado a casi mil millones de dólares. Gran parte va al entrenamiento de ejércitos (33).

Los conflictos relacionados con la presencia militar estadounidense en Paraguay cayeron bajo la bandera de la "Guerra Contra al Terrorismo". Washington ha justificado su presencia militar en Paraguay indicando que el área de la Triple Frontera en Ciudad del Este, donde cruzan las fronteras de Paraguay, Argentina y Brasil, es una base de ayuda musulmana terrorista. En un reportaje de la Associated Press del 3 de junio de 2006, oficiales de inteligencia que hablaron en condicion anónima declararon que si Irán fuera agredido por los Estados Unidos podría ordenar a la red del grupo chiíta libanés Hezbollah a asistir en ataques terroristas. El Departamento de Justicia arrestó a 19 personas en Ciudad del Este el 2006 por mandar las ganancias de la venta de papeles para cigarrillos de contrabando y pastillas Viagra a Hezbollah. "Extensas redes se han descubierto en Suramérica", indica el artículo de la AP, "donde Hezbollah está muy bien conectado al tráfico de drogas, particularmente en la región donde Argentina, Brasil y Paraguay se juntan" (34).

Otra acusación de que las redes terroristas operan en la Triple Frontera está basada en un póster de las Cascadas de Iguazú, un lugar turístico cercano a Ciudad del Este. El póster fue descubierto por tropas norteamericanas en la pared de la casa de un operativo de Al Qaeda en Kabul, Afghanistán, poco tiempo después de que ocurrieran los ataques del 11 de septiembre. Aparte de esta evidencia, el Comando Sur de los Estados Unidos y el Departamento de Estado declaran que no existe "información confiable" que confirme que "grupos musulmanes terroristas están planeando ataques en América Latina" (35). Luis Moniz Bandeira, profesor de historia en la Universidad de Brasilia y escritor dedicado a las relaciones entre Brasil y Estados Unidos, dijo: "No negaría la hipótesis de que agentes estadounidenses insertan historias en la prensa sobre terroristas árabes en la Triple Frontera para provocar al terrorismo y justificar su presencia militar" (36).

De acuerdo a BASE-IS, oficiales paraguayos también han intensificado las amenazas del terrorismo para justificar su agresión en contra de líderes campesinos. Un grupo, la Organi-

zación Campesina del Norte, ha sido acusada de recibir instrucciones de las Fuerzas Armadas Revolucionarias de Colombia
(FARC), el movimiento guerrillero más grande de Colombia.
La Asociación de Campesinos de Alto Paraná (ASAGRAPA), un
grupo cuya base está en la Triple Frontera, ha reportado que
un político de la zona le ofreció a uno de los líderes de la organización un salario mensual con tal de que le avise sobre otros
miembros de la organización que estén construyendo un grupo
terrorista y recibiendo entrenamiento de las FARC. El reporte
de BASE-IS implica que esta clase de soborno y manipulación
de la información es parte de un esfuerzo para garantizar "la
seguridad nacional de los Estados Unidos" y "justificar, continuar y expandir la presencia militar norteamericana".

Las acusaciones sobre campesinos paraguayos sin tierras
y su relación con grupos terroristas forman parte de una estrategia conveniente para justificar el gran gasto que significa
la presencia militar en la región. "El gobierno de los Estados
Unidos está mintiendo sobre el apoyo a terroristas en la Triple
Frontera, así como lo hicieron con las armas de destrucción
total en Iraq", dijo de manera exasperada Castillo de Serpaj. Las
calles por las cuales caminé en Ciudad del Este y los campesinos
que conocí me parecieron tan amenazantes como los discos
compactos piratas y las botellas de whisky de contrabando que
se vendían en los mercados negros del lugar.

Mientras que campesinos sin tierras han resistido presiones
contra sus derechos de supervivencia y de trabajo en Paraguay,
otro tipo de ocupación ha tomado lugar en Argentina, donde
los trabajadores se apoderaron de los medios de producción
y de empleo. En vez de tierras, los recursos que usaron los
trabajadores desempleados fueron hoteles, fábricas de telas y
negocios que pudieran darles algún método para ganarse la
vida en la ciudad.

Cuando la economía argentina colapsó en el 2001, los
ciudadanos salieron en protesta, desesperados, y comenzaron a

diseñar sus propias reglas. Organizaron asambleas comunitarias y ferias de trueque; construyeron jardines urbanos y usaron otros tipos de monedas. Quizás la iniciativa más conocida fue la recuperación de fábricas en bancarrota y negocios ocupados por trabajadores en cooperativas. Actualmente, en Argentina existen alrededor de doscientas fábricas y negocios controlados por sus trabajadores, la mayoría de los cuales comenzaron a funcionar a mediados de la crisis de 2001-2002. Quince mil personas trabajan en estas cooperativas, y los negocios son de productores de partes vehiculares hasta fábricas de globos de goma. Tres de los negocios que han sido recuperados como parte del movimiento son la Editorial Chilavert, el Hotel Bauen y la fábrica textil Brukman.

Chilavert se encuentra fuera del centro de Buenos Aires en un barrio tranquilo. En la entrada del edificio hay un mural muy colorido con el lema del movimiento: "Ocupar, Resistir, Producir". La fábrica está dividida en oficinas, una cocina y un espacio cultural para presentar películas, espectáculos de danza, poesía y muestras de arte. El espacio más grande está lleno de máquinas de impresión y de encuadernación de los años cincuenta, sesenta y setenta. Cuando visité la fábrica, una mujer editaba una revista de Chilavert, mientras que un músico usaba una computadora para imprimir panfletos sobre un próximo concierto. Los jóvenes que trabajaban en la fábrica como pasantes escuchaban a un trabajador, mientras que él explicaba los detalles de cómo diseñar y presentar un libro. Al final del día, decenas de personas vinieron para tomar clases de salsa. La fábrica tenía un ambiente festivo y comunitario, pero el trabajo continuaba y las máquinas seguían funcionando. Mientras que estuve ahí, se imprimía un libro de poesías y otro sobre ciencia.

La fábrica se llamaba Gaglianone cuando fue fundada en 1923, gracias a la familia que se encargó de ella por varias décadas. Después de la toma de la fábrica casi 80 años después se la llamó editorial Chilavert, por la calle en que se ubicaba. Gaglianone fue muy conocido en Buenos Aires como el productor de libros de arte de alta calidad y materiales para los más grandes teatros de la ciudad. Sin embargo, en los años noventa el negocio comenzó a ir para abajo y se tuvo que vender gran parte del equipo; los sueldos bajaron y muchos trabajores fueron depedidos. En abril de 2002, la fábrica cerró sus puertas. Por necesidad, y por un deseo de mantener sus lugares de trabajo, los trabajadores decidieron ocupar las instalaciones. En un principio produjeron libros clandestinamente, por ser ocupantes ilegales del edificio. Después de imprimir las publicaciones, los trabajadores las pasaron a través de un orificio en una pared de la fábrica, hacia la casa de un vecino, desde donde los empezaron a distribuir. Aunque el orificio ha sido reparado desde ese entonces, los trabajadores de Chilavert han colocado un marco alrededor de esta pared de ladrillos llenos de orgullo.

Un momento importante fue el 24 de mayo de 2002, cuando ocho patrullas, decenas de policías, ocho vehículos de asalto, dos ambulancias y un camión de bomberos rodearon Chilavert para echar a los trabajadores. Aunque solamente ocho trabajadores ocupaban el edificio, se encontraban acompañados de otras 300 personas, incluyendo a vecinos, estudiantes y miembros de otras cooperativas que estaban ahí para defender a la fábrica. El enorme grupo intimidó a los policías, y cuando resultó obvio que la situación podría volverse violenta, la policía se alejó del lugar. Los trabajadores habían triunfado (37).

Cándido González trabajó en Chilavert por 42 años antes de participar en la toma de las fábricas. Luego de sufrir un ataque al corazón por exceso de trabajo y estrés, González dijo que planeaba tomarse un tiempo libre. Sin embargo, esto no significó que él dejaría de atender el quinto Foro Social del Mundo en Brasil, justo antes de mi visita. Mientras charlábamos, González bromeaba con muchos de los trabajadores y parecía optimista. Nuestra entrevista duró alrededor de dos horas, y él habló de una gran variedad de temas, desde los terremotos, hasta el whisky. "Ocupar, resistir y producir. Ésa es la esencia de lo que hacemos", dijo Cándido, mientras me pasaba un vaso de té frío. "Y es la comunidad entera lo que hace que esto sea posible". Me comentó sobre el intento de evacuación por parte de los policías. "Pero nosotros, junto a otros miembros de la comunidad, nos quedamos aquí y defendimos la fábrica". La memoria de esta lucha le trajo lágrimas a los ojos. "Es normal pelear por uno mismo, pero cuando otros luchan por tu causa es algo muy emocionante".

Miembros de la comunidad local tenían buenas razones para apoyar a los trabajadores de Chilavert: gran parte de la economía local dependía de Chilavert. "Nosotros necesitamos del transporte, la tinta, la comida, el café y el papel –existe una fábrica de papel a quince cuadras de aquí–, todos en este mismo barrio. Chilavert ayuda a la economía del lugar, y si esta fábrica cerrara, el barrio sufriría mucho".

"Cada decisión, cada asamblea, cada nueva publicación, tiene algo que ver con la política", explicó Julieta Galera, trabajadora de Chilavert. "La idea es que se produzcan libros y obras de arte que tengan algo que ver con nuestra visión política. Existe mucho prejuicio contra las fábricas ocupadas en Buenos Aires. La gente piensa que no somos trabajadores serios. Pero Chilavert hace uno de los mejores trabajos en esta industria". Doce personas trabajan en la fábrica y, al contrario de otras cooperativas en la ciudad, todos reciben el mismo sueldo. Las grandes decisiones se toman a través de asambleas, y las actividades de la comunidad tienen un rol importante en la agenda semanal. Desde la toma por parte de los trabajadores, Chilavert ha producido muchos libros sobre temas políticos y sociales, con títulos como *El movimiento de trabajadores desempleados*, *¿Qué son las asambleas populares?*, y *Dignidad piquetera*.

Aunque Chilavert es uno de los más famosos negocios recuperados, su historia es aún desconocida por la mayoría de los argentinos. "Casi no existimos en los periódicos o en los programas de televisión porque no estamos con el gobierno", explicó Cándido. "Existen alrededor de doscientas fábricas cooperativas ocupadas en Argentina. No son muchas comparadas con todas las otras que no son manejadas de esta manera".

Cándido no se cree seguidor del presidente argentino Néstor Kirchner, y no relaciona el éxito de Chilavert con ningún político (38). "No usamos ninguna bandera política en la fábrica porque nosotros fuimos los que la tomamos. Muchos políticos han venido aquí buscando nuestro apoyo. Cuando los sindicatos y el Estado perdieron, los trabajadores comenzaron una nueva lucha... Si tú quieres tener más poder y no puedes tomar al Estado, tienes que por lo menos apoderarte de los medios de producción". Cándido apuntó a una esquina en el cuarto, donde se encontraba un enorme baúl, y encima de él se podía leer el nombre de Gaglianone. Se rió y giró su cabeza de un lado a otro. Quizás ahí era donde el antiguo jefe guardaba toda su fortuna. "Ahora", explicó Cándido, sacando una botella, "aquí es donde guardamos el whisky".

Otro ejemplo de este movimiento cooperativista de trabajadores se encuentra en el Hotel Bauen, que abrió sus puertas durante la dictadura militar en 1978, cuando Buenos Aires fue el anfitrión de la Copa Mundial de Fútbol. Desde aquel entonces el hotel era un lugar de encuentros para grandes empresarios, personas conectadas a la dictadura y políticos de derecha como el ex presidente Carlos Menem. Irónicamente, aunque en un pasado fue ocupado por la élite derechista, el Hotel Bauen es un centro de grupos activistas de izquierda y sindicatos desde su ocupación en el 2003. Cuando los trabajadores del subterráneo salieron en huelga en 2005, gran parte de sus decisiones y su coordinación fueron planeadas desde el hotel.

Marcelo Iurcovich dirigió el hotel hasta 1997, cuando se lo vendió a Solari, una compañía chilena. En el 2001 el hotel quebró, y el 21 de diciembre de ese año Solaris despidió a todos sus trabajadores. La mayoría de los noventa empleados se quedaron sin trabajo por doce a catorce meses. "Nuestra decisión de tomar el hotel no fue un capricho", me dijo Horacio Lalli, un miembro de la cooperativa. "Muchos aquí son padres y madres de familias. No se conseguía trabajo. Teníamos que hacer algo, así que después de muchas reuniones decidimos retomar el hotel".

Durante la noche del 21 de marzo de 2003, después de una reunión en Chilavert, los trabajadores del Hotel Bauen se juntaron en el cruce de las calles Corrientes y Callao en el centro de Buenos Aires. Caminaron una corta distancia hasta el hotel y entraron al edificio. Los aplausos y los gritos llenaron todo el espacio. Las luces se prendieron. Los trabajadores se abrazaron y lloraron. Habían tenido éxito en el primer paso: la ocupación. Sin embargo, el hotel estaba lejos de estar en condiciones de uso. Muchos materiales y equipos habían sido vendidos o robados. Los trabajadores tendrían aún que trabajar por meses para limpiar y reparar el hotel hasta que estuviera en mejores condiciones. "Los negociantes y los estudiantes en Buenos Aires nos ayudaron a recolectar dinero para que pudiéramos comer", explicó Lalli. "Pero teníamos miedo de que los dueños del hotel regresaran y nos sacaran del edificio. Durante este tiempo estuvimos llenos de miedo".

Una vez que quedó bajo el control de los trabajadores, el hotel se convirtió en un centro activo para eventos culturales y políticos. Los trabajadores manejaban sus negocios como una cooperativa. No todos recibían el mismo salario, pero las decisiones importantes se las tomaba en asambleas formadas por todos los trabajadores del hotel. Fabio Resino ha estado trabajando en el hotel desde que fue tomado por los empleados en el 2003. "Si el hotel hubiera funcionado como una cooperativa en todos estos años, no hubiera cerrado", explicó. "Ha habido mucha corrupción y mala administración con el dueño anterior. Le podrías preguntar a los noventa trabajadores que están hoy aquí, y todos te dirían que prefieren este sistema más que trabajar para un solo jefe".

Resino comentó que existe una gran diferencia en la moral de los trabajadores ahora que la administración del hotel es un esfuerzo de grupo. "Antes, trabajábamos para un jefe", continuó. "Ahora trabajamos para nosotros mismos. Y cuando es una cooperativa quieres trabajar mejor porque es tu propio negocio, tu propio proceso. Antes los trabajadores eran tan sólo cifras. Ahora somos personas". Aunque Resino tiene una labor más dura, dice sientirse feliz con el cambio. "Toma más tiempo trabajar de esta manera, tienes que trabajar por un mayor número de horas con menos recursos", dijo, "pero vale la pena".

Dos días antes de que despidieran a los empleados del Hotel Bauen, otro negocio argentino cayó bajo el control de sus trabajadores. El 19 de diciembre del 2001, 52 empleados en la fábrica de ropa Brukman, en su mayoría mujeres, se rehusaron a seguir trabajando hasta que sus jefes les pagaran lo que les debían desde hace varios meses. Endeudados y cercanos a la bancarrota, los dueños no le habían pagado a sus trabajadores desde hace 15 días. Los jefes demandaron que los empleados regresaran a sus puestos, pero las máquinas de coser se quedaron calladas (39).

Jacobo Brukman, el dueño de la fábrica, se escapó del edificio. Los trabajadores, muchos de los cuales no tenían ni siquiera los dos pesos necesarios para regresar a sus casas, se quedaron en la fábrica, colocando banderas en las ventanas que decían: "Queremos nuestros sueldos!". Varios manifestantes que apoyaban a los trabajadores llegaron al día siguiente. En una conversación telefónica, los dueños de Brukman le ofrecieron a los trabajadores dos trajes por persona en vez de sus sueldos. Los empleados rehusaron la oferta, y bloquearon la calle al frente del edificio. Después, un cliente de Brukman pidió una gran orden de shorts. Los trabajadores lo produjeron, usando el dinero del contrato para pagar por el uso del gas y de la electricidad en la fábrica. Pronto estarían en control del negocio organizando nuevos contratos, sueldos y gerencias. Algo que empezó como una sencilla demanda por salarios, se convirtió en una lucha por el control de los trabajadores. Motivados por la necesidad de sobrevivir y cuidar de sus familias, los trabajadores intentaron obtener la propiedad a través de la ley, peleando en contra de políticos, jueces y policías.

Celia Martínez, una empleada de Brukman, formó parte de esta lucha desde un principio. Aunque anteriormente fue de derecha, Martínez se radicalizó luego de su experiencia en la cooperativa de Brukman. Sentada en un cuarto fuera de la entrada a la fábrica, ella me habló sobre su nueva organización horizontal:

"Todos cobramos lo mismo por nuestro trabajo y cada persona tiene un voto. Las asambleas toman lugar una vez por semana o cada quince días, dependiendo de nuestras necesidades".

La compañera de trabajo de Celia, Matilda Adorno, me describió las primeras asambleas que se formaron durante la toma de la fábrica: "Para muchos de nosotros fue difícil comprender cómo viviríamos, y cómo nos trataríamos con igualdad. Ahora sabemos cómo se siente ser otra persona, y nos llevamos bien. En las asambleas podríamos arrancarnos los ojos con tal de defender nuestros puntos de vista. Pero después tomaríamos mate juntos" (40).

A varios kilómetros en las afueras de Buenos Aires se encuentra una de las más importantes fábricas tomadas en toda Argentina: la fábrica de cerámicas Zanon fue tomada en 2001, y desde entonces ha tenido mucho éxito económico. Sin embargo, siendo un símbolo del movimiento de fábricas recuperadas, Zanon ha sido un blanco de hostilidad de grupos de derecha. En marzo de 2005, una mujer que trabajaba en Zanon fue secuestrada y torturada por un grupo de trabajadores que se creían estar conectados con el gobierno local (41).

En la tarde del 4 de marzo en Neuquén, cerca a Buenos Aires, una mujer –a la cual no se identificó– estaba saliendo de la fábrica cuando un grupo de personas la empujaron dentro de un auto verde Falcóon, la misma clase de vehículo que fue usado por la dictadura de los años setenta para secuestrar y torturar a los "izquierdistas". El grupo del auto comenzó a insultarla, diciéndole que sabían dónde ella vivía, dónde trabajaba su familia, y dónde su hija jugaba después de salir de la escuela. Luego empezaron a cortarle con un cuchillo, amenazándola con "cortarle más para que la sangre corra en Zanon...". Después de cortar sus brazos y su cara, la echaron del vehículo y dijeron que irían detrás de su hija.

La mujer llamó a los trabajadores de Zanon y a la policía. Los policías rodearon su casa para proteger a su familia durante la noche. Pero al amanecer sólo quedaba un policía en guardia. A las 9 a.m. uno de sus secuestradores entró por la puerta trasera y volvió a hacer lo mismo que en el auto, insultándola y cortándole con un cuchillo. Cuando el hombre partió, el único policía que había quedado en guardia dijo que no escuchó ni oyó nada.

"Ésta es una de las muchas cosas que les ha ocurrido a los trabajadores de Zanon. El año pasado, Pepe fue seriamente herido en los ojos con balas de goma durante una protesta", dijo Esteban Magnani, autor del *Cambio Silencioso*, un libro sobre las cooperativas de trabajadores en Argentina. "En Neuquén tienes a Jorge Sobisch, un gobernador derechista que quiere ser el próximo Carlos Menem (42). Sobisch quiere demostrar lo fuerte que él es, así que está tratando de eliminar a Zanon". El gobernador había declarado recientemente que haría campaña en las próximas elecciones.

En una rueda de prensa de los trabajadores de Zanon sobre el secuestro, Alejandro López, secretario general de los ceramistas de Neuquén, dijo: "La policía no ha ayudado a Zanon... nada sucede en Neuquén sin la aprobación del gobierno local". Cientos de personas vinieron a la rueda de prensa, la cual tuvo lugar en el Hotel Bauen. El ambiente estaba sombrío. La memoria de las muertes y la tortura vivida durante la dictadura aún se sentía en el aire. Este secuestro demostró que después de muchos años de lucha contra actos de tanta violencia, todavía ocurren violaciones. Evocando al miedo que muchos pensaron que ya no había en Argentina, López dijo: "Neuquén no es una isla".

Mientras que los trabajadores en Argentina peleaban contra los desafíos económicos del neoliberalismo, los venezolanos en un barrio de Caracas luchaban contra un enemigo diferente. En ambos casos, los símbolos de represión y explotación fueron tomados por la comunidad. En Venezuela, los vecinos tomaron y transformaron una cárcel en una estación de radio.

El barrio 23 de Enero es como muchos otros barrios pobres de Caracas que parecen estar colgados de las cimas de la ciudad.

Apartamentos multicolores hechos de ladrillos y cemento se encuentran uno encima del otro, formando calles y pasillos como laberintos. Este barrio está formado por inmigrantes del campo que ocuparon las tierras alrededor del centro de la ciudad y construyeron casas unas encima de otras. Aproximadamente 15.000 residentes del 23 de Enero están acostumbrados a que cataloguen al barrio como un lugar peligroso y lleno de drogas. También se han vuelto expertos en construir su propia infraestructura, a veces a mano y a veces a través de las ondas de radio.

En enero de 2006, el activista de prensa comunitaria Gustavo Borges, un hombre grande y bigotudo con una sonrisa que no le viene fácilmente, me llevó desde la estación del metro hasta la nueva estación del barrio, la Emisora Libre al Son del 23 de Enero. Borges, un vecino de por vida del barrio, me mostró el techo de un gran edificio de apartamentos con ropa secando afuera de sus ventanas. "Nosotros hemos atacado la estación de policía con pistolas desde el techo de ese edificio", me explicó, refiriéndose a su pasado como guerrillero que peleaba contra gobiernos de derecha. "Ésta era la estación a la cual disparábamos", sonrió, apuntando a un edificio blanco con murales del Che Guevara y Simón Bolívar. Afuera, las personas acomodaban unas sillas para un evento comunitario, y desde el segundo piso se escuchaba una música alegre desde los parlantes. No parecía haber nada que indicara que el edificio había sido una estación de policía y una cárcel en un pasado, donde, 40 años antes de la presidencia de Hugo Chávez, se detenían activistas políticos y disidentes como Borges.

Por dentro el edificio estaba en construcción. El sonido de los golpes del martillo y la sierra se escuchaban por doquier. En el segundo nivel ya había comenzado la programación. Borges nos llevó arriba, a un estudio de grabación, donde conocimos a uno de los productores, Juan Contreras. Al igual que Borges, Contreras había sido prisionero dentro de este mismo edificio. Contreras, con su cabello corto y una camisa verde, se veía cansado pero lleno de emoción. Parado en medio del estudio de grabación, dijo que éste era un "acto político concreto" que tenía que ver con la transformación de la pesadilla de lo que fue el barrio durante los anteriores gobiernos de derecha. "Este edificio fue construido en 1975 bajo el primer gobierno de Carlos Andrés Pérez en todo el centro del 23 de Enero para poder detener a manifestantes, para reprimir, perseguir, acusar y asesinar a la gente".

Explicó que los residentes del 23 de Enero liderizaron el plan de transformar este símbolo de represión en algo para la comunidad. Después de muchas reuniones y de adquirir el apoyo legal del alcalde, la gente del lugar ocupó el edificio a pesar de la resistencia de la policía. "Ellos jugaron con nosotros, rehusándose a salir", recordó Contreras. Los residentes le dijeron al jefe de la policía que ellos no se irían hasta que la policía se alejara por completo. La táctica funcionó. La policía se rindió, y los miembros de la comunidad empezaron a reparar el edificio, arreglando el piso, cambiando los cuartos y los baños y convirtiendo la cárcel en una estación de radio y en un centro para la comunidad. Plomeros, carpinteros y vecinos llegaron con materiales y con la habilidad de transformar el espacio. Salieron al aire por primera vez el 22 de agosto de 2005. "En seis meses mira todo lo que hemos hecho!", dijo Contreras.

Para oír un nuevo programa en la estación, todo lo que la gente debe hacer es escribir una propuesta clara sobre lo que quisieran producir. La estación ahora tiene programas sobre hip hop, música popular, temas sociales y políticos, así como programas sobre la integración e historia de América Latina. Un programa ofrece un espacio para los miembros de la comunidad que tengan quejas sobre el gobierno, otro les enseña temas de salud a mayores de edad. La radio está coordinada por un comité de vecinos del 23 de Enero de todas las edades. "Todos tienen responsabilidades... Todos nos equivocamos a veces, somos seres humanos, pero intentamos funcionar de manera horizontal", explicó Contreras.

Contreras dijo que la estación lucha contra la falta de información de la prensa privada venezolana. "Toda la prensa sanciona y estigmatiza lo que se está haciendo [en nuestro barrio]. Para los grandes de la prensa, somos como terroristas con una estación de radio, quienes echaron a la policía...". La prensa de oposición en Venezuela ofrece constantes críticas y campañas contra barrios pobres como el 23 de Enero. Estos monopolios han jugado un rol importante en el golpe de Estado frustrado que recibió apoyo de Washington en abril de 2002 contra el presidente Hugo Chávez. Durante este conflicto, las estaciones de radio y televisión privadas se rehusaron a mostrar reportajes del gran levantamiento que apoyaba a Chávez durante el golpe, y culparon a los seguidores de Chávez por crímenes que no habían cometido. En Venezuela, como en muchos otros países, la prensa se usa a menudo por las élites como armas políticas. Las estaciones de radio comunitarias venezolanas son respuestas a este fenómeno a nivel local (43).

"Este lugar fue un símbolo de represión en los 40 años oscuros de nuestro país", dijo Contreras. "Así que tomamos este símbolo y creamos otro nuevo, una parte tangible de la revolución. Es evidencia de que la revolución está hecha por nosotros, los ciudadanos", dijo. "Las instituciones tienen un rol que jugar, y el gobierno tiene un rol que jugar, pero no podemos quedarnos con los brazos cruzados esperando nuestra revolución, tenemos que salir y crearla nosotros mismos".

A lo largo de la región, los trabajadores, las familias y los campesinos se organizaron para retomar lo que era de ellos. Los ciudadanos se unieron para recuperar recursos naturales y gobiernos enteros. En Bolivia, un movimiento para recuperar las reservas de gas de manos de empresas transnacionales y devolverlas al Estado volteó al país patas arriba. A través de las ocupaciones de tierras, cárceles y fábricas, muchas personas sintieron que no tenían otra opción más que utilizar los recursos a su disposición para superar la represión de la policía. Dentro de cada una de éstas ocupaciones se encontraban preguntas sobre propiedad y sobre quién debería usar estos recursos. Los ejemplos impresionantes de ocupaciones mencionados aquí se están aplicando por todo el mundo, donde la gente está trabajando bajo este simple lema: Ocupar, Resistir, Producir.

Notas

(1) De entrevista del autor con Cándido González en febrero de 2005.

(2) Omar Mendoza C., Zedin Manzur M., David Cortez F. y Aldo Salazar C., *La lucha por la tierra en el Gran Chaco tarijeño* (La Paz: Fundación PIEB, 2003), 81-87, 119-132.

(3) Peter Lowe, "Bolivian Landless Give Birth to a Movement", Resource Center of the Americas, May, 2005, http://www.nadir.org/nadir/initiativ/agp/free/imf/bolivia/txt/2002/0501bolivian_landless.htm.

(4) "En un estudio reciente sobre la distribución de tierras en países en vías de desarrollo, cuatro países en la región ocuparon los primeros lugares. Estos países tenían los coeficientes de distribución de tierras más altos del mundo. 11 de los 16 países en la misma lista venían de América Latina. Ningún país latinoamericano estaba en el grupo de baja o mediana desigualdad... El FAO estimó que alrededor de 1970, el 7% de los terratenientes en la región, aquellos quienes tenían más de 100 hectáreas) eran dueños del 77% de las tierras". Samuel A. Morley, "Distribution and Growth in Latin America in an Era of Structural Reform", International Food Policy Research Institute: Trade and Macroeconomics Division (January 2001), http://www.ifpri.org/divs/tmd/dp/papers/tmdp66.pdf. También ver Pauline Bartolone, "Land For Those Who Work It: Can Committing a Crime Be the Only Way to Uphold the Constitution?", Clamor Magazine (septiembre 5, 2005) y Green, *Faces of Latin America*, 24-27.

(5) Rafael Reyeros, *El pongueaje: la servidumbre personal de los indios bolivianos* (La Paz: Universo, 1949). También Green, *Faces of Latin America*, 25, 33.

(6) "Bolivia's Agrarian Reform Initiative: An Effort to Keep Historical Promises", Andean Information Network (Junio 28, 2006), http://ain-bolivia.org/index.php?option=com_content&task=view&id=22&Itemid=27.

(7) Green, *Faces of Latin America*, 32–33.

(8) Esta estadística de distribución de tierras para Bolivia fue otorgada por la Comisión Especial de Asuntos Indígenas y Pueblos Originarios, citada en "Los peces gordos de la tierra: familias latifundistas", *El Juguete Rabioso* (noviembre 27, 2006), 8. "Struggle for Land in Bolivia", British Broadcasting Corporation (septiembre 14, 2006), http://news.bbc.co.uk/2/hi/americas/5303280.stm.

(9)   Crabtree, Perfiles de la Protesta, 32-36, 36-38.
(10) "Bolivia's Agrarian Reform Initiative", Andean Information Network.
(11) Para más información, ver Kohl y Farthing, *Impasse*.
(12) "Bolivia's Agrarian Reform Initiative", Andean Information Network.
(13) Información de la entrevista del autor con Wes Enzinna, periodista e investigador del Movimiento Boliviano Sin Tierras.
(14) Mendoza C., et al., *La lucha por la tierra*, 73-76.
(15) Ibid., 89-95.
(16) Crabtree, *Perfiles de la protesta*, 38-39.
(17) "Landless Step up Occupations", Americas.org (marzo 18, 2006), http://www.americas.org/News/Features/200205_Bolivian_ Landless/20020501_index.htm.
(18) Raquel Balcázar, *Represión fascista en Santa Cruz* (Santa Cruz: Video Urgente, 2006)
(19) De la entrevista del autor con Silvestre Saisari en septiembre de 2006.
(20) Jeffrey Frank, "Two Models of Land Reform and Development", *Z Magazine* (November, 2002), http://www.landaction.org/display. php?article=22.
(21) "About Brazil's Landless Workers Movement", MST, http://www. mstbrazil.org/
(22) James Petras, Henry Veltmeyer, *Social Movements and State Power: Argentina, Brazil, Bolivia, Ecuador* (London: Pluto Press, 2005), 92-93, 111-113, 130-131. Para conseguir información sobre temas actuales en el MST de Brasil, ver Raúl Zibechi, "Landless Workers Movement: The Difficult Construction of a New World", IRC Americas (octubre 4, 2006), http://americas.irc-online.org/am/3547.
(23) En octubre de 2006, el Senado paraguayo dijo que no les daría inmunidad a las tropas después de que se acabara su turno en diciembre.
(24) COHA Memorandum a la prensa, "Washington Secures Long-Sought Hemispheric Outpost, Perhaps at the Expense of Regional Sovereignty", Council on Hemispheric Affairs (Julio 20, 2005), http://www.coha. org/NEW_PRESS_RELEASES/New_Press_Releases_2005/05.78_ Washington_Secure_Long_Sought_Military_Outpost_Perhaps_At_ the_Expense_of_Regional_Soverignty.htm. También "Inquietud por una base de EEUU en zona fronteriza de Paraguay", El Deber (julio 7, 2005), http://www.eldeber.com.bo/20050707/nacional_2.html, y Pablo Bachelet, "4 Nations that Won't Sign Deal with U.S. Risk Aid Loss", Miami Herald (diciembre 18, 2004), http://www.latina-americanstudies.org/us-relations/loss.htm. Desde el 2002, el ejército norteamericano ha tenido 46 ejercicios en áreas importantes como las fronteras entre Brasil, Argentina y Bolivia. Stella Callón, "Asesinato de indígenas paraguayos tendría nexos con operaciones de soldados de EEUU", La Jornada (noviembre 27, 2005), http://www.jornada.unam. mx/2005/11/27/031n1mun.php. También ver Benjamin Dangl, "US

Military Descends on Paraguay", The Nation (julio 17, 2006), http://
www.thenation.com/doc/20060717/dangl

(25) Ana Esther Cecena y Carlos Ernesto Motto, "Paraguay: eje de la domi-
nación del Cono Sur", en *Conflictos sociales y recursos naturales* (Buenos
Aires: Consejo Latinoamericano de Ciencias Sociales, 2005), 275–277,
p278–279, 280–281. También ver Capítulo 3 para más información.

(26) Esther Cecena y Ernesto Motto, "Paraguay", en *Conflictos sociales*, 275-
276.

(27) Tomas Palau Viladesau, "El Movimiento campesino en el Paraguay:
conflictos, planteamientos y desafíos", en *Reforma agraria y lucha por la
tierra en América Latina: territorio y movimientos sociales* (Buenos Aires:
Consejo Latinoamericano de Ciencias Sociales, 2005), 41-42.

(28) Ver Javiera Rulli, "GMO Soy Growers Commit Massacre in Paraguay",
The Activist Magazine (junio 29, 2005), http://activistmagazine.com/
index.php?option=com_content&task=view&id=383&Itemid=56 y
Grupo de Reflexión Rural http://www.grr.org.ar/

(29) Información basada en entrevistas del autor con Orlando Castillo, 2005,
y reportes del Grupo de Reflexión Rural, http://www.grr.org.ar/

(30) Información basada en entrevistas del autor con Tomas Palau, 2005.

(31) Entrevista del autor por correo electrónico con Bruce Kleiner en julio
de 2005. Cita de Ugarte de Charlotte Eimer, "Spotlight on US troops in
Paraguay", BBC News (septiembre 28, 2005), http://news.bbc.co.uk/2/
hi/americas/4289224.stm.

(32) Ver Campaña por la desmilitarización de las Américas, CADA, "Con-
clusiones generales de la Misión Internacional de Observación",
América Latina en movimiento (julio 15-20, 2006), http://alainet.org/
active/12453&lang=es.

(33) Greg Grandin, "The Wide War: How Donald Rumsfeld Discovered
the Wild West in Latin America", TomDispatch (mayo 7, 2006), http://
www.tomdispatch.com/index.mhtml?pid=82089.

(34) Katherine Shrader, "U.S. Studying Iran's Retaliation Options" (junio, 3,
2006), Associated Press, http://www.cbsnews.com/stories/2006/06/03/
ap/world/mainD8I0JOC00.shtml.

(35) Bureau of Political-Military Affairs, "Foreign Military Training:
Joint Report to Congress, Fiscal Years 2004 and 2005", US De-
partment of State (April, 2005), http://www.state.gov/t/pm/rls/rpt/
fmtrpt/2005/45677.htm

(36) Kelly Hearn, "Patrolling America's Backyard?" (November, 4, 2005),
AlterNet, http://www.alternet.org/story/27775/

(37) Toda la información y entrevistas sobre el movimiento de cooperativas en
Argentina vienen de entrevistas con el autor en febrero y marzo de 2005.

(38) El presidente argentino Néstor Kirchner se lo vio como alguien quien
no ejecutaría los cambios radicales a la economía que se demandaron
durante las protestas de 2001-2002.

(39) Para ver la entrevista entera: Benjamin Dangl, "An Interview with Celia Martínez of the Worker-Controlled Brukman Textile Factory in Buenos Aires", *Upside Down World* (Agosto 29, 2005), http://upsidedownworld. org/brukman-interview.htm.

(40) *La vaca, sin patrón: fábricas y empresas recuperadas por sus trabajadores* (Buenos Aires: La Vaca Editora, 2004).

(41) Todos los reportajes sobre la represión de Zanon de: Benjamin Dangl, "Member of Worker-Run Factory in Argentina was Kidnapped, Tortured", Upside Down World (marzo 24, 2005), http://upsidedownworld. org/main/content/view/22/32/.

(42) Menem fue el presidente de Argentina durante los años noventa, e introdujo varias políticas neoliberales que muchos creen que contribuyeron a la crisis económica de 2001-2002.

(43) Para más información sobre el golpe de 2002 en Venezuela, ver Eva Gollinger, *The Chávez Code: Cracking U.S. Intervention in Venezuela* (Caracas: Editorial José Martí, 2005) y Kim Bartley y Donnacha O Briain, *The Revolution Will Not Be Televised*, "Chávez: Inside the Coup" (Del Rey: Vitagraph Films, 2003).

CAPÍTULO SEIS

La riqueza bajo tierra

*"Pocos ven el punto en destruir su cultura y su estilo
de vida con tal de sentarse en un embotellamiento
de tráfico en Nueva York"*
— Noam Chomsky (1)

Manifestantes en El Alto durante la Guerra del Gas de 2003 empujan los vagones del tren fuera de las rieles, con sus propias manos, para bloquear el acceso del ejército y la policía hacia la ciudad. FOTO: Julio Mamani

Los fuegos artificiales le dieron la bienvenida a la mañana del 19 de septiembre en Cochabamba, con la primera gran movilización de lo que se llamaría la Guerra del Gas. Decenas de miles de personas llenaron las calles, agitando pancartas y gritando "¡El gas no se vende!". Los bebés que estaban envueltos en telas coloridas y bordadas observaban desde las espaldas de sus madres quiénes marchaban bajo el fuerte sol. La mayoría de los movilizados eran cocaleros del Chapare. Se veían exhaustos pero resueltos, ya veteranos en este tipo de actividad. Las esquinas más importantes estaban bloqueadas con piedras, llantas quemadas y basura. Un humo oscuro de fogatas circulaba por encima de la plaza central, donde la muchedumbre se juntaba. Los carteles se movían sobre un mar de gente que gritaba ruidosamente. Levantando su puño al cielo desde un balcón, Evo Morales pedía que continuaran las protestas, amenazando: "Si el gobierno decide exportar el gas, le quedarán pocas horas en el poder!" (2).

El conflicto que se manifestó en Bolivia formaba parte de una crisis global por recursos. Así sea por el agua, por las tierras o por el alimento, las guerras por los recursos se han incrementado en los últimos años; las más sangrientas por el acceso al petróleo en el Medio Oriente. Mientras que crece la población del mundo, también crece la demanda por el petróleo y el gas. Sin embargo, estos recursos están desapareciendo, provando un incremento a los precios y a que algunos países invadan o exploten a otros (3). Mientras tanto, aquellos quienes no pueden pagar por el precio del fuego siguen levantándose en protesta (4). Mientras la Guerra del Gas tomaba lugar en los Andes, los cuerpos caían al suelo en Iraq, Afghanistán y Venezuela en conflictos por el control del petróleo y del gas (5).

La pregunta sobre cómo usar el gas boliviano unificó a diversos grupos sociales y laborales en una movilización nacional que tomó un mes. Después de varias décadas de explotación de recursos por parte de corporaciones transnacionales, los bolivianos se unieron para decir "¡Basta!". En vez de vender su gas a compañías extranjeras a bajos precios, la gente demandó que aquel recurso bajo sus pies se usara para el desarrollo nacional (6). Una explicación de la historia del control estatal de recursos en Bolivia y Venezuela muestra las maneras en que la explotación del gas y el petróleo han estado en manos de las élites, y cómo se puede cambiar (7).

La marcha del 19 de septiembre en Cochabamba marcó el comienzo de un nuevo movimiento (8). Un mes después, cuando terminó el conflicto, el Presidente había huido del país y los enfrentamientos entre manifestantes y fuerzas de seguridad resultaron en 67 muertos y cientos de heridos. El día después de esta primera marcha llevó a una rabia colectiva que trajo violentos resultados.

Al mismo tiempo en que los manifestantes marchaban en Cochabamba, las embajadas de los Estados Unidos, Alemania e Inglaterra se enteraban de que varios de sus ciudadanos se encontraban en Sorata, al norte de La Paz, sin poder atravesar los bloqueos. El embajador norteamericano David Greenlee presionó al gobierno boliviano para que tomara alguna acción (9). Las fuerzas de seguridad bolivianas fueron enviadas de inmediato para una operación de rescate (10). El 20 de septiembre, justo antes del amanecer, las fuerzas militares que iban en camino a Sorata llegaron al pequeño pueblo de Warisata, sorprendiendo a los habitantes que bloqueaban el camino en protesta por la exportación de gas y otros temas de importancia local (11).

Sin intentar llegar a un acuerdo, las fuerzas de seguridad abrieron fuego indiscriminadamente contra los campesinos, disparando dentro de sus casas y de sus escuelas. Algunos de los campesinos dispararon de vuelta con sus propias armas –pero por lo general, con piedras–. Al final, el enfrentamiento dejó a siete muertos por armas de fuego, incluyendo a dos soldados, un hombre de 60 años, un estudiante, un profesor y una madre con su hija. Se reportaron aproximadamente 25 heridos de los dos bandos (12). Bolivia se encontraba al borde de un conflicto de proporciones, y estas muertes la empujaron hacia el precipicio. Una vez que la primera pieza de dominó cayó en Warisata, no hubo manera de revertir el resto.

Luego de que la noticia de la masacre en Warisata se conociera en todo el país, se organizaron protestas, bloqueos, huelgas y marchas por parte de grupos sociales y sindicales. Las fuerzas de seguridad no habían sido provocadas, pero ellas más bien habían agredido a los habitantes del pueblo sin armas. Mauricio Antezana, el portavoz del presidente Sánchez de Lozada, dijo que ellos "habían hablado con los campesinos que estaban bloqueando Sorata y habían llegado al acuerdo de que permitieran que salieran muchos buses". Pero cuando llegaron las fuerzas de seguridad, creció la tensión y se ignoró el acuerdo (13).

Aunque los oficiales del gobierno insistieron en que las fuerzas de seguridad habían sido agredidas por los campesinos, funcionarios de derechos humanos, del Defensor del Pueblo, de la Asamblea Permanente de Derechos Humanos y de la Comisión del Congreso de Derechos Humanos declararon que no existía evidencia de tal agresión, y que el ejército había delimitado un área en las afueras de Warisata desde temprano en la mañana. Más tarde, mientras seguía el diálogo con los campesinos para acabar con el bloqueo, el ejército se movilizó para atacar. En medio de un debate sobre el enfrentamiento –durante una ceremonia en la cual los Estados Unidos donó 63 millones de dólares al gobierno boliviano para programas de desarrollo–, el embajador David Greenlee dijo que la intervención de las fuerzas de seguridad en Warisata fue justificada (14).

Como respuesta a la represión en Warisata, varios activistas se concentraron en las esquinas más importantes de Cochabamba para armar bloqueos hechos de piedras, llantas, basureros y fogatas. Los estudiantes bloquearon una intersección justo afuera de la plaza central. El tráfico, que generalmente se encontraba congestionado día y noche en esta zona de la ciudad, ahora estará completamente paralizado. Furiosos taxistas tocaban sus bocinas mientras que los activistas le añadían combustible a sus fogatas. De repente, un grupo de policías en motocicletas aparecieron al final de una calle y aceleraron hacia el bloqueo. Dispararon gases lacrimógenos al grupo de estudiantes, saltaron de sus motos y golpearon con sus mazos contra los cuerpos y las cabezas de los jóvenes activistas. Muchos estudiantes fueron inmediatamente esposados y echados dentro de los camiones de la policía. Una mujer corrió a la calle, gritándoles a los policías: "¿A quiénes están defendiendo? ¿A quiénes están defendiendo?".

Las muertes en Warisata motivaron la furia pública en contra de la gestión de Sánchez de Lozada y su plan de exportación del gas. Mientras se incrementaba la violencia hacia el movimiento, también se incrementaba la participación en él. La represión trajo resistencia, que era lo opuesto a lo que esperaba el gobierno. Mientras más golpes se daban, más furia sentía la gente, más se integraban a las huelgas, más construían bloqueos y marchaban. El tema de la exportación de gas demostró ser una chispa que estimulaba un fuego aún mayor a nivel nacional. Los manifestantes en la Guerra del Gas demandaban mejores sueldos, reformas en las leyes de la coca, la liberación de prisioneros políticos y soluciones al problema de distribución de tierras. Al final, muchos activistas bolivianos combinaron sus demandas y pidieron la renuncia del presidente Sánchez de Lozada. Por encima de esta multitud y su caótico movimiento social, un canto se escuchaba: "¡El gas no se vende!".

Las demandas por la nacionalización del gas surgieron después de una larga historia de explotación corporativa y de buenos ejemplos establecidos por la compañía estatal de gas. Un vistazo a la historia del gas y el petróleo en Bolivia demuestra cómo un país con tantos recursos bajo tierra podría ser uno de lo más pobres en su superficie.

Los abuelos de los indígenas guaraníes cuentan historias de que el petróleo o "agua mágica" se usaba desde años antes de que llegaran los españoles (15). El líquido negro curaba las heridas de personas y animales, estimulaba al fuego y las flechas de guerra. Cuando los españoles llegaron, la ley declaró que el líquido negro sería propiedad del Rey de España (16). Cuando se le dio nueva importancia al recurso por su uso en automóviles, Standard Oil, una compañía radicada en Nueva Jersey, se apoderó del gas boliviano (17). La competencia con el rival de la compañía, Royal Dutch Shell de Inglaterra, llevó a la Guerra del Chaco (1932-1935), y motivó a que los países más pobres de América Latina se pelearan mutuamente.

Las semillas de esta guerra fueron plantadas por Standard Oil y Royal Dutch Shell, mientras que ambas buscaban reservas en la frontera indefinida entre Paraguay y Bolivia (18). A pesar de la tensión entre ambas naciones, Standard Oil buscó y descubrió enormes depósitos con el permiso de Bolivia. Paraguay, en respuesta, le ofreció a Royal Dutch Shell permiso para trabajar en la misma región. Bajo presión de las dos compañías, una guerra explotó entre los dos países (19). Como resultado, Bolivia perdió cientos de miles de kilómetros de territorio en el Chaco, más miles de vidas. Eduardo Galeano escribió sobre la Guerra del Chaco: "Fue una pelea entre dos compañías enemigas y al mismo tiempo compañeras dentro de un mismo cartel, pero no fueron ellas quienes derramaron... sangre" (20).

Después de la Guerra del Chaco, un pueblo boliviano furioso demandó que Standard Oil se fuera del país. El gobierno eventualmente echó a la compañía por haberle vendido gas boliviano a Argentina clandestinamente; la primera expropiación de una empresa norteamericana transnacional en territorio boliviano (21). Una vez que se canceló el contrato de Standard Oil, el gas quedó en manos del Estado. Yacimientos Petrolíferos Fiscales Bolivianos (YPFB), la primera compañía estatal de petróleo en Bolivia, fue creada en 1936 para manejar la industria. En cuatro años, YPFB produjo 882.000 barriles de petróleo, más de lo que Standard Oil había producido durante 15 años en Bolivia. En 1953, la compañía produjo lo suficiente para satisfacer el consumo nacional de petróleo (22). Por más de 60 años, YPFB generó enormes riquezas para el gobierno, contribuyendo con el 55,7 por ciento de todas las exportaciones en 1985 (23). Aunque la industria cambió de manos privadas a estatales al pasar de los años, fue a través de YPFB que se desarrolló la tecnología, la experiencia y la infraestructura para sostener la industria estatal, un éxito que contribuyó a las demandas futuras por la nacionalización.

En marzo del 1994, durante su primera presidencia, Sánchez de Lozada diseñó y aprobó la Ley de Capitalización. Ésta quiso incrementar el Producto Interno Bruto (PIB) y salvar al país de una depresión económica, pero tuvo un resultado opuesto, particularmente en la industria del gas. La ley aprobó la privatización de la compañía de teléfonos, las aerolíneas, los trenes y las compañías de gas y petróleo. Antes de que la ley fuera aprobada, estas industrias habían producido alrededor del 60 por ciento de las ganancias del gobierno. En 1997, YPFB cayó en manos de empresas norteamericanas, holandesas, españolas y argentinas (24). La empresa estatal se vendió por 844 millones de dólares a compañías británicas, 100 millones de dólares por debajo de su verdadero valor (25). Entre 1997 y 2003, la cantidad oficial de gas natural en Bolivia subió diez veces más. Pero mientras que más gas se producía en Bolivia, más pobre seguía el país (26). Como dijo el ejecutivo de la compañía de gas Repsol/YPF, Roberto Maella, "las ganancias de la industria del petróleo y el gas en Bolivia son muy elevadas: por cada dólar invertido, una compañía de petróleo gana 10 dólares" (27).

El plan de exportación de gas que llevó a la Guerra del Gas en el 2003, comenzó con la gestión de Hugo Bánzer en 1997. Cuando Bánzer resignó su puesto, el vicepresidente Jorge Quiroga cargó con su misión neoliberal. El plan de exportar gas boliviano a los Estados Unidos a través de Chile estaría a cargo de Pacific LNG, un consorcio compuesto por British Gas (BG), British Petroleum (BP) y Repsol/YPF en junio de 2001. Estas empresas controlaban Margarita, el área más grande de reservas de gas en Bolivia, y planeaban una exportación diaria de 36 millones de metros cúbicos de gas diarios a los Estados Unidos por un lapso de 20 años. La primera fase de exportación consistiría en un gasoducto desde Tarija, Bolivia, hasta Patillos, un puerto chileno en el océano Pacífico. Luego se construiría una planta en este puerto para producir gas líquido antes de llevarlo por barco a un puerto mexicano, donde se transformaría de nuevo en gas para ser transportado y distribuido en los Estados Unidos (28).

De acuerdo a Carlos Arze, director del Centro de Estudios de Desarrollo Laboral y Agrario (CEDLA), radicado en La Paz, el plan permitió que el gas se vendiera a un precio 20 veces más alto que el precio pagado por el gobierno boliviano (29). Gracias al costo de transporte y refinamiento de este plan, el gas sería comprado como materia prima en Bolivia por 18 centavos de dólar por cada mil pies cúbicos y luego vendido en California por 3,50 a 4 dólares por la misma cantidad. Chile también generaría ganancias al procesar el gas en su puerto, otro paso en la venta del cual el gobierno boliviano no vería ganancia alguna (30). Obviamente, una de las razones principales por las cuales los bolivianos se opusieron a la venta del gas fue la memoria de que Chile les había arrebatado el acceso al mar en una guerra en 1879, un evento que aún llena de cólera a muchos bolivianos (31).

Evidencia de daños al medio ambiente también han surgido desde la privatización del gas. En enero de 2000, Transredes, un subsidiario de Enron y Shell, fue responsable de un derramamiento de petróleo en el río Desaguadero en Bolivia. El agua, de la cual muchos dependen para criar ganado, se volvió negra. De acuerdo a la investigadora Christina Haglund, los animales de la zona murieron luego del derramamiento y las plantas alrededor del río se destruyeron (32). Haglund escribe que Transredes "ignoró advertencias sobre tuberías viejas, erosionadas y en malas condiciones... El chorro de petróleo de Enron/Shell que cayó en el río fue suficiente para llenar más de dos piscinas de tamaño olímpico". Treinta mil habitantes de la región fueron afectados (33).

Aparte de las razones históricas, ambientales y económicas contra el control privado del gas y el plan de exportación en 2003, muchos bolivianos esperaron que el gas, uno de sus grandes recursos, pudiera ser usado para el desarrollo nacional. El gas bajo la superficie boliviana, el cual ha creado tantos conflictos sobre la tierra, no tiene color ni odor. El gas natural –la mayor parte de los hidrocarburos que Bolivia considera como suyos– contiene butano, propano y etanol, y es el más limpio de todos los combustibles fósiles en cuanto a contaminación y a emisiones de carbón. A pesar de su nombre, el gas natural no es la gasolina líquida usada por los automóviles. En general, se lo usa más en la cocina, para la calefacción y la producción de electricidad, y equivale a un tercio del uso de la energía en los Estados Unidos, y el 25 por ciento en todo el mundo. El gas natural es distribuido a nivel local a través de tuberías, porque el proceso de compresión necesario para transportarlo en barcos o en camiones es muy caro. Gran parte del gas boliviano sale del país por tuberías hacia Argentina y Brasil (34). Los movilizados en el conflicto de 2003 demandaron un mejor acceso a productos hechos de gas, como el diesel para los camiones y la agricultura. En Bolivia, más de la mitad del diesel usado a nivel nacional viene desde el exterior. El diesel podría ser producido aquí, y se lo podría ofrecer a campesinos a más bajos costos, pero todos los esfuerzos hasta la fecha se han enfocado en la exportación, y no en el acceso y uso nacional. El gas natural también puede ser utilizado en la producción y uso de fertilizantes, papel, cemento, textiles, explosivos, plásticos, vidrio, calefacción y electricidad (35). Una mejor distribución y uso del recurso a nivel local fue otra de las demandas. Pocos bolivianos tienen acceso al gas para usarlo en cocinas y para calentar sus casas (36). Se exporta el 90 por ciento, y del 10 por ciento que queda en Bolivia, sólo una pequeña fracción entra en los hogares de los bolivianos. La mayoría va hacia plantas termoeléctricas, donde la electricidad generada es prohivitivamente cara, y la cual no le llega a la mayoría de gente que, de acuerdo a Arze, "aún vive como si estuviera en tiempos medievales".

Una de las mayores quejas de los protestantes es que, hasta el presente, la inversión privada en la industria del gas boliviano no ha ayudado significativamente al país. Los inversionistas extranjeros se enfocan en generar dinero vendiendo a otros mercados, en vez de desarrollar la infraestructura para el uso nacional y la industrialización. Por ejemplo, el conducto de gas de Bolivia a Brasil es 40 veces más grande que el que lleva gas hasta la capital, La Paz. Los viejos conductos construidos por YPFB necesitan ser reparados, y son responsables por serios daños al ambiente. Esto significa que el país, con una de las reservas de gas más grandes de la región, tiene los peores métodos de distribución e industrialización para sus propios ciudadanos (37). Estos movimientos por la recuperación de recursos na-

turales en Bolivia llevaron al analista político Noam Chomsky
a decir: "Muchos no ven el punto en destruir su cultura y su
estilo de vida con tal de sentarse en un embotellamiento de
tráfico en Nueva York" (38).

Muchos protestantes pidieron la expropiación de compañías extranjeras trabajando en el país, el cancelamiento de la Ley
de Hidrocarburos de Sánchez de Lozada y la re-nacionalización
de la industria del gas a través de la recuperación de YPFB
(39). Mientras que la cantidad de gas en el subsuelo Boliviano
sigue creciendo, también lo hace el precio y la demanda de
éste recurso, creando oportunidades para generar capital y
reconstruir a YPFB (40).

Sin embargo, el colocar recursos en manos del gobierno
tampoco ofrece una verdadera alternativa al control privado.
YPFB es un ejemplo del control de gas estatal, pero como industria tiene el mismo potencial de explotación, corrupción
e ineficiencia que las compañías privadas. Todo depende de
la administración de YPFB. Resulta inevitable generar daños
al medio ambiente, así el gas o el petróleo se encuentren en
manos del Estado. En el caso de la Guerra del Agua en Cochabamba, el control privado del agua afectó seriamente a una
gran mayoría de la población, y sin embargo una vez que se
echara a Bechtel, el control público del recurso también dejó
mucho que dsear (41).

Para que el Estado pueda tomar un control responsable de
la industria del gas, los movimientos sociales y las esperanzas
del pueblo tendrán que ejercer su influencia sobre el Estado
para asegurarse de que los recursos beneficien al pueblo. Se
necesitarían los consejos de expertos en la nacionalización de
industrias en otras partes del mundo, así como métodos originales de administración pública administrativa.

Estos desafíos no cambian el hecho de que, para muchos
bolivianos, el gas se había vuelto una palabra mágica en el
2003, simbolizando todos los recursos perdidos y las posibles
riquezas del futuro. Como la coca y el agua, el gas era visto
como un recurso necesario para poder sobrevivir. No sólo se

lo necesitaba para la calefacción y la cocina, muchos también veían su potencial para el desarrollo, la educación y la salud. Mientras que los ciudadanos se movilizaban por este nuevo cambio en septiembre y octubre de 2003, se vieron al frente de una represión violenta.

Las movilizaciones contra el plan de exportación del gas ganaron fuerza mientras que un acuerdo histórico tomaba lugar entre organizaciones sociales y sindicatos. Grupos que generalmente se encontraban en lados opuestos, se unieron en contra del plan del gas y de la gestión de Sánchez de Lozada, paralizando al país con huelgas, marchas y bloqueos. Trabajadores y campesinos bloquearon caminos en El Alto, La Paz y El Chapare. Los mineros entraron al movimiento con una marcha desde Oruro hasta La Paz (42). Los caminos hacia otras ciudades –así como a las fronteras con Chile y Perú– se cerraron, mientras que enfrentamientos entre manifestantes, militares y policías escalaron. Una huelga general paralizó completamente a La Paz el 8 de octubre. En El Alto, Econoticias Bolivia reportó que "por más de tres horas, han caído gases lacrimógenos, piedras y dinamitas en esta ciudad joven y pobre" (43).

El 9 de octubre, cerca a El Alto, José Atahuichi, un minero de 40 años de edad, murió después de que una dinamita explotara cerca de él. Más tarde, aquel mismo día, Ramiro Vargas Astilla, de 22 años, murió de un disparo que vino por parte de las fuerzas de seguridad en una protesta cerca a El Alto (44). El gobierno pidió que el ejército usara la fuerza para abrir el camino entre Oruro, Potosí y Cochabamba, y para evitar que las marchas llegaran hasta La Paz. En El Alto, los vecinos cargaron con el cuerpo de Atahuichi por toda la comunidad. Cuando Sánchez de Lozada fue consultado sobre estas muertes en una rueda de prensa, él se negó a contestar y salió del cuarto (45).

Los enfrentamientos en la Guerra del Gas fueron cíclicos. En el caso de una gran protesta o de una campaña de bloqueo, los conflictos entre manifestantes y fuerzas de seguridad explotaban seguidos por un cese al fuego e intentos de negociación.

Pero los malos temperamentos y la falta de diálogo empujó a las diversas facciones en direcciones opuestas. El gobierno rehusó a dialogar con los representantes de las protestas, y prefirió echarle más leña al fuego a través de la represión. El resultado fue una transferencia de poder del Palacio de Gobierno –el cual tenía la reputación de ser poco representativo y corrupto– hacia las calles. Cuando Sánchez de Lozada hablaba sobre los conflictos sociales del momento, les dijo a unos reporteros: "Estos problemas y dificultades nacen de lo que yo considero un grupo muy radical en la sociedad boliviana que cree que él puede gobernar desde las calles en vez que desde el Congreso u otras instituciones" (46).

Sin embargo, el gobierno boliviano no le dejó al pueblo otra opción, sin darle permiso para expresar sus opiniones ni establecer sus demandas dentro del esquema político. Los partidos tradicionales se veían más interesados en mantenerse en el poder que en representar a la oposición o a los ciudadanos. Por ejemplo, durante una reunión sobre puestos en el Congreso, los miembros de los partidos tradicionales pelearon por los puestos importantes mientras que los partidos de oposición, como el MAS, esperaron en el edificio del Congreso por más de 12 horas sin poder participar en la reunión (47). Estos procesos poco democráticos llevaron a la gente a tomar acción.

El gobierno parecía ser incapaz de calmar al conflicto social. Enfrentamientos violentos en las calles se volvieron algo comunes y llevaron tanto a los protestantes como a los funcionarios del gobierno a agarrarse firmemente de sus posiciones, de manera que el diálogo entre ambos lados fue casi imposible. Carmen Beatriz Ruiz, investigadora temporal de Derechos Humanos, amenazó diciendo que "si los partidos en el conflicto no comienzan a dialogar, la situación se descontrolará en cualquier momento" (48).

De acuerdo a la prensa, el apoyo a Sánchez de Lozada se encontraba sóolamente entre "el embajador norteamericano, las compañías de petróleo extranjeras, y las bayonetas incómodas del ejército" (49). Mientras que las protestas seguían creciendo en todo el país, el pPresidente hizo la siguiente declaración: "No voy a renunciar a la presidencia porque mi esposa quiere seguir siendo la Primera Dama de la nación" (50).

Mientras yo observaba los conflictos desde Cochabamba, vi una ciudad paralizada por su propia gente. El conflicto continuaba, y las tiendas y los restaurantes de Cochabamba estaban cerrados porque sus dueños salían en huelga, o porque tenían miedo a que un marchista rompiera sus vidrios por acursarlos de no apoyar a la huelga. A menudo, los choferes de taxis o buses dejaban las calles por miedo a encontrarse con bloqueos. Cochabamba se convirtió en un pueblo fantasma; los bloqueos mantuvieron a las calles vacías.

Olga era una madre de familia que administraba el hostal donde yo estuve alojado durante aquel tiempo. Aunque su marido había votado por Evo Morales en la elección de 2002, y aunque las opiniones de la pareja se inclinaban hacia la izquierda, ellos no simpatizaban con los manifestantes de la Guerra del Gas. Sus ganancias venían del turismo, y cuando los conflictos sociales hicieron temblar al país, los turistas se alejaron de Bolivia. "Nuestro hostal estaba lleno toda la semana", se lamentaba Olga, "ahora ni siquiera está ocupado por la mitad durante los fines de semana. No podemos alimentarnos. La gente que depende del transporte y de la comida también está sufriendo porque no pueden trabajar cuando hay bloqueos en las calles. Estas protestas y bloqueos están causándole daño a la economía mucho más de lo que el plan de exportación de gas podría haberlo hecho" (51).

Camiones llenos de fuerzas de seguridad daban vueltas por las calles en búsca de manifestantes. Gases lacrimógenos llenaban el aire de día y de noche, y fogatas hechas de todo material impedían el paso y bloqueaban las calles. Cuando la policía aparecía, disparaban gas y golpeaban a los que protestaban. Ocasionalmente durante estas peleas violentas la banda musical de la policía practicaba en el segundo piso de sus oficinas. Canciones patrióticas a todo volumen salían de trompetas y tubas, mezclándose con la bulla de las protestas.

Estos días de movilizaciones forjaron amistades entre los manifestantes. Después de un día de marchas y bloqueos, la gente se juntaba para relajarse, bailar, tocar música y discutir la crisis en el país. En una de las muchas fiestas conocí a los líderes de las protestas, Felipe Quispe y Roberto de la Cruz. El primer viernes de cada mes, en las afueras de Cochabamba, el grupo activista de jóvenes "Tinku" presentaba fiestas bulliciosas que se movían al ritmo de la música folklórica andina y la chicha, una bebida alcohólica hecha de maíz fermentado (52). La fiesta tomó lugar en un edificio con techo de calamina y pisos de cemento que tenía zanjas a los lados para poder ser limpiado más fácilmente. La gente ocupó todo el espacio, mascando coca y pasando la chicha, la cual se bebía con tazones hechos de calabaza. Horas después de que empezara la fiesta, Quispe y De la Cruz entraron vestidos con chaquetas de cuero y sonriendo nerviosamente.

Los líderes indígenas fueron presentados con un ritual a la Pachamama. La ceremonia consistía en una pequeña fogata cubierta con incienso y objetos y hierbas de la buena suerte. Una persona tras otra se agachaba hacia el occidente, donde cae el sol, le hacía un pedido a la Pachamama, y salpicaba chicha en las cuatro esquinas de la fogata. Algunos pedían éxito y menos violencia en la Guerra del Gas. Era un evento lleno de humo, y las personas daban charlas que inducían al llanto. Quispe y De la Cruz tomaron ofrendas de hojas de coca y echaron tazones llenos de chicha alrededor del fuego.

Quispe se veía ansioso e incómodo, como si estuviera aguantando a un huracán interno. A menudo, la gente se refiere a él como "El Mallku", lo que en el idioma aymara significa príncipe, líder o cóndor. Él fundó el partido político Movimiento Indígena Pachakuti (MIP) y en 1998 fue elegido Secretario General de la Confederación Sindical Única de Trabajadores Campesinos de Bolivia (CSUTCB) (53). Un elemento central del MIP ha sido la creación de un Estado indígena dentro del cual los indígenas puedan controlar el territorio y los recursos naturales del lugar (54). Crítico firme del neoliberalismo y de las élites bolivianas, Quispe participó en el Ejército Guerrillero Tupac Katari en 1984, liderizando una insurrección fallada contra el gobierno (55). En 1992 fue arrestado por su participación en el grupo, y desde que está libre ha sido un militante por la causa de un Estado indígena. Tanto Quispe como De la Cruz participaron en las protestas de la Guerra del Gas y los bloqueos en El Alto. Luego de que ellos le dieran la mano a docenas de personas en la fiesta, me senté entre los dos líderes. Quispe sonrió mientras que otros colocaban la chicha al frente de él. Cuando le dije que yo era de los Estados Unidos, él hizo una extraña mueca y gritó: "¡Oh, un gringo!". Tomó un gran trago de su tazón de chicha. "¡Queremos sangre de gringo!". Levantó su puño y me dio un sólido pero inocente puñetazo que me hizo caer de mi silla. Me acomodé otra vez en mi asiento y le pregunté: "¿Cómo se siente organizar uno de los bloqueos más intensos del país?". Él me miró y me dijo: "Pelearemos con nuestros dientes y uñas hasta que los políticos se salgan del gobierno".

Los activistas de la Guerra del Gas demandaban una industria estatal de gas y petróleo que pudiera industrializar el gas dentro de las fronteras bolivianas para beneficiar a la población. Esto no sólo significaba un mejor acceso al gas, sino mayores ganancias para programas sociales. "Bolivia podría imponer la clase de iniciativas que las empresas estatales han usado en Venezuela", explicó Arze del CEDLA. Venezuela ofrece un ejemplo de la clase de cambios que podrían ser posibles en Bolivia, si hubiera una nacionalización y las ganancias de la venta del petróleo y del gas fueran usadas para programas sociales en vez de ser utilizadas por empresas extranjeras.

Las reservas de gas y petróleo más grandes de América Latina se encuentran bajo el suelo venezolano. Por varias décadas una pequeña élite se benefició de la industria, mientras que la mayoría de los ciudadanos vivían en la pobreza. Cuando el presidente Hugo Chávez llegó al poder en 1998, este ciclo vicioso empezó a cambiar. A través de la renegociación de contratos con industrias extranjeras petroleras, Chávez transfirió gran parte del petróleo venezolano a manos del Estado. Una vez que se diseñaron los nuevos contratos, las ganancias se transfirieron de las élites a proyectos de ayuda para las comunidades más pobres.

La desigualdad económica que ganó fuerza en Venezuela durante el siglo XX empezó a desmoronarse en 1989, cuando el presidente Carlos Andrés Pérez llegó al poder (56). Pérez implementó los dañinos ajustes estructurales del FMI, y aceptó un enorme préstamo, hasta que la deuda llevó al país a una seria recesión. El Caracazo, el levantamiento de febrero del 1989 contra el gobierno de Pérez y sus políticas económicas, se vio al frente de una brutal represión por parte del ejército. Hugo Chávez, en ese entonces un coronel del ejército, se rehusó a controlar el Caracazo, y en 1992 liderizó un intento de golpe de Estado en contra del gobierno de Pérez. Cuando el golpe falló, Chávez dijo haber sido el responsable y fue encarcelado hasta 1994 (57).

Poco después de acceder a la libertad, Chávez empezó a hacer campaña para la presidencia. Esto lo llevó por todo el país, ganando apoyo de los diversos sectores de la sociedad. Comenzó con poca ayuda económica, viajando a menudo en un camión descompuesto y dando discursos desde la parte trasera del camión. Su pasado humilde –él se crío en una familia pobre– y sus charlas ardientes ofrecieron alternativas radicales a las políticas de derecha, y llenaron de esperanza al 60 por ciento de la población que vivía en la miseria.

Poco después de ganar las elecciones de 1998, Chávez renacionalizó las reservas de petróleo en un proceso que pudiera ser duplicado también por el gobierno boliviano. Bajo la nueva Constitución, la compañía Petróleos de Venezuela S.A. (PDVSA) quedó en las manos del Estado (58). Esto mantiene al gobierno, y no a las empresas, con el control de la industria. La ley argumenta que "toda actividad estatal relacionada a la exploración y producción de petróleo será dedicada al 'interés público' y al apoyo del 'desarrollo orgánico, integrado y sostenible del país..." (59). La Constitución también establece que las ganancias del petróleo deben ser usadas principalmente para financiar la salud y la educación. Adicionalmente, un cambio en el sistema de impuestos fue diseñado para generar más dinero para el gobierno. El cambio subió los impuestos del 16,6 por ciento al 30 por ciento por barril de petróleo, con regalías que iban directamente al gobierno. Estas nuevas ganancias se han gastado mayormente en programas de salud, alfabetización, educación y subsidios a la alimentación en las comunidades pobres (60).

Las ganancias del petróleo no sólo están ayudando a crear importantes programas sociales; la economía también ha recibido un empuje por parte de las nuevas políticas de Chávez. Mark Weisbrot, director del Center for Economic and Policy Research (CEPR) en Washington, escribió que bajo la administración de Chávez la economía del país ha crecido del 9 al 18 por ciento en años recientes, conviertiéndola en la economía de mayor crecimiento en el continente. No todo esto se debe a la riqueza del petróleo. En los años setenta, los recursos estaban a un alto precio, pero desde 1970 a 1998 los salarios bajaron un 35 por ciento, marcando una de las peores depresiones en la región. Weisbrot atribuye el nuevo mejoramiento económico en parte a un sistema más eficiente de recolección de impuestos, y a las ventajas de los programas sociales (61).

Estos programas sociales están fortaleciendo a los pobres y mejorando sus oportunidades de trabajo y de educación. De acuerdo a estadísticas del propio Estado, los programas han llegado incluso a un 54 por ciento de la población (62). El gobierno de Chávez ha iniciado campañas de alfabetización y reformas agrarias; también ha construido oficinas de dentistas gratuitos, hospitales y escuelas en los barrios más pobres, y ha creado sistemas de supermercados a precios subsidiados y cooperativas de negocios por todo el país.

En el 2003 visité un nuevo centro comunitario en Caracas. En uno de los cuartos, mujeres mayores de 70 años atendían clases de alfabetización rodeadas de murales con la imagen de Chávez. Cambios profundos como éstos podrían también ocurrir en Bolivia si las ganancias del gas se enfocaran hacia programas similares. La campaña de alfabetización, conocida como Misión Robinson, ha llegado a millones de personas de todas las edades, elevando la tasa de alfabetización en el 2004 a un 99 por ciento. Más de un millón de personas se han inscrito en programas para recibir sus diplomas de liceo. Clases ocupacionales enseñan carpintería, reparación de automóviles y otras habilidades que permiten a las personas conseguir trabajo (63). Los programas de educación y alfabetización también han bajado las tasas de pobreza de los venezolanos, dándole a los ciudadanos una nueva capacidad de mejorar su calidad de vida (64).

Cerca a los salones de alfabetización se encontraban las clínicas octogonales que están por todo el país. En las clínicas, los doctores cubanos ofrecen servicio médico de emergencia, vacunas, chequeos médicos y medicamentos para enfermedades comunes. El cuidado médico gratuito mejora la calidad de vida de muchos venezolanos. La presencia de doctores cubanos en las nuevas clínicas y sistemas de salud ha permitido la rápida expansión de muchos servicios. En algunos casos, las familias pobres pueden visitar al doctor o al dentista por primera vez en sus vidas. Una falta de cuidado médico generalmente provoca un incremento en la pobreza, porque en general las personas esperan hasta estar muy enfermos para ir al doctor, y a esas alturas se deben tomar medidas más drásticas y costosas. Esto puede llevar a la gente a estar enferma más a menudo, y puede afectar su habilidad de cuidar a sus familiares (65).

Un vecino de la zona me llevó a un edificio en construcción que pronto sería un Mercal. Los Mercales son supermercados subsidiados por el gobierno que proveen alimento básico a bajos precios en todo el país. Los frijoles, el pan, la leche, los vegetales y otros productos, mayormente de producción venezolana, se pueden conseguir en estos supermercados (66). Como resultado, de acuerdo a Weisbrot, las tasas de pobreza están bajando.

Alicia Cortez trabaja como coordinadora del Comité de Salud de La Vega, otro barrio pobre tradicional de Caracas. Ella ha administrado un Comedor Libre con la ayuda del gobierno en su hogar desde el 2002. Cortez me explicó cómo funciona el sistema, mientras que al mismo tiempo preparaba una sopa y cortaba zanahorias. "Alrededor de 150 personas vienen aquí cada día para comer", me dijo. "Nosotros salimos a buscar familias que parecen tener mayor necesidad e invitamos a los niños que viven en las calles, los enfermos, las mujeres embarazadas y otros".

Su hija Ayari trabaja en el Comedor Libre, pero también enseña en la Misión Robinson. De acuerdo a Alicia, "las comidas aquí son gratis y se sirven de 12 a 2 de la tarde. Cuatro mujeres, incluyéndome a mí, trabajamos toda la mañana para preparar la comida. En todos los sectores de los barrios [un sector es un área de alrededor de cinco cuadras] existe al menos un Comedor Libre. Con este programa, la gente puede depender de al menos una buena comida seis veces a la semana".

Aunque estos programas ayudan a muchos ciudadanos, el proceso entero en Venezuela se mueve alrededor de Chávez como figura central, arriesgando el sistema participatorio y democrático celebrado por los mismos chavistas. Nachie, un escritor para el Red & Anarchist Action Network (RAAN), quien viajó por toda Venezuela en 2006 para hacer entrevistas y aprender sobre el ambiente político y social bajo Chávez, ilustró bien este dilema a través de la siguiente pregunta: "Lo que más nos interesa saber es hasta qué punto Chávez permitirá volverse obsoleto. ¿Será posible que sus proyectos de auto-gestión y de seguridad en comunidades específicas y en el país entero puedan trascender su figura?" (67). Nachie argumentó que aunque los programas sociales no estaban "mal", ellos crean una dependencia hacia el Estado, movilizando a toda la labor cívica bajo la administración de Chávez" (68).

Desafortunadamente, la industria de la energía es peligrosa para el ambiente por su propia naturaleza y, también desafor-tunadamente, muchos desastres ambientales han ocurrido o podrían ocurrir bajo el cuidado de Chávez. Un ejemplo es la tubería de gas trans-Amazónica que se planeó construir entre Venezuela y Argentina. PDVSA misma ha admitido los riesgos operativos del plan, y estudios pagados por el gobierno predicen que sería una "catástrofe ecológica" (69). Además, Chávez anunció que Venezuela triplicaría su producción de carbón a través de la minería a cielo abierto, especialmente en Sierra del Perijá, donde viven cientos de tribus indígenas Wayuú, Yukpa, Barí y Japreria. Esta operación contaminante ya ha desplazado a muchas de estas familias, poniendo en riesgo su sobrevivencia y la de sus tierras, agua y biodiversidad. En marzo de 2005, activistas indígenas marcharon hacia Caracas para protestar por la destrucción de la minería en tierras ancestrales. Chávez, quien se encontraba en aquel momento con la leyenda del fútbol argentino, Maradona, se rehusó a hablar con los manifestantes (70).

En otra notoria movida, Chávez le dio la bienvenida a ChevronTexaco para hacer negocios en Venezuela. Cuando llegaron los representantes de la compañía, Chávez dijo: "Somos buenos amigos, buenos compañeros, y buenos aliados de muchas compañías norteamericanas que trabajan con nosotros y cada día estamos más de acuerdo en nuestro trabajo". ChevronTexaco, la quinta compañía más grande del mundo, es famosa por sus violaciones a los derechos humanos, su destrucción ambiental, y sus duras tácticas en contra de comunidades indígenas (71). Su proyecto de muchos millones de dólares, Hamaca, basado en la cuenca del río Orinoco, está siendo coordinando con PDVSA. Se espera que el medio ambiente y las poblaciones indígenas de la cuenca del río serán devastadas por el proyecto (72).

Tanto Venezuela como Bolivia ilustran el dilema presentado por el control privado o estatal de los recursos naturales, y los peligros tanto ambientales como económicos de la industria energética. Durante la Guerra del Gas de 2003, la gente se preguntaba qué sucedería en Bolivia en términos de la industrialización del gas, cómo se usarían y administrarían las ganancias, y qué efecto tendrían éstos usos en la población. Problemáticas parecidas seguirán al modelo venezolano cuando Chávez deje la presidencia, así sea en varios años o en décadas.

Éstas y otras preguntas se volverían importantes para los bolivianos después de que terminara la Guerra del Gas. Durante el mes caótico de octubre de 2003, la nación estuvo al borde de una guerra civil con las movilizaciones contra Sánchez de Lozada y su plan de exportación de gas. En esta rebelión, la ciudad altiplánica de El Alto reclamó su pasado como un centro poderoso de resistencia al control del gobierno, mientras que organizaciones de la comunidad dieron su apoyo a lo que llegaría a ser uno de los levantamientos más poderosos del país.

Notas

(1) Chomsky y Dwyer, "Latin American Integration".

(2) Para más reportajes sobre esta protesta en la "Guerra del Gas", ver Benjamin Dangl, "Bolivia's Gas War: Seven Dead in Protests", CounterPunch (septiembre 29, 2003), http://www.counterpunch.org/dangl09292003.html.

(3) El gobierno de los Estados Unidos, aliado a empresas, ha invadido Afganistán e Irak y ha intentado ganar acceso a campos de petróleo en Venezuela a través de un golpe en el 2002. Todo esto está relacionado con la crisis actual de recursos petroleros y de gas. Para más información, ver *The Association for the Study of Peak Oil and Gas*: www.PeakOil.net.

(4) En este contexto, el precio del fuego se refiere al costo de calefacción y de gas de cocina, así como el de la gasolina para vehículos y la producción de electricidad a través del gas natural. El fuego, en este sentido, se refiere al de una cocina, una chimenea, un motor o una lámpara.

(5) Una razón importante por la cual la gestión de Bush invadió a Irak fue para tener acceso a sus reservas de petróleo. En Venezuela, la élite de aquel país estuvo aliada con los Estados Unidos para retomar el control del gobierno y de la industria del petróleo a través de un golpe y de huelgas. El golpe de 2002 en contra de Chávez tuvo lugar gracias al apoyo y financiamiento de los Estados Unidos.

(6) Ésta crisis de recursos y el conflicto global consecuente se discute a fondo en Michael Klare, *Resource Wars*.

(7) El 1 de mayo de 2006, la gestión de Morales nacionalizó parcialmente las reservas de gas bolivianas. Una discusión más a fondo se presentará en el Capítulo 10. Para más información, también ver Benjamin Dangl,

172 EL PRECIO DEL FUEGO

"The Wealth Underground", *Upside Down World* (mayo 7, 2006), http://upsidedownworld.org/main/content/view/282/1/.

(8) La marcha inicial en septiembre fue organizada inicialmente bajo una coalición de grupos a la cual se la llamó "Coordinadora por la Recuperación y Defensa del Gas". Los organizadores de esta organización también fueron líderes importantes de la "Guerra del Agua" en Cochabamba en el 2000, y la creación de la Coordinadora por la Recuperación y Defensa del Agua y de la Vida.

(9) Greenlee ha ayudado a promover políticas neoliberales en Bolivia. Él es quizás más conocido por sus duras políticas anti-coca, las cuales han militarizado al Chapare en Bolivia, resultando en violaciones de derechos humanos junto a una falta de desarrollo alternativo a la coca.

(10) Para más cobertura sobre esta masacre, ver Dangl, *Seven die*.

(11) Ellos también demandaban la libertad de prisioneros políticos de la localidad.

(12) Para más información sobre esta masacre, ver Dangl, *Seven die*.

(13) Para más información ver La Razón, septiembre 21, 2003.

(14) Esta cita de Greenlee ilustra su propia lejanía de la realidad del conflicto. Una actitud similar fue la del presidente boliviano, contribuyendo a su falta de popularidad y llevando a su eventual caída del poder. Para más información sobre la cita de Greenlee y la reunión, ver El Diario, septiembre 23, 2003.

(15) El grupo indígena Guaraní está principalmente ubicado por todo el Chaco, Santa Cruz, Chuquisaca y Tarjia, al sureste del país.

(16) Gran parte de la historia del gas en Bolivia viene de dos publicaciones las cuales otorgan un análisis y contexto importante que puede ayudar a explicar los temas actuales de privatización de gas y la nacionalización: *La gestión de los recursos naturales no renovables de Bolivia* (Cochabamba: CEDIB, 2005), 64, y *Los hidrocarburos en la historia de Bolivia* (La Paz: (CEDLA), 2005), 5.

(17) Aunque Bolivia proclamó su independencia en 1825, las estructuras sociales se mantuvieron, y no permitieron que se desarrollara una sociedad más equitativa. Aunque la realeza española dejó de gobernar al país, los descendientes de los españoles y mestizos siguieron controlando gran parte de la vida y la política del país. Los sistemas de explotación laboral continuaron, así como la falta de acceso de las comunidades indígenas a la educación, los derechos laborales y la salud. La Revolución de 1952 y otras leyes importantes promulgadas en ese proceso ayudaron a cambiar el impacto del período de la Colonia. Para más información sobre la historia de Standard Oil en Bolivia, ver CEDLA, *Los hidrocarburos*, 8-9.

(18) La historia de ambas compañías en Bolivia está detallada en Mirko Orgaz García, *La Nacionalización del Gas* (La Paz, C & C Editores, 2005), 91, y CEDLA, *Los hidrocarburos*, 10.

(19) Otros historiadores tienen una posición diferente acerca de cómo y por qué se inició la guerra. Algunos argumentan que fue una movida de parte del gobierno boliviano para divertir la atención del público de problemas económicos. Ver Farthing y Kohl, *Impasse.*

(20) Galeano, *Las venas abiertas*, 163.

(21) Farthing y Kohl, *Impasse*, 45.

(22) CEDLA, *Los hidrocarburos*, 12.

(23) García, *La nacionalización del gas*, 138.

(24) Este período de la privatización bajo Sánchez de Lozada se explica en Kohl y Farthing, *Impasse*, 109-112. Por ejemplo, "YPFB fue de un máximo de 9.150 trabajadores en 1985 a alrededor de 600 para finales de 2002".

(25) Una nueva Ley de Hidrocarburos que fue introducida por Sánchez de Lozada en 1996 establecía que las compañías tendrían control de los recursos apenas salieran del subsuelo. La ley bajó las regalías de un 50 a 18 por ciento. Hubo expansión en los lugares donde se aplicaban tales regalías, haciendo que los inversionistas se interesen más en el gas boliviano. Ver García, *La nacionalización del gas*, 132, y CEDIB, *La gestión*, 68, CEDLA, *Los hidrocarburos*, 21-24.

(26) Ibid., 25.

(27) Los Tiempos (mayo 5, 2002).

(28) Este trato se discute a fondo en Iriarte, *El gas: ¿exportar o industrializar?*, (Cochabamba: Grupo Editorial Kipus, 2003), 30-31. Esta última etapa de gasificación podría haber sucedido también en los Estados Unidos, en California, dependiendo de cómo se organizaría el contrato.

(29) Algunas de las mejores fuentes sobre la industria del gas en Bolivia vienen de Carlos Arze y El Centro de Estudios para el Desarrollo Laboral y Agrario, www.Cedla.org. Toda la información de Arze sobre la industria del gas en Bolivia proviene de una entrevista con el autor en febrero de 2006.

(30) En aquel tiempo, Chile compraba gas de Argentina por un precio más elevado de lo que Bolivia recibía de un contrato con Pacific LNG. Iriarte, *El gas*, 84-87.

(31) Arze dijo: "El tema del [acceso al mar] es algo muy simple en Bolivia. Existe mucha xenofobia y patriotismo. El ejército en el gobierno siempre utilizó al tema del mar para calmar las protestas sociales. La gente sabía que [el contrato de exportación de gas] era algo hecho por las compañías. Pero el hecho de que estaba hecho a través de Chile... despertó la furia de la gente". Los protestantes demandaron que el gas se exportara por Perú, una opción más costosa que el plan que prefería el gobierno para llevar el gas a través de Chile.

(32) Christina Haglund ha investigado a fondo este tema. Para más información sobre el derrame de petróleo y sus consecuencias, ver Christina Haglund, "Enron/Shell and Hard Lives Made Harder: A Front Line

Account of an Environmental Disaster Imported from Abroad", The Democracy Center (Agosto 15, 2006), http://www.democracyctr.org/blog/2006/08/enronshell-and-hard-lives-made-harder.html.

(33) Después del derrame, Haglund reportó: "Los líderes comunitarios firmaron acuerdos con Transredes que les darían alguna compensación. Las personas afectadas al lado del río recibirían recompensa sólo por pérdidas directas si se mostraba evidencia... Cada miembro de la comunidad que se consideraba "afectado" recibiría ladrillos, cemento, una puerta de metal, una ventana y un techo de calamina. La construcción se la dejó a los mismos miembros de la comunidad". Los vecinos no podían exigir ayuda en efectivo, sólo podían recibir los materiales de construcción. "Ellos rompieron algo sin repararlo después", le dijo a Haglund doña Ignacia, una vecina de la zona. Ver Haglund, "Enron/Shell and Hard Lives Made Harder".

(34) Brian Yanity es un estudiante de doctorado en la Universidad de Alaska que estudia fuentes de energía alternativas. La información presentada aquí sobre el gas natural es de Brian Yanity, "The Alaska Gas Pipeline: A Critical Analysis", Insurgent 49, (febrero 17, 2006), http://www.insurgent49.com/yanity_pipeline.html.

(35) Después de la nacionalización del petróleo en Venezuela, el gobierno instaló conexiones de gas y de petróleo en los hogares. Iriarte argumenta que el gas debe industrializarse para su uso en Bolivia, y ser vendido a un precio mayor al exterior para estimular la economía boliviana. Esto se encuentra al centro del plan de nacionalización de gas del presidente Morales. Los hechos y datos mencionados aquí son de Iriarte, *El gas*, 8-10, 37, 72-73, 84-87, 89-93. También ver Luis Alberto Echazú A., "El gas no se regala", (La Paz: Editorial Liberación, 2003). Los detalles sobre esta demanda vienen de una entrevista con Arze.

(36) Sin embargo, aunque todas las casas y cocinas de Bolivia tuvieran acceso al gas, el país usaría menos del 1,5 por ciento de las reservas.

(37) De entrevistas con Arze.

(38) Chomsky y Dwyer, "Latin American Integration".

(39) Muchos de estos contratos de riesgo mutuo fueron establecidos por Sánchez de Lozada en los años noventa; ver García, *La nacionalización del gas*, 147-148.

(40) Iriarte argumenta que mientras que las reservas de gas a nivel internacional disminuyen, la demanda crecerá, ayudando a que Bolivia esté en una mejor posición si el Estado comienza a tomar ventaja de su rol como un productor importante de gas. De acuerdo a Iriarte, en el 2020 los Estados Unidos tendrá una demanda 50 por ciento más alta de lo que usa actualmente. Las reservas de Argentina –en las cuales depende mucho Chile– se esfumarán en 17 años. Bolivia ya está exportando la mayoría de su gas a Brasil. Al pasar del tiempo, habrá mayor interés en el gas boliviano, lo que colocará a Bolivia en una gran posición para

negociar precios, contratos e industrialización. Aun mejor noticia para Bolivia es el hecho de que la cantidad de gas que se conoce que tenga en su subsuelo sigue creciendo. Varios estudios demuestran que en 1997 la cantidad de gas en Bolivia se estimaba en 5,7 trillones de pies cúbicos. En 2003 subió a 54,9 trillones. Gran parte del argumento por la industrialización del gas en Bolivia viene de Iriarte, *El gas*, 17.

(41) Ver Capítulo 3 para más detalles sobre la administración de aguas públicas en Cochabamba.

(42) La presencia de los mineros en estas movilizaciones llevaron a la Guerra del Gas a otro nivel. La historia militante de los mineros, y su uso de dinamita, intimidó a muchos de los políticos de derecha, los cuales en parte eventualmente huyeron, porque los mineros habían llegado a La Paz. "Los mineros avanzan hacia La Paz", Econoticiasbolivia.com (octubre 7, 2003).

(43) "Se cierra el cerco sobre La Paz", Econoticiasbolivia.com (octubre 8, 2003).

(44) Para más información, ver Benjamin Dangl y Kathryn Ledebur, "Thirty Killed in Gas War", Znet (octubre 13, 2003), http://www.zmag.org/content/showarticle.cfm?ItemID=4342.

(45) "Se cierra el cerco sobre La Paz", Econoticiasbolivia.com (octubre 8, 2003).

(46) Ver Elliott Gotkine, "Unrest rocks Bolivia", British Broadcasting Corporation (octubre 1, 2003), http://news.bbc.co.uk/2/hi/americas/3157032.stm.

(47) Dangl y Ledebur, "Thirty Killed in Gas War".

(48) La Prensa (octubre 3, 2003).

(49) Este medio ofrece reportajes que critican al neoliberalismo y a la represión del Estado. Tabera Soliz, "Goni, el prisionero del Palacio", Econoticiasbolivia.com (octubre 2, 2003).

(50) Tabera Soliz, "Goni, el prisionero del Palacio", Econoticiasbolivia.com 10/2/03.

(51) La Guerra del Gas afectó seriamente a la economía. Entre otros fondos que se perdieron por los conflictos, se incluyen 90.000 dólares por día de la aerolínea Aerosur por problemas con los vuelos desde y hasta La Paz y la falta de diesel. La Cámara Boliviana de Transporte dijo que tuvieron que cancelar un contrato de 1,5 millones de dólares para transportar carga. También hubo un costo elevado para la reconstrucción de caminos y negocios dañados. Andrade, *Agonía y rebelión social*, 212-214.

(52) Para más información sobre el grupo de jóvenes Tinku, ver Benjamin Dangl, "Gringo Go Home!", *Upside Down World* (diciembre 15, 2003), http://upsidedownworld.org/main/content/view/40/31/.

(53) La Confederación Sindical Única de Trabajadores Campesinos de Bolivia (CSUTCB) es uno de los grupos campesino-indígenas más importantes del país.

(54) Para más información sobre Felipe Quispe, ver Petras, "Social Movements and the State", 187-188.

(55) El Ejército Guerrillero Tupak Katari estuvo compuesto por muchos intelectuales y activistas, quienes luego tuvieron roles importantes en la política del país. Por ejemplo, Álvaro García Linera, el actual Vicepresidente de Bolivia, fue miembro del grupo.

(56) En 1992, Pérez fue echado del poder bajo acusaciones de corrupción.

(57) Esta historia es muy similar a la de Fidel Castro, quien liderizó una rebelión no exitosa en contra del gobierno de Batista en Cuba. Su encarcelación ayudó a que él ganara apoyo popular para su próximo levantamiento.

(58) La industria venezolana del petróleo se nacionalizó desde 1943 hasta 1974. Para más información sobre esta historia, y sobre la situación actual de la industria petrolera en Venezuela, ver www.Venezuelanalysis.com. Es una historia de la renacionalización e información de la nueva Constitución sobre la industria petrolera cuya fuente es Gregory Wilpert, "The Economics, Culture, and Politics of Oil in Venezuela", Venezuelanalysis (agosto 30, 2003), http://www.venezuelanalysis.com/print.php?artno=1000. Después de la victoria presidencial de Chávez en 1998, él ayudó a organizar una asamblea constitucional para volver a escribir la Constitución del Estado. Muchas de las políticas progresistas fueron a un principio articuladas y establecidas en esta Constitución. Esta información proviene de la Constitución de la República Bolivariana de Venezuela: Artículo 303.

(59) Citado en Wilpert, información del Artículo 5 de la "Ley Orgánica de Hidrocarburos".

(60) Wilpert, "The Economics, Culture, and Politics".

(61) Mark Weisbrot, "Economic Growth is a Home Run in Venezuela", Center for Economic and Policy Research (CEPR) (noviembre 1, 2005), http://www.cepr.net/columns/weisbrot/2005_11_01.htm. Weisbrot escribió que "la tasa oficial de pobreza ha disminuido a un 38,5 por ciento desde el último censo de 54 por ciento... Pero esto sólo mide ganancias por sueldos; si los subsidios de alimento y los servicios de salud se incluyeran, la pobreza estaría alrededor de menos de un 30 por ciento...".

(62) Las tasas de pobreza en Venezuela y otra información citada en Weisbrot, "Economic Growth". También en Rodolfo Rico y Cristóbal Alva R.: "Las misiones sociales venezolanas promueven la inclusión y la equidad. La Revolución Bolivariana sorprende al mundo", Fundación Escuela de Gerencia Social (Caracas: Ediciones FEGS, 2005).

(63) Stephen Lendman, "Venezuela's Bolivarian Movement: Its Promise and Perils, Pt. I", Upside Down World (enero 3, 2006), http://upsidedownworld.org/main/content/view/161/35/.

(64) El argumento principal de este artículo es que las tasas de pobreza están disminuyendo bajo la gestión de Chávez y los servicios de salud y

educación están mejorando la calidad de vida de los venezolanos, pero estas mejoras no se reflejan en las medidas típicas de la pobreza. Para más información ver Weisbrot, "Economic Growth", Mark Weisbrot, Luis Sandóval y David Rosnick, "Poverty Rates In Venezuela: Getting The Numbers Right", Center for Economic and Policy Research (mayo, 2006), http://www.cepr.net/publications/venezuelan_poverty_rates_2006_05.pdf.

(65) Weisbrot, "Economic Growth".
(66) Citado en Weisbrot, "Economic Growth", "Mercal es el lugar más visitado para comprar alimentos", Datanalisis (mayo, 2006), http://www.datanalisis.com.ve.
(67) Nachie, "Bolivanarchism: The Venezuela Question in the USA Anarchist Movement", Red & Anarchist Action Network (junio, 24, 2005), http://www.anarkismo.net/newswire.php?story_id=770.
(68) Nachie, "Venezuela, Socialism to the Highest Bidder", Red & Anarchist Action Network (julio 11, 2006), http://www.anarkismo.net/newswire.php?story_id=3378.
(69) Nachie, "Venezuela, Socialism".
(70) Ibid.
(71) Hanna Dahlstrom, "Macho Men and State Capitalism - Is Another World Possible?", *Upside Down World* (enero 17, 2006), http://upsidedownworld.org/main/content/view/175/35/.
(72) Ibid.

CAPÍTULO SIETE

El Alto: ciudad en rebelión

*"El ejército puede entrar a la ciudad, puede matar a mucha
gente, pero ellos no pueden tomar la ciudad...Durante
el levantamiento, el Estado estaba roto, había
dejado de existir. Se murió en El Alto".*

- Pablo Mamani (1)

Un niño se sostiene en el andamiaje de una casa en El Alto en la cual él y su padre
trabajan. FOTO: Dustin Leader

Durante un momento clave en las movilizaciones de la Guerra del Gas en 2003, los ciudadanos de El Alto organizaron
una barricada en la calle Juan Pablo II. Los vecinos, ahora
convertidos en guerrilleros, vestían ollas en sus cabezas como
protección, hondas y pistolas falsas y también verdaderas para
intimidar a las fuerzas de seguridad. En vez de enfrentarse a
este grupo militante, las fuerzas de seguridad fueron al barrio

cercano de Villa Ingenio y dispararon a gente inocente que no estaba preparada para un enfrentamiento. En respuesta, los ciudadanos, llenos de rabia, empujaron vagones de tren con sus propias manos, colocándolos en la autopista y bloqueándole el paso al ejército y a la policía (2).

Los vecinos de El Alto, o alteños, estuvieron al frente de la Guerra del Gas. Su militancia y persistencia vienen de su larga historia de independencia en una ciudad pobre donde el vacío que ha dejado el Estado ha sido llenado por organizaciones autónomas comunitarias. Decenas de ciudadanos sin armas murieron, y cientos fueron heridos por las fuerzas de seguridad durante esta lucha en contra de la represión y del plan neoliberal para exportar el gas. Mientras el uso de la fuerza aumentaba, la rabia hacia el gobierno y la violencia militar empujaron a la ciudad a movilizarse, eventualmente tumbando la gestión de Sánchez de Lozada y cambiando para siempre el balance de poder entre los movimientos sociales y el Estado.

El centro de El Alto huele a humo, pollo frito, y aire frío de montaña. Agua sucia circula por los diques de las calles mientras los peatones se juntan en las acercas, agarrados de las manos o riñendo a sus hijos. Telarañas de líneas eléctricas van de edificio a edificio y música de tipo salsa y tecno se escucha desde los apartamentos arriba, o desde los buses abajo. Los restos de comida y de basura se van acumulando en las calles de tierra. Taxis y buses compiten por espacio y pasajeros, sus choferes gritando el destino a través de ventanas abiertas. Un coro incesante de bocinas se mezcla con los anuncios de vendedores ambulantes de hierbas, papas, zapatos, cuadernos y hojas de coca. Más allá de la ciudad, el vasto altiplano llega hasta las montañas cubiertas de nieve.

Un vendedor mayor con una cara arrugada y bragas verdes que vendía champú y cubiertos desde su puesto, me explicó: "Todo el mundo en El Alto está organizado a través de algún sindicato u organización comunitaria. Cuando surge un problema, todos nos juntamos y nos organizamos para luchar, protestar y bloquear". Él repitió una frase que yo había escuchado decir a la mayoría de las personas en la ciudad: "Como individuos, no tenemos poder. Juntos podemos hacer lo que sea". Este lema les ha servido a los alteños por siglos, desde los rebeldes indígenas que tomaron La Paz en 1781, hasta los mineros de la Revolución de 1952 y las organizaciones comunitarias que salieron a las calles durante la Guerra del Gas en 2003. La rebelión, la independencia y la organización social corren por las venas de la gente y la ciudad misma.

"Bienvenidos a la ciudad más alta del mundo, donde Dios nos ve de cerca", dice un anuncio a la entrada de El Alto. A esta altura, los inviernos son pesados y el viento frío de los Andes sopla por las calles de la ciudad. En días más cálidos, la temperatura raramente sube a más de 20 grados Celsius. Sin embargo, esto no ha prevenido a que la gente se siga mudando ahí. La migración a El Alto se ha incrementado en décadas recientes y ahora tiene la tasa de crecimiento más alta de toda ciudad en América Latina. Su población en 1950 era de alrededor de 11.000. En 2006 había llegado a casi 800.000. Sesenta y cinco por ciento de los habitantes son menores de 25 años y más de la mitad de la población trabaja dentro de la economía informal (3). Uno de cada 10 bolivianos vive aquí; en el 2010, El Alto será aún más grande que La Paz (4).

Las mismas fuerzas que llevaron a mineros y a campesinos del altiplano al Chapare para sembrar coca, llevó a miles de bolivianos hacia El Alto. El cierre de minas estatales y una sequía masiva a mediados de los ochenta provocó que la gente migrara para poder sobrevivir. Viendo las dificultades de ganarse la vida con el duro y mal pagado trabajo de la minería y la agricultura de subsistencia, muchos bolivianos prefirieron, y siguen prefiriendo, buscar su suerte en las ciudades. Los migrantes llegaron a zonas de El Alto donde no había escuelas, hospitales, plazas, electricidad, caminos o agua potable. Por pura necesidad, las familias alzaron sus instrumentos de trabajo, juntaron su dinero y construyeron la infraestructura de la ciudad por sí mismas.

Freddy Sarmiento es uno de los muchos que se mudaron a El Alto cuando las minas cerraron. Él trabajó en las minas de Potosí y en 1985 migró a El Alto con 25 otras familias para establecerse en lo que hoy se llama Unificada Potosí. En un día cálido de febrero hablamos sentados en un banco fuera de las oficinas del alcalde. El viento era frío pero por la altura el sol se sentía fuerte y caluroso. Él vestía un sombrero de vaquero, un abrigo de cuero, y su aspecto era algo duro y bohemio a la vez.

"Cuando llegamos a El Alto desde Potosí, todos los mineros juntaron su dinero para comprar tierras", me explicó. La electricidad, las escuelas, las plazas, el sistema de agua y las casas fueron todos construidos con su propio tiempo y dinero. Sarmiento dijo que las habilidades y las costumbres de los mineros los ayudaron a adaptarse a la nueva ciudad. "Sabíamos cómo exigir cosas y cómo organizarnos. Sabíamos cómo trabajar juntos. Así fue como conseguimos cosas como el agua rápidamente. Tuvimos que usar nuestras propias herramientas, comprar nuestro propio cemento, todo. El Estado no participó en aquel tiempo. Tuve la suerte de tener 25 compañeros de las minas conmigo. Es nuestro barrio, lo hemos construido nosotros... Hasta hoy no recibimos ayuda del Estado".

Su experiencia fue como la de muchos otros miles en El Alto. Así hayan sido mineros o campesinos, todos los migrantes usaron sus habilidades de organización para trabajar en la construcción de una ciudad. Enfrentaron su falta de servicios públicos con amistad y herramientas, juntando su dinero y su labor para poder sobrevivir. Lo que no pudieron construir ellos mismos, lo demandaron al gobierno a través de protestas por caminos, escuelas y agua potable. De esta solidaridad surgieron una fuerza y unión organizativas, que llevó a los ciudadanos a actuar en octubre de 2003.

Las organizaciones vecinales que nacieron en El Alto gracias a la migración se basaron, como fue en el caso de Sarmiento, en la experiencia de los sindicatos mineros y los grupos comunitarios de áreas rurales (5). Una de las organizaciones que ha sido trasplantada con éxito en la ciudad es la del "ayllu" rural, una agrupación de vecinos o familias que se organizan para discutir y tratar temas que les afectan. Si existe un problema con el costo de la electricidad, ellos se organizan para disminuir los precios. Si la recolecta de basura no está funcionando, la mejoran entre ellos mismos. Si entra un ladrón al vecindario, lo echan fuera. Ellos se enfrentan a las problemáticas porque el Estado no lo hace (6). Esta respuesta unida y comunitaria le ha permitido a la población movilizarse rápidamente, organizar protestas y bloquear caminos.

Pablo Mamani, un sociólogo que enseña en la Universidad Pública de El Alto, explica la infraestructura compleja social que dio luz a la rebelión de Octubre en su libro *Microgobiernos barriales*. Mamani escribe que las prácticas culturales de vecinos que combinan su labor, y juntan su dinero para la construcción de proyectos comunitarios –todas costumbres basadas en las tradiciones rurales y aplicadas en El Alto hasta el presente– contribuyen a generar solidaridad entre los habitantes (7).

La profunda unidad de los pobres trabajadores en El Alto es evidente en cada esquina de la ciudad. Muchos migrantes a El Alto son empleados como vendedores ambulantes. Mientras yo navegaba la ciudad en febrero de 2006, hablé con muchos vendedores que me decían que todos ellos pertenecían a un sindicato. Estaban obligados a atender reuniones y no podían vender nada durante las huelgas. Como Félix Patzi, un sociólogo que ha estudiado extensamente la organización comunitaria en Bolivia, explicó: "Los puestos de venta (en El Alto) no son propiedad privada, más bien son administrados por los sindicatos, lo que significa que sus dueños son colectivos. La gente obedece al sindicato, porque si no pueden vender o intercambiar servicios no pueden sobrevivir" (8).

El sentido de identidad colectiva que ofrece el sindicato es también importante para los vendedores que operan en una atmósfera que es a menudo aislada y competitiva. Charlé con uno de los firmes y orgullosos vendedores que se abrigaba con mantillas de lana y se encontraba rodeada de refrescos y caramelos bajo un techo de plástico azul. Ella me habló sobre su participación en el sindicato usando este refrán de El Alto: "Todos pertenecemos a un sindicato. Tenemos que estar unidos,

así somos más fuertes. Una persona sola no es fuerte". Me dijo
que las decisiones para tomar medidas de acción son hechas
colectivamente, y que durante los bloqueos y las reuniones los
sindicatos toman nombres para asegurarse de que todos los
miembros estén presentes. La gran mayoría de los vendedores
ambulantes pertenecen a un sindicato que opera bajo la Central
Obrera Regional (COR). La COR está principalmente formada
por grupos laborales, vendedores ambulantes, sindicatos y
grupos estudiantiles. Funciona como un instrumento de cambio social y político, articulando demandas desde sus bases y
organizando movilizaciones para presionar al gobierno (9).

La cohesión que se ve dentro de la economía informal de
El Alto también se debe a que la mayoría de los trabajadores
ejercen independientemente o en negocios de familia. En su
libro *Dispersar el Poder*, el escritor y analista uruguayo Raúl
Zibechi examina las raíces de la capacidad de protesta en El
Alto, las redes actuales de este poder y hacia dónde se dirige
este movimiento. De acuerdo con Zibechi, en la ciudad existe
una "administración de labor autónoma", la cual está basada
en la productividad y no en el sistema jerárquico tradicional
de jefes a trabajadores. Este sector informal de negocios familiares posee el control sobre sí mismo sin poderes superiores
a él. La mayoría de los trabajadores en restaurantes, ventas,
construcción y manufactura se enseñan mutuamente a trabajar
y a administrar su propio tiempo. El hecho de que la mayoría
de gente tiene u opera sus negocios, contribuye a la sensación
de que los ciudadanos sean dueños de la ciudad y la estén administrando ellos mismos (10).

Otra razón que hace que los alteños sean tan autónomos
es su desconfianza en los políticos. A finales de los ochenta y
principios de los noventa, el partido político Conciencia de
Patria (Condepa) ganó considerable poder en El Alto en oposición hacia los partidos tradicionales. Condepa fue liderada por
el "Compadre" Carlos Palenque, personalidad popular de la
prensa, quien contaba con amplio apoyo en todo El Alto (11).
Su red de contactos, amigos y familiares constituyó la base desde

donde creció Condepa. Palenque se convirtió en la voz de los oprimidos de la ciudad y jugó un rol importante al llenar a su gente de un espíritu revolucionario. Eventualmente Condepa cayó víctima de la misma corrupción que ella combatía, al usar sus relaciones para presionar a líderes sociales y mantener el poder a través de chantajes y de manipulación (12).

Cuando Palenque murió en 1997, Condepa cayó. El partido no pudo sobrevivir sin su figura central y carismática. Las organizaciones laborales y comunitarias llenaron el nuevo vacío político. Un evento que marcó este momento político de la ciudad fue la movilización de jóvenes por una universidad en El Alto. El presidente Banzer se vio obligado a escuchar las demandas en 2000, pero gran parte del dinero para la universidad terminó en las manos de políticos corruptos. Los estudiantes se organizaron, echando al rector corrupto, creando un precedente en los movimientos de protesta y mostrándoles a los líderes que podrían ser echados por la fuerza popular (13).

Dos organizaciones que llenaron el vacío político dejado por Condepa y aprovecharon el impulso generado por las protestas estudiantiles, fueron la Federación de Juntas Vecinales (Fejuve) y la Central Obrera Regional (COR). Aunque estos grupos no trabajaban conjuntamente, las necesidades y demandas de la población a menudo se articulaban a través de ellos. Sus edificios se encuentran uno al lado del otro en el centro de la ciudad y están viejos y despintados, con cuartos fríos en su interior.

Mamani explica en *Microgobiernos barriales* que las juntas vecinales surgieron luego de mucha migración a la ciudad en los ochenta, y eventualmente se convirtieron en una red de microgobiernos, unidos a través de la Fejuve. Las juntas vecinales les piden a sus miembros información sobre las necesidades y demandas de la gente. Los líderes vecinales luego administran la creación de servicios por su propia cuenta, o si no, van como representantes de la comunidad a demandarle cambio a las autoridades del Estado. Mientras que la población de El Alto creció y los pocos servicios públicos existentes empeoraron, las juntas vecinales asumieron las responsabilidades e hicieron demandas (14).

Hay 600 juntas vecinales en toda la ciudad, las cuales quizás representen las organizaciones de cambio social más importantes de todo El Alto (15). Existen requerimientos específicos para los participantes: los líderes son seleccionados cada uno a dos años, y no pueden ser empleados como vendedores, banqueros, trabajadores de transporte o líderes de partidos políticos. Deben tener al menos dos años de residencia en el vecindario y al menos un miembro de cada familia debe atender cada reunión. Cada grupo vecinal de la Fejuve debe tener al menos 200 miembros (16).

Un domingo por la tarde me acerqué a la plaza para ir a una reunión de la Fejuve. Las reuniones toman lugar dos veces al mes en este barrio. Crucé varias calles llenas de huecos y dos canchas de fútbol que estaban en uso para llegar a la plaza. El presidente de la junta les pidió a los jugadores de fútbol que le dieran espacio y luego instaló un micrófono, una mesa y varias sillas, mientras representantes del barrio se sentaban en las bancas. Alrededor de cien personas atendieron el evento, incluyendo a hombres y mujeres de todas las edades. Apenas comenzó la reunión, el presidente, el secretario y el vicepresidente tomaron nombres y los miembros de la comunidad entregaron sus tarjetas de membresía.

Cada persona en la reunión representaba a su calle y a todas las familias que vivían en ella. Pregunté por qué había tanta gente en las reuniones, protestas y bloqueos, y que pasaría si no lo atendieran. Los participantes me dijeron que simplemente es parte de la manera en que la comunidad funciona. Si, por ejemplo, una familia no participa en la campaña de adquirir agua pública a bajo costo o electricidad para el vecindario, entonces ellos no serían conectados al nuevo sistema una vez que se lo gane. Por esta razón –entre otras, como la presión social y familiar para participar–, existe una fuerte cultura de activismo.

En otro sector de El Alto conocí al carismático presidente de la junta vecinal de Alto Portada, Eliodoro Castañeta Castillo, quien me invitó inmediatamente a pasear en su barrio. Los rascacielos en la ciudad de abajo, La Paz, contrastaban con la pobreza de su vecindario de El Alto de 800 mil habitantes. Muchas de las casas son estructuras de ladrillo que se están cayendo, con techos débiles de calamina. Caminamos por un camino de tierra cubierto en basura, charcos que olían a podrido y riachuelos de desagüe residencial. "El domingo saldremos todos para limpiar las calles", dijo Castañeta (17).

Casi todo lo que vi en el barrio había sido organizado y construido a través de la oficina local de la Fejuve. Caminamos más allá de la cancha deportiva, hecha con la labor, los materiales y el dinero de los habitantes. Los vecinos también construyeron una serie de paredes de piedra y caminos alrededor de las casas que llevaban a la autopista de abajo. Castañeta señaló que su junta vecinal tiene una reunión cada mes para decidir qué es lo que aún se debe mejorar. Los miembros de la comunidad discuten quién hará cual trabajo y a qué organizaciones se les debe pedir dinero.

En otra muestra de su independencia, los miembros de la comunidad de Alto Portada trasladaron un camino. Hace años, el gobierno construyó una calle de piedras que cruzaba el barrio. Desafortunadamente, el camino no llegaba al área más transitada de la comunidad. Así que, en 2005, los vecinos decidieron mover las piezas del camino. Alquilaron un camión y trasladaron todas las piedras a un área con mayor población. Cada familia se encargó de mover las piedras necesarias para llenar el espacio al frente de sus hogares. Por dos sólidos meses, los residentes trabajaron de noche y durante los fines de semana hasta que el camino fue trasladado. A través de la junta vecinal también se construyen y mantienen los jardines públicos y las áreas verdes. Se han construido pequeños canales de agua para prevenir inundaciones. La cancha deportiva que ellos mismos construyeron funciona como un centro comunitario donde se reúne la Fejuve. El graffiti escrito en una pared de cemento detrás de las bancas parecía apropiado: "No siempre puedes ganar. Lo importante es participar".

Existe un corto paso entre las reuniones y la firme organización de la Fejuve, hasta la orden de participar en bloqueos y protestas. Durante la rebelión de octubre, el diálogo entre diferentes sectores de El Alto ayudó a mantener los bloqueos y la vigilancia. Los jóvenes corrían de barrio a barrio enviando mensajes. Los organizadores usaban teléfonos celulares y radios para coordinar las marchas y establecer vigilias de seguridad (18). Durante el levantamiento, se estableció un sistema de horarios para ayudar a que los bloqueos continúen, para abastecer y distribuir alimentos, y cuidar de los niños y de los heridos. Por ejemplo, en un barrio de El Alto de 100 habitantes, las personas tomaron turnos de 6 am a 3 pm, y luego de 3 pm a la medianoche. Los demás podían participar voluntariamente. Esto permitió que la mitad de las personas descansaran mientras los otros trabajaban, manteniendo largas movilizaciones y bloqueos difíciles de reprimir (19). Cuando la policía y el ejército desmantelaban algunos bloqueos, otros se formaban. Unos eran cortos, compactos y de pocos metros de altura, mientras que otros estaban hechos para enfrentamientos o para bloquear completamente el acceso a la calle. Otros bloqueos estaban hechos de capas de piedra que cubrían el camino por varios kilómetros, lo que hacía difícil que se esfumaran las fuerzas de seguridad (20).

La ayuda mutua entre los vecinos de la Fejuve contribuyó enormemente a las movilizaciones de la Guerra del Gas de 2003. Como lo supo explicar Castañeta, cuando necesitaron salir a las calles, "la solidaridad entre la gente ya se encontraba ahí".

Antes del levantamiento de octubre del 2003, dos eventos motivaron a la ciudad para tomar acción. Uno de ellos fue el conflicto en Warisata el 20 de septiembre que dejó siete muertos, llenando de rabia al altiplano y por consecuencia a su extensión urbana, El Alto. Otro evento que movilizó a la ciudad fue el incremento de impuestos por parte de la Alcaldía, al cual se lo bautizó como "Maya" y "Paya", "uno" y "dos" en aymara. La Fejuve inició la pelea en contra de Maya y Paya, estableciendo un precedente para protestas mayores que expulsarían al presidente y darían vuelta las políticas empresariales (21).

La capacidad organizativa de El Alto fue obvia el 8 de octubre del 2003, cuando varios sindicatos, grupos estudiantiles y juntas vecinales coordinaron una huelga a lo largo de la ciudad en contra del plan de exportación de gas (22). Ubicado en las avenidas principales que llevan a la ciudad de La Paz, El Alto está en un lugar estratégico. Cuando se bloquean calles en El Alto, La Paz queda esencialmente desconectada del resto del país. Otras avenidas importantes se extienden desde El Alto hasta el lago Titicaca, Oruro y Perú. Cuando la huelga comenzó a las 8.30 de la mañana, El Alto quedó paralizado. El gobierno envió a fuerzas de seguridad para que habiliten las calles, provocando enfrentamientos que dejaron 16 heridos, algunos de ellos por disparos de bala. Quinientos mineros de Huanuni llegaron a El Alto aquel día después de una marcha contra el presidente Sánchez de Lozada y el plan de exportación de gas (23).

La Guerra del Gas estaba ganando fuerza a nivel nacional, con El Alto a la vanguardia. Grupos indígenas en Oruro y Potosí marcharon hacia La Paz en protesta, mientras que 8.000 personas salieron de Santa Cruz (24). Las protestas se volvieron sangrientas el 11 de octubre cuando camiones de gas intentaron cruzar El Alto y llegar a La Paz. Miles de protestantes, y los bloqueos que construyeron, previnieron el paso de los camiones, provocando a que las fuerzas de seguridad disparen gases lacrimógenos y balas. En Villa Ballivián, el enfrentamiento provocó la muerte de Wálter Huanca Choque, quien recibió un disparo en la cara por parte de un soldado (25).

Los conflictos entre protestantes y fuerzas de seguridad siguieron durante el resto del día. El aire de El Alto se llenó de gases lacrimógenos, de humo de llantas quemadas, cantos y disparos. Alrededor de las 6.30 de la tarde, el ejército y la policía, quienes aún acompañaban a los camiones de gas, nuevamente intentaron cruzar El Alto. Las fuerzas de seguridad dispararon balas y gases lacrimógenos, mientras los protestantes les contestaban con piedras, bombas de cóctel molotov y dinamita. La caravana del ejército y la policía peleó con los vecinos por dos horas, mientras avanzaba hacia La Paz. Una bala viajó cuatro cuadras desde el lugar del conflicto hasta la boca de Álex Llusco Mollericona, un niño de cinco años. Mientras que la noticia de su muerte circuló por toda la ciudad, la gente se volvió aún más furiosa. Las protestas contra el gobierno represivo de Sánchez de Lozada crecieron y, en respuesta, el ejército aumentó sus ataques hacia El Alto. Los soldados circulaban la ciudad en helicópteros, disparando a las personas desde arriba. Barrios de antiguos mineros fueron víctimas de la mayoría de los disparos y de los gases lacrimógenos. Las fuerzas de la policía y del ejército se apoderaron de los puentes, mientras vecinos de otras áreas aseguraban sus bloqueos de caminos (26).

Las represiones más agudas contra las movilizaciones de El Alto tomaron lugar la mañana del domingo 12 de octubre, cuando policías y soldados bien armados que seguían a camiones de gasolina, una vez más intentaron cruzar los bloqueos hacia La Paz, donde la escasez de gas había dejado paralizada a la ciudad. Los vecinos de El Alto mantuvieron sus bloqueos e impidieron que pasara la caravana. El enfrentamiento comenzó a las 10 de la mañana, cuando la policía y el ejército dispararon desde sus helicópteros a las personas sin armas y a sus hogares. Al final del día quedaron 28 muertos (27).

En el libro *Agonía y rebelión social*, Teófilo Balcázar explica que él y su esposa habían ido a visitar a su cuñada en Río Seco, El Alto, durante las protestas. Estaban sentados en la sala, comiendo, cuando comenzaron a oír los disparos. Su esposa, Teodosia Mamani, de repente cayó al piso. Una bala había penetrado la pared, matándola. Estaba con cuatro meses de embarazo. En la misma zona, Juana Valencia se encontraba acostada en una cama, descansando. Se levantó para cerrar una venta, y le dispararon (28).

La dosis de violencia que presenciaron los alteños también les tocó a los soldados que se negaron a cometer actos de violencia. Nemesio Siancas García, un soldado de Santa Cruz, fue ejecutado en Río Seco durante la masacre. Los vecinos de la zona explican que García se rehusó a seguir órdenes para disparar a la gente del barrio. En respuesta, uno de sus superiores le pegó en la cara, sacándole los dientes, y después le disparó en la cabeza, matándolo al instante. Otros soldados que fueron llevados a El Alto desde otras partes del país y que se negaron a disparar a los vecinos, fueron torturados. Los ciudadanos de otras partes se unieron a los bloqueadores; cuando una estación de policía en El Alto fue rodeada por protestantes, la policía sacó sus banderas blancas de renuncia y se unió a la movilización (29).

El 13 de octubre, mientras camiones de gas acompañados de militares seguían intentando cruzar hacia La Paz, algunos barrios hacían colectas de dinero para pagar por el tratamiento médico de los heridos y por los ataúdes para los muertos. La Fejuve, la COR y otros sindicatos de El Alto decidieron no negociar con el gobierno después de tales masacres. Los alteñós no solamente exigían la renuncia del presidente, sino también dijeron que continuarían trabajando para "patear al palacio fuera del gobierno" –para echar a todos los políticos fuera del poder. El movimiento se extendía como un incendio. Los protestantes marchaban y mantenían bloqueos por todo el país. En Buenos Aires, Argentina, más de mil ciudadanos bolivianos protestaron las muertes en El Alto y demandaron la renuncia de Sánchez de Lozada (30).

Pero el presidente boliviano se mantuvo firme en el poder, acusando a los protestantes, mientras que el conflicto continuaba y seguía tomando fuerza. En una charla pública el 13 de octubre, Sánchez de Lozada dijo que no renunciaría al poder, tampoco permitiría que "un enorme proyecto subversivo desde fuera de la nación intentara destruir la democracia boliviana". Después señaló que el grupo irregular Sendero Luminoso de Perú y los cocaleros bolivianos, entrenados por grupos terroristas colombianos, estaban planeando un ataque en su contra. También acusó a organizaciones no gubernamentales en Bolivia de estarle dando apoyo económico a estas actividades terroristas, y declaró que los protestantes eran "narco-sindicalistas que quieren ejecutar un golpe de Estado contra la nación". Sánchez de Lozada también se refirió a sí mismo como "el pequeño niño holandés aguantando el hueco del dique de la democracia con un solo dedo". Sus comentarios demostraron que no tenía conciencia de la dura realidad de Bolivia y de que él estaba distorsionando la situación para justificar el uso excesivo de la fuerza (31).

El gobierno de los Estados Unidos, en cambio, usó un vocabulario dualista para apoyar a este líder que cada vez disfrutaba de menos popularidad. A pesar de la evidencia de gran represión por parte del gobierno boliviano, Richard Boucher, el vocero del gobierno estadounidense, le dijo a la prensa el 13 de octubre: "El pueblo norteamericano y su gobierno apoyan al presidente electo democráticamente, Gonzalo Sánchez de Lozada, en su esfuerzo por construir un futuro justo y próspero para todos los bolivianos. Todos los líderes políticos bolivianos deberían expresar públicamente su apoyo por el orden democrático y constitucional" (32).

Estos comentarios parecieron aún más débiles cuando el vicepresidente Carlos Mesa dejó de apoyar al presidente Sánchez de Lozada y demandó su renuncia el 13 de octubre, diciendo: "No podemos negarnos a escuchar la voz del pueblo. Tenemos que crear un plan constitucional de sucesión para terminar con los enfrentamientos y la violencia en que los bolivianos están viviendo actualmente" (33). Otros líderes políticos y fieles aliados del presidente también dejaron de apoyarlo (34).

Reaccionando a la fatal represión en El Alto, muchos habitantes de la ciudad y comunidades de los alrededores marcharon hacia La Paz. El periodista alteño Julio Mamani describió la creciente ola que iba tomando fuerza en contra del gobierno:

"Se transformó en furia. Después de las masacres, la gente se juntó y dejó El Alto para marchar espontáneamente hacia La Paz. Las mujeres vestían ropas negras por sus muertos. Los hombres cargaban palos y banderas bolivianas. Fue una multitud de gente marchando hacia La Paz. Durante la marcha, llegaron más tanques y los líderes de la Fejuve le dijeron a la gente que regresara para evitar el derrame de más sangre. Pero la gente no les escuchó, ellos siguieron marchando más allá de los líderes de la Fejuve, y eventualmente los tanques tuvieron que alejarse. La marcha era tan grande, la calle tan llena de gente, que el ejército y los tanques se alejaron y dejaron que la gente entrara a La Paz". (35)

El 16 de octubre, las marchas desde todo el país llegaron a La Paz demandando que Sánchez de Lozada renunciara y que se cancelara el plan de exportación de gas. Gracias a su reputación como los protagonistas de la historia boliviana, la llegada de los mineros que venían desde Potosí y Oruro llenó a los paceños de miedo y de admiración. Su presencia demostró la magnitud simbólica del conflicto. Sus dinamitas motivaron a los protestantes y asustaron a la administración de Sánchez de Lozada. Emilse Escóbar Chavarría, una historiadora que vive en El Alto, dijo que la llegada de los mineros trajo recuerdos de su participación en la Revolución de 1952 (36). "Existe una conciencia sobre la lucha minera. Ellos siempre estuvieron al frente durante los viejos movimientos por la nacionalización de los recursos naturales", explicó ella. "Los mineros no le tienen miedo a la muerte. Esto se debe a su fuerza organizativa, a su historia y a sus condiciones de trabajo" (37).

El viernes 17 de octubre, cientos de miles de protestantes de todas las clases se juntaron en La Paz para una de las marchas más grandes en la historia de Bolivia (38). Aquel mediodía, reportajes de prensa sin confirmar dijeron que Sánchez de Lozada estaba a punto de renunciar. Las protestas nacionales seguían a toda fuerza y quedaban pocas posibilidades de que el conflicto terminaría rápidamente. Sin embargo, a las 2 de la tarde la prensa confirmó que, efectivamente, Sánchez de Lozada iría a renunciar. A las 5 pm, las fiestas comenzaban. La gente de todo el país sentía que por fin, después de un mes, podrían respirar con tranquilidad. Los protestantes que habían marchado y bloqueado todos los días estaban llenos de emoción. Mientras yo caminaba por las calles de Cochabamba luego de escuchar la noticia, veía a gente que destruía los bloqueos en las calles, y taxis que rondaban las fogatas de los protestantes. En la plaza, donde los enfrentamientos habían tomado lugar justo el día anterior, miles de personas saltaban, gritaban, bailaban y tocaban música. Las celebraciones tomaban lugar en todas las ciudades del país, pero muchos de los amigos y familiares de los 67 muertos del conflicto seguían de luto (39).

Aquella noche me encontré con unos amigos en un bar bullicioso con un gran televisor. A un lado de la pantalla se veían imágenes del avión de Sánchez de Lozada que partía de Santa Cruz rumbo a Miami. Del otro lado de la pantalla estaban los congresistas cantando y echando papeles al aire mientras la carta de renuncia del presidente se leía en voz alta. Cuando Carlos Mesa apareció en la pantalla, el bar entero se calló. Mesa, quien había dejado de apoyar a Sánchez de Lozada al principio de la semana, estaría ahora, como lo requiere la Constitución boliviana, tomando el rol de la presidencia.

Mesa dio un discurso al cual los bolivianos prestaron mucha atención. Estableció los principios más importantes de su presidencia: un amplio referéndum sobre la exportación del gas, una guerra a la corrupción dentro del gobierno, una investigación sobre las violaciones que ocurrieron durante la Guerra del Gas y una solución a los problemas de distribución de tierras. Él explicó que su gobierno no sería capaz de escuchar todas las demandas de todos los movimientos y pidió que estos grupos fueran pacientes y que colaboraran con la nueva gestión de gobierno. Él sabía que empezaba a caminar por una cuerda floja, por la cual quizás no podría caminar sin eventualmente caerse.

Al contrario de Sánchez de Lozada, Mesa al menos pareció tener interés en el pueblo boliviano. Aún quedaba por ver si él cumpliría sus promesas, o si estaba diciendo lo que los demás tenían ansias de escuchar. Fuera de la política, él era reconocido como un periodista, historiador y personalidad de televisión con una fortuna de alrededor de 1,5 millones de dólares. Luego de la inauguración oficial, Mesa dijo: "Quiero crear un gobierno para todos los bolivianos, para un país múltiple y diverso, donde podamos respetar a todos de igual manera. Solamente seré presidente si trabajo para ustedes, porque si ustedes trabajan para mí, tendrán que echarme". (40)

Hablé con Evo Morales sobre la nueva gestión, justo después de que Mesa fuera posesionado. "Es difícil predecir cuánto tiempo durará Mesa en el poder", me dijo. "Le daremos tiempo, y comprendemos que un mes no es suficiente tiempo para cambiar un modelo político. Él necesita tiempo, y le daremos tiempo. Mucho depende de que demuestre que verdaderamente está intentando cambiar el modelo económico y el sistema político. Mucho depende de él mismo". La pobreza y las desigualdades en Bolivia siguieron echándole leña al fuego de las protestas durante los primeros meses de la presidencia de Mesa, indicando que, como me dijo el activista Óscar Olivera el día que partió Sánchez de Lozada, "la Guerra del Gas no fue la victoria principal; tan sólo fue una pelea dentro de una larga guerra".

Los protestantes estuvieron de acuerdo en descansar por noventa días para permitirle al nuevo gobierno a que logre resultados. Prometieron reanudar una campaña de bloqueos y protestas si Mesa no cumplía con sus demandas, particularmente en cuanto a la nacionalización del gas. Cuando le pregunté a Felipe Quispe qué es lo que pasaría si Mesa no seguía las demandas de los protestantes, él me contestó con un gesto, pasando su dedo a lo largo de su cuello como si fuera un cuchillo, "será su fin. Lo echaremos. Él estará listo si no cumple nuestras demandas en tres meses".

La partida de Sánchez de Lozada no solamente generó oportunidades e inseguridades políticas, sino también demostró el poder del pueblo boliviano. Como la Guerra del Agua en Cochabamba, cambió los esquemas de lo que la gente creía posible a través de las grandes y largas movilizaciones. Creó lazos entre los movimientos sociales, uniendo a personas de diferentes sectores económicos y sindicatos laborales. Las organizaciones autónomas sociales y sindicales de El Alto, las que tomaron la iniciativa en el mes de octubre, representaron el espíritu de este período de furia y de resistencia nacional (41).

Gran parte de la rebelión, especialmente en El Alto, funcionó sin la necesidad de líderes o de estructuras organizadas. "Es más", escribe Zibechi, "se podría decir que si las estructuras unidas y organizadas hubieran existido, no se habría generado tanta energía social. La llave de esta increíble movilización de masas está, sin duda alguna, en la organización propia que llena a las venas de esta sociedad, y la cual ha hecho que otras formas de representación se vuelvan obsoletas" (42).

La legitimidad y el poder del gobierno boliviano cambiaron para siempre durante esos días de octubre, cuando los ciudadanos se unieron en contra de los disparos y de las armas económicas del neoliberalismo. "El ejército puede entrar a la ciudad, puede matar a mucha gente, pero ellos no pueden tomar la ciudad", me dijo el sociólogo Pablo Mamani en su oficina con vista a El Alto. "Durante el levantamiento, el Estado estaba roto, había dejado de existir", su voz bajó de volumen hasta convertirse en un susurro, mientras elevaba sus manos para hacer énfasis, "se murió en El Alto".

Notas

(1)   Aunque se indique al contrario, todas las citas de Pablo Mamani son de una entrevista del autor en febrero de 2006.
(2)   Basado en entrevistas del autor con el periodista Julio Mamani en febrero de 2006.
(3)   Kohl y Farthing, *Impasse*,159-160.
(4)   Crabtree, *Perfiles de la protesta*, 70, 79.
(5)   Ibid., 81.
(6)   Entrevistas con el autor en reunión de FEJUVE, El Alto (febrero, 2006).
(7)   Pablo Mamani, *Microgobiernos barriales*, pp. 107-108, p. 112.
(8)   Raúl Zibechi, "El Alto: A World of Difference", IRC Americas (octubre 12, 2005), http://americas.irc-online.org/am/1622.
(9)   Entrevista con Julio Mamani.
(10) Ver Raúl Zibechi, *Dispersar el poder: los movimientos como poderes antiestatales* (Buenos Aires: Tinta Limon, 2006), 67–71. También ver "Álvaro García Linera, *Reproletarización. Nueva clase obrera y desarollo del capital industrial en Bolivia (1952-1998)* (La Paz: Muela del Diablo, 1999), 118.

También ver Zibechi, "El Alto: A World of Difference".

(11) Crabtree, *Perfiles de la protesta*, 82.

(12) Zibechi, *Dispersar el poder*, 113, 117, y Zibechi, "El Alto: A World of Difference". También ver Rafael Archondo, *Compadres al micrófono* (La Paz: HISBOL, 1991). También ver *Contratapa*. Maro Quisbert, FEJUVE El Alto, 1990-1998, 69.

(13) Kohl y Farthing, *Impasse*,161.

(14) Pablo Mamani, *Microgobiernos barriales* (El Alto: Centro Andino de Estudios Estratégicos, 2005), 29-32.

(15) Crabtree, *Perfiles de la protesta*, 81.

(16) Zibechi, "El Alto: A World of Difference".

(17) Citas de una entrevista del autor con Castillo en julio de 2006.

(18) Pablo Mamani, *Microgobiernos narriales*, 124.

(19) Zibechi, "El Alto: A World of Difference". También ver Pablo Mamani Ramírez, *Geopolíticas indígenas* (El Alto: CADES, 2005), 76.

(20) Información basada en entrevistas del autor con Rosseline Ugarte y Emilse Escóbar Chavarría, en febrero y julio, 2006.

(21) Crabtree, *Perfiles de la protesta*, 85.

(22) Pablo Mamani, *Microgobiernos barriales*, 118.

(23) Edgar Ramos Andrade, *Agonía y rebelión social* (La Paz: Capítulo Boliviano de Derechos Humanos, Democracia y Desarrollo, Plataforma Interamericana de Derechos Humanos, Democracia y Desarrollo, Comunidad de Derechos Humanos, 2004), 117-119, 126-130.

(24) Ibid.

(25) Ibid.,130-132.

(26) Los mineros fueron militantes participantes en la rebelión de El Alto y por ello fueron buscados por las fuerzas de seguridad. Ibid.

(27) Benjamin Dangl y Kathryn Ledebur, "Bolivia: Thirty Killed in Gas War" ZNet (Octubre 13, 2003), http://www.zmag.org/content/print_article.cfm?itemID=4342&sectionID=52.

(28) Andrade, *Agonía y rebelión social*, 138-139.

(29) Ibid., 141-144, 191-192.

(30) Ibid., 141-148.

(31) Benjamin Dangl, "Bolivian Government Falling Apart", Z Magazine (octubre 17, 2003), http://www.zmag.org/content/print_article.cfm?itemID=4365&sectionID=52.

(32) Dangl, "Bolivian Government Falling Apart", y El Diario (octubre 14, 2003).

(33) Ibid.

(34) Dangl y Ledebur, "Bolivia: Thirty Killed in Gas War".

(35) Entrevista del autor con Pablo Mamani.

(36) Para más información sobre esta historia, ver Escóbar Chavarría, editor, *Nos hemos forjado así: al rojo vivo y a puro golpe. Historias del Comité de Amas de Casa de Siglo XX*.

(37) Ésta cita proviene de una entrevista del autor con Emilse Escóbar Chavarría. Las tácticas de los mineros funcionaron: el presidente abandonó el país al poco tiempo de que ellos llegaran.

(38) Forrest Hylton, "Bolivia in Historical and Regional Context", *Counter Punch* (octubre 30, 2003), http://www.counterpunch.org/hylton10302003.html.

(39) De entrevistas del autor con vecinos de El Alto sobre la salida de Sánchez de Lozada.

(40) El Diario (octubre 21, 2003).

(41) "El Alto surgió como una de las regiones más militantes y radicales del país, reemplazando a los cocaleros, quienes iniciaron la resistencia en los noventas". Kohl y Farthing, *Impasse*, 162.

(42) Raúl Zibechi, "El Alto: A World of Difference".

CAPÍTULO OCHO
El paraíso del presente: teatro callejero, hip-hop y Mujeres Creando

"La calle es mi oficina sin un jefe, es mi hogar sin un marido, es mi salón de baile colorido".
- Graffiti de Mujeres Creando (1)

Abraham Bojórquez, artista de hip hop, canta en centro cultural Wayna Tambo en El Alto. FOTO: Benjamin Dangl

Una audiencia vestida con ropas de invierno se sentó en los asientos angostos de madera del teatro. Los jóvenes actores, algunos descalzos, golpeando tambores y brincando, con expresiones en sus caras que cambiaban bruscamente, entraron al escenario. Luego de esta dramática introducción, otros actores entraron también con cuadernos y maletas llenas de papeles. Cada uno leyó fragmentos de discursos políticos. Acusaron de fachismo a un hombre vestido de militar, y al poco rato lo colgaron de una de las muchas cuerdas que caían desde el techo. Los mineros corrieron, entonando canciones de protesta. Otro monólogo comenzó sobre la policía que mataba a personas inocentes. Los debates entre hombres de negocios y protestantes trataban sobre la nacionalización de las minas. La obra de teatro ilustraba rebeliones y contra-rebeliones a lo largo de la dañina historia del país, culminando en un intercambio dramático entre una madre y su hijo muerto. "¡No llores, mamá! Me morí con valentía, aunque me hayan arrancado los ojos y destrozado mi cuerpo. ¡No llores!", gritaba el fantasma del muchacho, quien fue torturado y asesinado por miembros de la dictadura.

"La historia de Bolivia es una gran lágrima", me dijo Vladimir Mamani Paco después de que terminara la función. Él es un miembro del Teatro Trono y uno de los autores de la obra. "Es una historia de frustración, pero también de gloria". (2)

Uno podría pensar que éste es material pesado para un grupo de actores jóvenes, pero en realidad estos temas no son tan alejados de la realidad diaria boliviana, particularmente en El Alto, donde viven los actores. La represión estatal contra protestantes civiles es común en esta pobre ciudad, y la pregunta sobre si se debe o no industrializar y nacionalizar los recursos naturales bolivianos aún divide al país y genera violencia en las calles. En el Teatro Trono los niños de la calle son los actores y los temas de las obras a menudo tratan sobre la dura realidad boliviana.

Teatro Trono es una de las muchas organizaciones en Bolivia que mezclan el arte, la música, el activismo poco convencional y la calle, para generar cambios en la sociedad. Mujeres Creando es otro grupo. Mientras que Trono ayuda a niños de la calle a través del mundo del teatro, Mujeres Creando ofrece un espacio para mujeres para que se rebelen y tomen refugio de una sociedad que generalmente es machista, sexista y represiva. Estas organizaciones han desarrollado sus propias comunidades, las cuales son mundos únicos, y ejemplos de cómo la sociedad puede cambiar a un nivel más amplio. Mientras tanto, dentro de un movimiento de hip-hop boliviano que va creciendo, los artistas usan la música como un instrumento de lucha, expresando lo que las movilizaciones no pueden expresar a través de las canciones. Cada grupo tiene su propia historia, métodos y mensajes; pero los tres buscan la unión entre la política y el arte para cambiar la sociedad y luchar por la justicia social.

El edificio del Teatro Trono se levanta por encima de otros en la ciudad plana de El Alto. La estructura de siete pisos se enfrenta al cielo de una manera parecida a la de un barco pirata gigante. Tiene mucho colorido, en un barrio lleno de paredes grises y ladrillos de color naranja. Un amigo y yo entramos al enorme edificio y subimos la escalera que daba varias vueltas. Pasamos un cuarto de ejercicios, una sala de cine, oficinas, dormitorios, cuartos de ballet y de música, hasta que por fin llegamos al techo, donde las escaleras se abrían a un patio que daba vista hacia El Alto, La Paz, y las cimas cubiertas de nieve de los Andes.

El edificio estaba lleno de la actividad de gente que bailaba, cantaba, actuaba y tocaba trompetas y flautas. El sonido de martillos y sierras se mezclaba con los gritos de un grupo de actores en ensayo. Dentro de un taller, un hombre construía una marioneta, mientras lecciones de malabarismo tomaban lugar en el escenario. En el desván, el cual sirve de museo de historia de la minería, un grupo filmaba una película. Era un ambiente de mucha actividad, un cóctel tanto de orden como de caos.

Iván Nogales, el activo y simpático director de Teatro Trono, vive en el sexto piso de un apartamento lleno de antigüedades, libros, alfombras, esculturas y pinturas. Es un espacio bohemio, no lujoso, pero lleno de color, vida, arte y luz de sol. Mientras charlábamos, los miembros del teatro entraban y salían de la habitación con preguntas, papeles para firmar y llamadas de teléfono para contestar.

Nogales, ahora un poco mayor, fundó la compañía de teatro como un joven actor en 1980. Explicó que era difícil organizar

202 EL PRECIO DEL FUEGO

eventos en aquel entonces, debido a la constante represión del dictador Luis García Meza. "Queríamos exigir democracia a través del teatro y del arte", dijo. Sin embargo, la policía llegaba a menudo para desmantelar los espectáculos en la calle, y los actores se escapaban para no ser agredidos. "El arte era un instrumento para influenciar al público, pero a través de su conexión con el público. Era mucho más eficiente que la prensa (la mayoría de los canales de televisión y los periódicos), no reflejan la realidad de los sectores excluidos", explicó. Durante la dictadura, el enfoque de su trabajo fue siempre político. "Trabajábamos con gente en situaciones difíciles, como los niños de la calle o mineros de Potosí". (3)

"En 1989 trabajé con personas que vivían en las calles de El Alto", dijo Nogales. "Fundamos un grupo y trabajamos juntos por varios años". A menudo esto significaba traer a niños de la calle a su casa para que vivan con él. Su apartamento chico de aquel entonces tenía un escenario que se convertía en habitación a la hora de dormir. El grupo operó de este modo por siete años, y el espacio pequeño ayudó a que el grupo actuara conjuntamente. Eventualmente, compraron la casa de al lado y el proyecto creció. Este fue el comienzo de lo que ahora es el Teatro Trono. En español, la palabra define a algo que se rompe, se cae o colapsa, pero también significa "la silla del rey". "Eso es humor negro", me dijo Nogales. "Los actores decían 'estoy roto; soy de las calles'. Pero en el nuevo teatro decían 'soy el rey; vivo en el trono'".

Su libro, *El Mañana es Hoy*, está compuesto de historias del Teatro Trono narradas por los actores mismos. El libro sigue la historia del grupo hasta las comunidades mineras donde muchos de ellos se criaron antes de mudarse a El Alto. Sus experiencias están llenas de amor, humor, adversidad y pobreza (4). Claudio Urey escribe sobre su infancia en una familia minera durante el mismo año en que la mayoría de las minas cerraron sus puertas. Su padre perdió su trabajo y sus jefes le dieron una maleta llena de dinero para su desempleo. Todos los niños creían ser ricos, pero la inflación le había quitado el valor a la montaña de billetes. En aquel tiempo, algunos ciudadanos hasta usaban el dinero para cubrir las paredes. La familia empaquetó sus cosas y partió hacia La Paz, donde empezó una nueva vida. Claudio recuerda a su padre que llegaba a la casa de noche mostrando una sonrisa falsa, después de varios días de estar buscando trabajo sin mucho éxito. "En un corto tiempo, mi padre, el minero revolucionario y soñador, se convirtió en un albañil para poder construir su propia casa, pero terminó construyendo para otros quienes tenían más dinero". El padre de Urey se vio obligado a vender lo que le quedaba de su equipo de minería para poder cuidar a su familia de seis personas.

Antes de describir sus llegadas al Teatro Trono, otros cuentan historias de una vida en las calles de El Alto. Chila, quien fue obligado a quedarse en las calles a la edad de nueve años debido al alcoholismo de sus familiares, dijo que su hogar estaba en las aceras. Ahí se unió con sus amigos y compartió comida, y también compartió las ganancias de los robos y las drogas. Un día, Chila distrajo a una vendedora haciéndole preguntas mientras su amigo robaba del bolsillo de la mujer. Los dos compartieron el dinero en un baño público cercano. Otros cuentos en el libro mencionan el maltrato que recibieron los chicos mientras vivían en las calles. Su hambre y su adicción a las drogas los llevaba a robar de sus amigos y de otros hombres y mujeres sin casas. En este capítulo, Ángel Urey escribe: "Querida calle, tú que me has acompañado día y noche en mis problemas y en mi felicidad, tú eres testigo de miles de personas como yo y aquellos quienes me rodean, yo sé que nunca te dejaré porque todavía sigo caminando en tus avenidas, calles y pasajes buscando un sueño" (5).

Muchos de los niños sin casa que se han convertido en actores de Trono en El Alto pasaron algún tiempo en el Centro de Diagnóstico y Terapia Varones, una escuela reformatoria. Sus doctores creían que podrían resolver los problemas de los niños a través de tratamientos médicos y psiquiátricos. Sin embargo, el centro operaba más como una prisión que como un centro de rehabilitación. Los pacientes, de entre 9 y

20 años, eran golpeados y obligados a limpiar y a trabajar. La disciplina y el abuso eran parte del trato diario. Muchos niños fueron afortunados de poder escaparse, algunos de los cuales llegaron al nuevo Teatro Trono de Nogales. Él no aceptaba a todos los que llegaban a su puerta, y los niños que no tomaban la actuación en serio no recibían su bienvenida. Pronto Nogales y sus nuevos actores organizaron espectáculos callejeros y empezaron a viajar por el campo con su show. Un joven actor comentó que el viajar con el grupo para luego regresar a El Alto era como "volver a la tierra luego de haber ido a la Luna". Para muchos de los jóvenes actores, El Alto había sido su único mundo. El costo de un pasaje de bus les prohibía ir a cualquier otro lado. (6)

"Las piezas que hicimos en aquel entonces criticaban mucho a la burocracia, a la policía y al gobierno", recordó Nogales en su apartamento. "Nosotros creamos otro trono. Los niños decían 'somos los reyes de la fantasía y algún día seremos más grandes que la policía'. Y ahora mira, viajamos por todo el mundo, tenemos un edificio enorme". Ochenta personas trabajan actualmente en el teatro y muchos de ellos estaban muy ocupados preparando una gira en Europa, donde actuarían en una obra sobre las tradiciones andinas relacionadas con la hoja de coca. "Hemos reconstruido una familia (para los niños de la calle)", explicó. "Ahora muchos de los niños son maestros de arte aquí o trabajan como maestros en otras ciudades". El grupo ha tenido giras por Europa en los últimos ocho años y ha usado las ganancias para construir el edificio. Le pregunté cómo era posible financiar el proyecto: "Funciona mágicamente". En verdad, la organización recibe apoyo de varias entidades artísticas de Europa, y también de sus giras por el continente. (7)

El Teatro Trono es único en su barrio. La mayoría de sus ventanas son recicladas y algunas puertas pertenecieron a buses antiguos. Los equipos de montaje compran materiales usados para el escenario y para la construcción en los mercados de la zona. Los amigos del teatro a menudo dejan pedazos de madera, clavos, asientos de inodoros y ventanas –cualquier cosa que Trono pueda usar para su trabajo o su edificio. "Aquí llegan toda clase de cosas", dijo Nogales, apuntando a una ventana que fue donada por un amigo. "El diseño del edificio es muy único. Creamos un estilo y ahora la gente nos copia. Hemos influenciado la arquitectura en El Alto". El desván está hecho como una mina y opera como una exposición sobre la vida del minero. "Este país fue construido con los pulmones y las espaldas de los mineros", indicó Nogales. Ellos construyeron la mina en el desván "para que los niños puedan venir y conocer esta historia, este pasado".

A Trono le interesa compartir todo lo que tiene. Nogales ha ayudado a crear un hostal comunitario en el barrio, donde los vecinos puedan alquilarle a los turistas, y de paso compartir su cultura, vida e historia. Él dijo que espera que un crecimiento en el turismo pueda ayudar a la economía de El Alto. Trono también usa un camión para su circo itinerante, el cual lleva al grupo por toda la ciudad y el resto del país. "Este arte puede ser una gran parte de la transformación social", manifestó Nogales. Y ellos quisieran expandir su influencia e impacto aún más, creando pueblos enteros para los artistas. "Las municipalidades me estaban pidiendo que vaya a su región para que hagamos esto... Ellos pensaron que estaba loco cuando les dije que construiríamos este edificio. Ahora cuando les digo que construiremos el pueblo, ellos me dicen 'está bien, te creemos'".

En uno de los cuartos más llenos de actividad me senté con Raquel Romero, la coordinadora de Teatro Trono. En las paredes de la oficina se veían cartas de felicitación al teatro por parte de visitantes de otras partes del mundo. En el cuarto de al lado, una banda practicaba y la vibración de las trompetas y las tubas hacía vibrar también las ventanas, provocando que Romero tenga que subir el volumen de su voz durante nuestra charla. Romero se movía por todo el cuarto con la facilidad de quien ha estado bailando y actuando toda su vida. Cuando le pregunté sobre los inicios de su carrera, ella se rió de la palabra "carrera". No es una carrera, me dijo sonriendo. "Es amor. Yo me enamoré del Trono". Ella ve al "arte como un vehículo importante para liberar al cerebro y al cuerpo. Ésta es la filosofía del Trono. Estamos hablando de soñar colectivamente". Cada obra de teatro es una creación colectiva, hecha por el grupo y escrita después de haber sido actuada. Ella conectó el enfoque en los niños de la calle con el uso de materiales reciclados en la escena, los trajes y el edificio. Para ella, esto significaba "utilizar y transformar" materiales usados o dañados. (8)

Aunque el teatro comenzó enseñando a niños de la calle, Trono ahora trabaja más en la prevención, en vez de la rehabilitación. Sus programas en la comunidad buscan prevenir a que los niños se vuelvan adictos a las drogas o que terminen en las calles (9). Nogales describió su trabajo como el desarrollo de líderes para el futuro: "Existe un vacío de liderazgo entre niños y jóvenes en el país, y estamos intentando cambiar esto a través del teatro" (10). Las obras de teatro del momento se enfocan en el medio ambiente, la sexualidad y los derechos de los jóvenes.

Uno de los desafíos mayores de Trono ha sido ganarse la confianza de los vecinos de El Alto. De acuerdo con Romero, existe una idea popular en la ciudad de que cualquier cosa relacionada con el arte es poco productiva y un símbolo de la flojera y de las drogas. Ha tomado mucho tiempo a que cambie la perspectiva. "Fue un proceso difícil, pero eventualmente la gente comprendió que estábamos haciendo algo positivo", dijo. Los murales, los espectáculos gratuitos en las calles y la relación entre los padres de los actores y Trono han ayudado a ganar la confianza de la comunidad. Las lecciones que los niños aprenden en Trono también pueden ser aplicadas a otros aspectos de sus vidas. Raquel dijo: "Nosotros les enseñamos a los niños que el arte no es todo y que ellos deben hacer sus tareas para la escuela también".

Aparte de la preparación para una gira próxima en Europa, Raquel mencionó que las actividades de Trono también incluyen clases comunitarias de danza, teatro, circo y cerámica. "Intentamos llevar todo esto a las calles. Los chicos y los maestros van a otros barrios, comparten sus habilidades y enseñan en las escuelas". El edificio de Trono es el centro, pero muchas actividades ocurren en la periferia y los vecindarios alrededor de El Alto.

En una obra de Trono llamada "La Reunión de los Dioses del Agua", un hombre de negocios compra un río que le pertenece a unos vecinos, quienes luego regresan para pedirle un poco de agua. Una niña intercambia sus aretes por un pequeño vaso de agua, el cual tendrá que ser compartido por toda la comunidad. Es una escena familiar para los habitantes de El Alto, quienes han tenido que lidiar con el alto precio del agua, la privatización, la contaminación y la falta del recurso. (11)

En otra pieza llamada "El Mercado Internacional", los actores aprenden a hacer chocolate. En esta obra, una mujer de negocios que habla inglés llega al escenario, huele el chocolate y ofrece pagar un peso por la libra, sólo para vendérselo de vuelta a la comunidad por diez pesos la libra. Los vecinos eventualmente terminan trabajando para la fábrica que esta mujer tiene en el exterior. "Así es como sucede en el mercado internacional", dijo un actor quien, en la obra, se rehúsa a trabajar en la fábrica. "Siempre es igual". (12)

Es el enfoque de estas obras y los métodos de la compañía los que atraen a otras organizaciones educativas, artísticas y sociales a colaborar con Trono. "El arte es expansivo. Todo el mundo necesita un poco de arte", dijo Romero. Trabajadores sociales llegan al teatro con regularidad para "participar en este proceso de liberación". Romero subió el volumen de su voz sobre la bulla de los tambores para contarme sobre la participación del grupo en la Guerra del Gas de 2003: "En aquel tiempo, el movimiento era tan grande que todos tuvieron que participar", gritó ella. "Fue una necesidad y precisó de la participación de todos. Nosotros acompañamos a la gente en las marchas y tocamos música. A veces lideramos protestas con los tambores".

Nogales también enfatizó la relación del grupo con los movimientos sociales bolivianos. "Siempre hemos estado unidos con los movimientos sociales, los mineros, cocaleros, la Fejuve y la COR", me dijo. "Tenemos una buena relación con estos grupos. Durante las protestas de 2003, a la gente le gustó tanto nuestros tambores que exigieron que volviéramos a acompañarlos en las marchas". La falta de transporte significó que los músicos y sus tambores tuvieran que marchar por todo El Alto y La Paz a pie.

Después de que Sánchez de Lozada fuera despedido en 2003, Nogales creyó que sí sería posible que hubiesen cambios positivos en Bolivia, y vio a Trono como un instrumento necesario para traer el cambio. "Estamos intentando comprender el hecho de que problemas a nivel local tienen importancia a nivel internacional", le dijo a la periodista Kari Lyderson. "Organizaciones internacionales como el FMI y el Banco Mundial defienden los intereses de las compañías transnacionales. En Bolivia esto es obvio. La pregunta es cómo podemos cambiarlo. Los Estados Unidos tienen tanto poder que no es nada fácil". Él intenta traer el cambio ayudando a los actores y a las audiencias alrededor del mundo, a comprender el impacto del neoliberalismo en su propio país. "(Los actores de Trono) son el eco de las voces de la gente humilde y pobre", dijo. "Esta voz necesita ser oída". (13)

Vladimir Mamani Paco, de 27 años, entró a la oficina de Trono y se sentó a charlar después de que se fuera Romero. Él llegó a Trono hace tres años y se considera uno de los estudiantes más antiguos. Actualmente está coordinando una obra de teatro sobre la historia boliviana, un trabajo que él describe como una experiencia educativa colectiva. "Yo estuve trabajando en el proceso desde un principio. Algunos estudiaron la Guerra del Chaco, otros estudiaron los movimientos mineros. Tuvimos reuniones, sesiones de estudio, y aprendimos poco a poco. Eventualmente, la gente pudo organizar sus ideas. Todo esto se hizo colectivamente, sin un director".

"Me gusta lo que hago aquí", me dijo. "Tú te enamoras de este lugar. Los niños aprenden algo y eso les ayuda". La solidaridad es otra razón por la cual él se ha quedado. "Si no tienes dinero para comer, alguien te ayuda. Es una comunidad".

Subimos otros dos pisos por las escaleras, pasando de lado a baños con puertas de buses, y entramos a un cuarto que olía a gimnasio de liceo. Adentro, los chicos brincaban por todo lado y practicaban sus flautas. Laurena Chávez, de 12 años, dijo que ella disfruta aprendiendo nuevas piezas de música. "Es lindo. Te hace feliz. Te relaja. Con la música puedes imaginarte muchas otras cosas". Brian Laura Vega, de 13 años, dijo: "Yo aprendo mucho aquí y eso me permite enseñarles a otros". Jeremy Kevin Acarapi Garay, también de 13 años, el chico más abierto y bullicioso del grupo, demostró su personalidad con su cabello al estilo punk. En Trono, dijo, "nos piden que hagamos teatro al frente de gente que nunca antes hemos conocido. Nos ayudan a perder nuestros miedos".

En El Alto es típico ver a niños de la edad de estos estudiantes de Trono durmiendo en las calles. De vez en cuando los transeúntes ven a un joven desmayado en la acera, sus ropas negras de tanta suciedad y con una botella de pega en la mano. Por toda La Paz y El Alto los niños mendigan en las calles a todas las horas del día y de la noche.

Mi entrevista con el grupo Trono fue interrumpida por un maestro que entró para pedirles que tocaran su canción más reciente y se preparen para el próximo viaje a Europa. Se equivocaron una o dos veces antes de que terminara la lección. Muchos de ellos nunca antes habían estado fuera de El Alto. Le pregunté a Kevin si se sentía emocionado por el viaje. "Será una gran aventura", me dijo con una gran sonrisa en su cara.

Bajando por la cima empinada que separa a El Alto de La Paz está otra organización llena de esperanza que usa métodos parecidos para crear cambio. Mujeres Creando es un movimiento anarquista y feminista basado en La Paz. Aunque son relativamente pequeñas, las actividades del grupo son conocidas por todo el país. La primera vez que las visité fue en su centro llamado "La Virgen de los Deseos", al cual ellas se refieren simplemente como "La Virgen". El edificio tiene un restaurante, una tienda de alimentos naturales, una farmacia, una librería, un hostal y un aula de estudios. Cuando llegué era la hora del almuerzo y el lugar estaba lleno de hombres de negocios, maestros, estudiantes, turistas y otros que habían sido atraídos por la comida saludable y barata de La Virgen.

Muchas de las personas que conocí en La Paz –por lo general, gente progresista y de izquierda– eran críticas (o temerosas) de Mujeres Creando y respondían a mis preguntas levantando sus cejas o moviendo sus cabezas de un lado a otro. Sus críticas raramente iban más allá de "ésas son lesbianas locas, con odio por los hombres" o "son muy combativas", comentarios que parecían tener que ver más con la homofobia y el sexismo de los críticos, que con un análisis verdadero de las actividades e ideologías del grupo. Para muchos bolivianos, la sensatez con la que las Mujeres Creando tocan temas tabú como la sexualidad, los derechos de las mujeres y la violencia doméstica, es demasiado abierta para ser aceptable. Lo que las Mujeres Creando hacen, sin embargo, es crear nuevos parámetros para la participación de tanto hombres como mujeres en la resistencia y la respuesta a injusticias sociales y políticas.

La Virgen es la manifestación del grupo de tener una "casa con chimenea", parte de un largo proceso de sueño colectivo y de cooperación. Ahora terminada, las paredes del primer piso están decoradas con antiguas fotografías en blanco y negro de mujeres indígenas casi de tamaño real; entre cada una, los famosos graffitis del grupo anuncian sus principios. En los estantes detrás del contador se encuentran textos difíciles de conseguir en la mayoría de las librerías bolivianas, tratando temas como los movimientos sociales argentinos, el impacto negativo de organizaciones no gubernamentales en Bolivia, (14) el feminismo, la educación sexual y el anarquismo. A menudo, ellas reciben visitantes del exterior. Durante mi estadía, varios periodistas, fotógrafos y directores de documentales pasaron por ahí para entrevistar a los miembros de la entidad y para documentar su hogar, actividades e historia.

En un artículo llamado "Escapando para construir", una de las más conocidas del grupo, María Galindo, explica que la Virgen de los Deseos es una casa, pero también es una manera

de recuperar las estrategias femeninas contra los sistemas pa-
triárquicos y represivos de la sociedad. Es un espacio para la
desobediencia colectiva y la rebelión, ella escribe (15). Su sitio
de internet declara que los miembros de la organización "quieren que nuestra locura sea contagiosa a quienes nos rodean y
nos escuchan". Ellas se describen a sí mismas como un grupo de
"mujeres rebeldes, indias y blancas, lesbianas y heterosexuales,
mujeres viejas y jóvenes, de la ciudad y del campo, creyentes
y ateas, gordas y flacas, de piel oscura y clara al mismo tiempo
y diferentes también...Queremos disfrutar del paraíso aquí y
ahora, para que nuestros hijos puedan comenzar una nueva
era de amor, salud, solidaridad, respeto, libertad, mucha dulce
poesía, torta de chocolate, juguetes, libros, ternura, música...
Nuestros instrumentos de lucha y construcción son la creatividad, desobediencia al sistema patriárquico y machista, la ética
de nuestras acciones y el amor". (16)

La Virgen es un recurso para gente de todas las caminatas
de la vida. Ahí tienen computadoras conectadas al internet, aulas
y una sala de cine con más de 300 videos sobre la violencia, la
homofobia, la homosexualidad, el aborto, el racismo y otros
temas. Charlas y discusiones de libros sobre la política o la
sociedad toman lugar con cierta regularidad, y otros recursos,
como los baños y las duchas, están disponibles para trabajadores, vendedores ambulantes y viajeros. Dentro del centro hay
una clínica que ofrece medicamentos a personas sin seguro de
salud. Quienes sufren de la violencia doméstica pueden refu-
giarse en La Virgen, donde también pueden recibir consejos
sobre cómo salirse de una relación dañina. Más allá de las actividades en su casa, Mujeres Creando también participa en el
activismo callejero, y escribe y publica muchos materiales. Un
libro, escrito por Julieta Paredes y María Galindo, es parte de la
propuesta de educación sexual del grupo y se titula "Sexo, Placer y Sexualidad". Entre sus capítulos se encuentran secciones
informales pero informativas sobre el sexo, la maternidad, el
abuso sexual, la prostitución, el abuso doméstico, el incesto, el
placer, el aborto y la menstruación (17). A través de sus escritos

y actividades, las activistas de Mujeres Creando demuestran los cambios que ellas quisieran ver en el mundo.

Julieta Ojeda, un miembro de Mujeres Creando, se sentó conmigo en el almacén del restaurante para hablar sobre su trabajo. Me habló de la filosofía del grupo, de que las palabras y opiniones deben ser seguidas de acciones. Los miembros ejecutan esta filosofía a través de varias reuniones y discusiones, donde deciden sobre la visión colectiva del grupo, y también sobre temas de finanzas y organización. "Cada grupo ofrece al lugar un porcentaje de lo que gana", explicó Ojeda. La biblioteca, el restaurante, las tiendas de alimentos naturales y medicamentos, y el hostal, están en manos de pequeñas cooperativas, las cuales contribuyen a la estabilidad económica de La Virgen. El porcentaje que cada grupo da depende de cuanta ganancia tiene. Algunos trabajan en la cooperativa como voluntarios, otros reciben salarios. "Hemos tenido muchas reuniones para ver cuál es la capacidad de cada persona. A algunos les gusta cocinar, a otros les gusta encargarse de los detalles de la organización, a otros les gusta el hostal, o la comida, o la biblioteca...Gracias a nuestras ideologías, no nos organizamos en jerarquías. Cada persona tiene que trabajar mucho. Toma tiempo, pero trae sus satisfacciones". Ella dijo que el desafío más grande dentro del grupo es saber mantener la solidaridad entre los miembros y poder "aprender nuevamente" de manera cooperativa. "Estamos acostumbrados a trabajar para nosotros mismos en esta sociedad. La gente no está acostumbrada a compartir". (18)

Si las cosas funcionan sin mucha dificultad en Mujeres Creando, eso se debe mayormente a su larga experiencia como grupo. Ha sido un camino lleno de dificultades. "Mujeres Creando nació en 1992", me dijo Galindo. "El neoliberalismo estaba creciendo en Bolivia. Los movimientos sociales aún estaban dormidos en aquel tiempo". Galindo y Julieta Paredes acababan de regresar de Italia, donde habían estado exiliadas. Comenzaron por organizar un espacio para estudiantes universitarios, madres y sus niños, mujeres del campo y de la ciudad, lesbianas, aymaras y quechuas. Como La Virgen, este grupo organizó clases sobre salud, creó una biblioteca sobre el cuidado de niños y una tienda de alimentos naturistas. Fue en ese entonces cuando el grupo comenzó a articular las clases de cambios que ellos esperaban para la sociedad. (19)

Crearon el Centro Cultural Feminista Café Carcajada para sus actividades. Los vecinos de La Paz vieron su apertura con gran hostilidad. "La cultura urbana no comprendía el concepto de un espacio para las mujeres", explica el libro *La Virgen de los Deseos*. "Cuando rompimos con el lenguaje de la izquierda, llegó una explosión de creatividad y, poco a poco, cada persona creó su manera de expresarse a sí misma...". A pesar de la antipatía de algunos miembros de la comunidad, ellas siguieron expandiendo su espacio de acción, enfrentándose a aún más rabia y violencia al pasar del tiempo. El racismo, el sexismo y la homofobia son fuertes en Bolivia, y el grupo se enfrentó a ellos directamente. (20)

Mujeres Creando intentó comunicarse con ciudadanos comunes y corrientes, en vez de hablarle solamente a la clase alta o a las élites políticas. Expresaron sus mensajes a través de graffitis, de murales, danzas y cantos durante las marchas. Crearon una publicación llamada "Mujer Pública", la cual se vendió en las ciudades importantes de todo el país (21). Más tarde, organizaron seminarios como "Ninguna mujer nace para ser puta", el cual trataba sobre la prostitución y contaba con la participación de prostitutas de La Paz y de Oruro. El enfoque del seminario incluyó una discusión sobre el negocio de la prostitución y los problemas de salud, represión y prejuicio que enfrentan las prostitutas en esta sociedad. (22)

Luego de charlar con Julieta Ojeda, caminé por las calles llenas de gente hacia un museo en la plaza Alonso de Mendoza, donde Mujeres Creando mostraba una exposición sobre la prostitución y la violencia contra las mujeres. La exposición tuvo mucho éxito y el cuarto se encontraba lleno la mayoría del tiempo. Graffitis cubrían las paredes y varias estadísticas sobre la violencia contra las mujeres también formaban parte de la exhibición. Una de las piezas era una cama con un edredón hecho

de fotos de una mujer que fue golpeada por su novio hasta ser asesinada, mientras unas personas en el bar tan sólo observaban el acto, porque "ella no era más que una prostituta".

María Galindo se sentó entre la cama y una mesa cubierta de libros y panfletos que vendía el grupo. Parte de la personalidad de Mujeres Creando es el hacerse visibles, y Galindo se asegura de siempre hacerse notar. Su cabello estaba afeitado por ambos lados y largo arriba. Ella vestía un abrigo de cuero rojo, mucho maquillaje y sombra de ojos, y no paraba de fumar. Cuando le dije que yo acababa de llegar a La Paz de Venezuela, ella escuchó con gran interés mis historias sobre el gobierno y los programas sociales. (23)

La primera acción pública del grupo fue su graffiti político, diferente a todos los demás. "La calle es el espacio político más importante...Así que tomamos la calle e hicimos los graffiti que seguimos haciendo en cuatro ciudades diferentes del país. Con el graffiti intentamos mezclar muchos temas simultáneamente". (24) La filosofía de Mujeres Creando comenzó con la idea de que "como mujeres, somos mudas" y de que "el graffiti es un instrumento para conquistar a las palabras". Su graffiti trata sobre el neoliberalismo, la prostitución, las mujeres y mucho más. "No existe un tema que sea más importante que el otro". A través de este graffiti ellas han creado una manera de comunicarse directamente con la sociedad.

Su graffiti feminista a menudo se enfoca en el vocabulario y en los estereotipos que humillan a las mujeres. "Creo básicamente que gran parte del silencio de las mujeres se debe a experiencias humillantes", explicó Galindo. "Por ejemplo, la palabra 'puta' es muy importante para nosotras, porque es una de esas palabras instrumentales con las cuales las mujeres han sido humilladas por cientos de años. O la palabra 'india', o 'fea', o 'gorda'. Esas son palabras con las cuales hemos sido humilladas. Nosotras estamos retomando estas palabras".

Ella ilustró su punto nombrando algunos de los lemas que inventó la colectiva, como '¡Que vivan las gordas!' '¡Que vivan las morenas!' '¡Quiero ser una mujer que no tenga modelos a imitar!'. "Este graffiti es querido por las chicas jóvenes", dijo Galindo. "Las deja contentas. Al mismo tiempo, no es un instrumento del proselitismo. No es '¡Que viva yo!' o algo parecido. No existe el proselitismo detrás de él. No es una visión utilitaria. El graffiti sólo significa algo para sí mismo. No forma parte de una campaña para obtener nada. Además, somos anarquistas". Sin embargo, el uso de frases únicas y su estilo cursivo obligan a la ciudad a que reconsidere sus estereotipos sobre las mujeres de una manera que sería imposible hacer a través de otros actos.

Mujeres grafitiando, un libro producido por el grupo, incluye cientos de fotos de sus graffitis por todo el país, especialmente en La Paz. En la cubierta está una foto de una mujer dejando su marca en una pared pública con pintura de color azul. En el prólogo, Galindo escribe que la colectiva usa el graffiti en parte para "romper con la rutina política" y "romper con el silencio de las mujeres". "El acto de crear graffitis es algo muy serio", ellas escriben. "Es una actividad en la cual ponemos nuestro cuerpo dentro de la lucha histórica para transformar a nuestra sociedad. No ponemos un cuerpo heroico, o un cuerpo militarizado; ponemos un cuerpo vulnerable, sensible, sensual, creativo, desarmado y pacifista". (25)

Éstos son algunos de los graffitis incluidos en el libro:

Mientras más me quieras, menos quiero ser tuya.
Aunque te llaman loca por luchar, resiste, mujer.
Después de prepararte la cena y hacer tu cama, ya no quiero hacerte el amor.
Que vivan las gordas, que vivan las morenas, quiero ser una mujer sin modelos que imitar.
Quieres que yo sea virgen, quieres que sea una santa, me tienes molesta.
Nosotras queremos todo el paraíso, no el 30% de un infierno neoliberal. (26)
Un pene, cualquier pene, es siempre miniatura.
La calle es mi oficina sin un jefe, es mi hogar sin un esposo, es mi colorido salón de baile. (27)

Al igual que las otras actividades del grupo, su graffiti tampoco es muy bien recibido. A veces, las Mujeres Creando han encontrado swastikas pintadas por encima de sus frases y graffitis que dicen: "Maten a las feministas y a las indias" y "Mueran indios mestizos chanchos" sobre sus lemas. Galindo y otros miembros del grupo juzgan al autoritarismo de la izquierda boliviana, a su falta de autocrítica y la manera en que los partidos políticos han saboteado a varios movimientos sociales. Florentina Alegre, otro miembro de Mujeres Creando, dijo que uno de los problemas más graves de los movimientos sociales bolivianos es el hecho de que las organizaciones de mujeres siempre quedan atrás de las de los hombres, como sus apoyos. Ella dice que el mundo aymara está cerrado a la discusión de este tema y las mujeres siguen trabajando "sin sus propias voces". De acuerdo con Alegre, en estas organizaciones tradicionales, todas las decisiones son tomadas por los hombres, mientras las mujeres cocinan, limpian, lavan ropa y no hablan. Las mujeres no son tomadas en cuenta como actores políticos y, si lo son, es en un rol de apoyo para los hombres. (28)

Mujeres Creando ha participado en grandes movilizaciones en la historia reciente del país y a menudo ha encontrado mucho que criticar sobre sus compañeras de la izquierda, así como sobre las élites de la derecha. En la Guerra del Gas de 2003, esta colectividad criticó los lemas que usaban los protestantes, particularmente 'Sánchez de Lozada es el hijo de una puta'. "Lanzamos una acción (de graffiti) que decía que 'Las putas que aman la vida declaran que Sánchez de Lozada no es hijo de ellas'", explicó Galindo. "Salimos a las calles con este lema. Fue muy bueno, porque era chistoso y porque muchas personas estuvieron de acuerdo".

Las Mujeres Creando también tomaron algunas acciones físicas para ser más vistas y escuchadas. Durante las movilizaciones de la Guerra del Gas, "la cantidad de mujeres fue grande", recordó Galindo, "pero su capacidad de hablar fue de cero... Así que decidimos ir a la oficina del Defensor del Pueblo. Tres de nosotras empezamos una huelga; la presidenta de las trabajadoras sexuales de La Paz –Florentina Alegre–, una mujer del campo, una india y yo, una lesbiana. Así que fuimos a la oficina del Defensor del Pueblo y ellos vinieron y nos sacaron del Ministerio de Gobierno y nos prohibieron hacer huelga". Ellas fueron violentamente echadas por la policía, fueron arrastradas por sus cabellos desde el quinto piso hasta la calle.

Ésta no fue la primera ni la última vez en que el grupo fue violentamente reprimido. En 1994, María Galindo, Julieta Paredes y Julieta Ojeda fueron invitadas a una fiesta por trabajadores franceses de organizaciones no gubernamentales. De acuerdo con la descripción del evento en el libro *Virgen de los Deseos*, la noche terminó siendo muy diferente a la fiesta de solidaridad que ellas se esperaban. Cuando las tres mujeres se negaron a bailar con ciertos hombres y rehusaron una invitación de sexo en grupo, ellas fueron atacadas por 15 a 20 personas, entre ellas una mujer boliviana, tres mujeres francesas y varios hombres franceses. Fueron golpeadas por dos horas hasta que perdieron la conciencia y fueron arrastradas hasta la calle. El acto fue completamente ignorado por la prensa, las autoridades, los políticos y la policía. De acuerdo con Mujeres Creando, la historia fue enterrada porque las mujeres son feministas y lesbianas. Los franceses que cometieron el crimen regresaron a sus países y recibieron protección judicial de parte del embajador de Francia. Las tres mujeres luego salieron en protesta con una huelga de hambre de 15 días. Sin embargo, los culpables nunca enfrentaron a la justicia. (29)

Le pregunté a Galindo sobre las raíces de este sexismo y represión en Bolivia. Me dijo que no creía que Bolivia era mucho más diferente que cualquier otra parte del mundo, pero que a pesar de ser un país con tanta actividad política y social, la falta de espacio para la participación de la mujer es sorprendente. "No creo que Bolivia sea más dramática", argumentó. "Lo que sucede en Bolivia es que existen muchos movimientos sociales muy poderosos, y existe mucha protesta, y hay una gran capacidad organizativa a nivel de la sociedad. Así que no puedo explicarte, cómo en una sociedad donde existe este nivel de transformación social, las mujeres son tan silenciadas...Si tú vas por una vuelta en la calle, te darás cuenta de que esta sociedad está sostenida por mujeres. Aunque los hombres estén creando organizaciones políticas, o participando en lo que quieren, lo hacen gracias al hecho de que las mujeres se quedan en casa cuidando a los niños y sacrificándose para sobrevivir". (30)

Ella describió este ambiente como el producto de un colonialismo contemporáneo. "Los conquistadores capturaron a las autoridades originales legitimizándolas y dándoles algunos privilegios, y de esta manera ellos planearon de manera secreta" para crear una alianza que menospreciara a las mujeres. "El único valor social de la mujer es su función reproductiva. En este país, una mujer que no es madre es una perra. No es nada. Pero al mismo tiempo, una mujer que es madre no tiene el derecho de demandar un padre responsable para sus hijos. Lo único que queda del padre es su apellido. Y punto". Mujeres Creando sugiere que una manera de cambiar esto en su propuesta por "filiación maternal" es que los niños deberían tomar los apellidos de sus madres en vez de los de sus padres. Este cambio de nombre "recupera el lugar de las madres, donde las mujeres van de ser objetos para la reproducción a sujetos de la maternidad, y también recupera el lugar de la hija en la familia, el cual, así como lo muestran las estadísticas, no tiene el mismo valor que el de sus hermanos" (31). Es esta clase de pensamiento radical y creativo lo que hace que el grupo sea una fuerza visionaria y establecida, buscando un cambio en la sociedad.

Una mujer boliviana que conocí en el bus hacia Cochabamba lloraba mientras me contaba sobre su marido abusivo, al que había abandonado hace varios años. Una vez, él la golpeó hasta dejarla inconsciente y en el hospital. Un mes después, ella se levantó con dolores y dificultades que hasta hoy en día le afectan. Pensé en ella cuando aprendía más sobre Mujeres Creando. Yo sabía que historias como la de esta mujer son típicas en toda Bolivia y en el resto del mundo. A pesar de la crítica que recibe Mujeres Creando, La Virgen casi siempre está llena de gente a todas horas del día y de la noche. Quienes entran por sus puertas sirven de evidencia de su actual éxito. Amadas u odiadas, ellas tienen un rol integral al darle a los bolivianos una referencia cultural que altera sus prejuicios y los puede llevar a una sociedad más justa.

Mientras Mujeres Creando usa su estilo de vida, su activismo callejero, sus escritos y graffitis como instrumentos de cambio social; un movimiento de hip-hop está utilizando letras de canciones y ritmos en un nuevo "instrumento de lucha". Siguiendo los desafíos y la cultura de El Alto, muchos músicos y activistas jóvenes están acercándose al hip-hop para expresarse y luchar más allá de las protestas en las calles y de las elecciones.

A casi 4.000 metros de altura, el movimiento hip-hop de El Alto es probablemente el de mayor altura en el mundo. La música que está siendo creada por una generación de jóvenes alteños con conciencia política, combina estilos antiguos y tradicionales con ritmos hip-hop y letras sobre la revolución y el cambio social. Mientras el sol caía por encima de las montañas cubiertas en nieve, me senté con Abraham Bojórquez, un conocido artista de hip-hop de El Alto y ex soldado que participó en el conflicto del FMI en febrero del 2003. Abrimos una bolsa de hojas de coca y comenzamos a hablar sobre lo que él llama un nuevo "instrumento de lucha". (32)

Nos encontramos en Wayna Tambo, una estación de radio, centro cultural y base informal del hip-hop de la ciudad. Bojórquez sacó una hoja de coca de la bolsa para mascar y dijo: "Queremos preservar nuestra cultura a través de nuestra música. Con el hip-hop siempre estamos mirando atrás a nuestros antepasados indígenas –los aymaras, quechuas y guaranís"–. Él trabaja con otros artistas de hip-hop en El Alto para mostrar "la realidad de lo que está sucediendo en nuestro país". Bojórquez ve al hip-hop como una voz política para los jóvenes bolivianos. "A través de nuestras letras criticamos a los malos políticos que se aprovechan de nosotros. Con este estilo de hip-hop somos un instrumento de lucha, un instrumento de las masas".

Bojórquez, de 23 años, pertenece a un grupo de raperos en El Alto que comparten el nombre de Wayna Rap (Wayna significa "joven" en aymara). Bajo su tutela también se encuentran otros grupos más pequeños como "Insane Race", "Ukamau y Ke", "Clandestine Race" y otros. Ellos se juntan a menudo en eventos de improvisación, donde diferentes vocalistas toman turnos al micrófono, rapeando.

Algunas canciones son completamente en aymara, mientras que otras incluyen una mezcla del español, inglés, quechua y portugués. Esta fusión de idiomas es una parte integral de la filosofía del grupo y es lo que le atrae a los jóvenes de El Alto, la mayoría de los cuales hablan aymara. "La puerta está abierta para todos...Ésta es nuestra propuesta para cambiar la sociedad", dijo Bojórquez. Aunque ellos colaboran con una gran variedad de gente, "no solamente cantamos cosas como 'me siento mal, mi novia me ha dejado y ahora voy a emborracharme'. Intentamos resolver algunos de los problemas de la sociedad". Los temas sociales y políticos de su música vienen de la realidad de la ciudad. La muerte y los conflictos de la Guerra del Gas cambiaron a El Alto, y muchas de estas canciones reflejan este sentimiento.

Una canción que Abraham escribió en su propio grupo, Ukamau y Ke, trata sobre las movilizaciones de octubre del 2003 en El Alto contra el plan de exportación de gas y contra el presidente Sánchez de Lozada. En la canción, "hablamos sobre cómo se dispara a la gente y cómo no podemos aceptar esto, porque la gente ahora está exigiendo sus derechos". Esta canción comienza con una grabación del presidente Sánchez de Lozada anunciando que no renunciará. Su voz es pesada, ronca y cubierta de un acento norteamericano fácil de reconocer: "Yo no voy a renunciar. Yo no voy a renunciar". Los sonidos de los enfrentamientos callejeros se escuchan cada vez con mayor volumen. El gruñir de armas y helicópteros van y vienen hasta que se empiezan a escuchar los ritmos y las palabras.

"Estamos movilizados, armando a las barricadas en las calles. Estamos movilizados, sin darnos cuenta de que estamos matando a nuestros propios hermanos", comienza a cantar el vocalista. Otro cantante se introduce, rapeando sobre "los gobiernos corruptos...de ojos cerrados que no quieren ver la realidad de la sociedad. Mucha gente termina en pobreza y delincuencia, la razón por la cual estamos demandando justicia...". La canción continúa, llamándolo a Sánchez de Lozada un traidor y un asesino. Los vocalistas demandan su cabeza, así como la de Carlos Mesa. La música continúa hasta llegar al testimonio de una mujer que llora porque los soldados le han disparado a sus familiares. Las letras de la canción siguen así: "Allá escuchamos que hay muertos: 80 ciudadanos, cinco policías y una cantidad de gente seriamente herida. Estamos en una situación peor que la guerra, matándonos, sin ninguna solución".

En muchas de las canciones de Bojórquez, flautas y tambores andinos se entrelazan con el ritmo. Este aspecto, así como el uso de la lengua indígena, hace que esta música sea diferente al típico hip-hop. Los temas que se cubren tratan específicamente sobre Bolivia. En una canción, los raperos se enfrentan a temas como la violencia en las calles y la falta de vivienda para muchos en El Alto. La canción lamenta que haya "niños viviendo en las calles, huérfanos de madre y de padre y la violencia que crece cada día. La falta de trabajo, todas estas cosas", explicó Bojórquez. "Intentamos mostrar la realidad de lo que sucede en el país, en vez de esconderla".

Una de las experiencias más emocionantes que Bojórquez dice haber tenido en su carrera musical fue cuando lo invitaron a hacer una presentación en la oficina de la Fejuve en El Alto. Al principio él estaba nervioso, porque el lugar estaba lleno de personas mayores, y su música está dirigida a una audiencia más joven. Después de la primera canción, las audiencias aplaudieron levemente. "Luego cantamos en aymara, y la gente se emocionó y empezó a llorar. Este fue un evento muy feliz para nosotros. Nos hizo sentir que lo que estamos haciendo no es en vano, que puede impactar a la gente".

Cuando Bojórquez y yo nos conocimos meses después, era obvio que el movimiento de hip-hop en El Alto estaba creciendo. Lo llamaban más para pedirle sus opiniones sobre otra música, o para pedirle ayuda en la grabación de CDs. Otros estaban formando sus propios grupos y asistiendo a conciertos en Wayna Tambo. "Hoy en día esta música le está llegando a mucha gente joven que se identifica con las canciones y con sus letras", dijo Bojórquez. "En El Alto existe mucha pobreza y en las letras hablamos sobre esto. La gente se identifica con el tema". El título de su próximo CD es "Instrumento de Lucha", en referencia a su filosofía musical. "Más que nada, nuestra música es una forma de protesta, pero con propuestas. Nos unimos, nos organizamos. Buscamos la unidad y no la división. Queremos abrir los ojos de las personas que los tienen cerrados...La música es parte de la vida".

Recientemente, Bojórquez ayudó a fundar clases de hip-hop para prisioneros de entre 16 y 18 años en San Pedro, una gran cárcel de La Paz. La idea surgió cuando Bojórquez y otros tuvieron un concierto en el lugar. Los recibieron con tanto entusiasmo, que organizaron una clase de hip-hop en junio de 2006. A través de las clases, Bojórquez dijo que están intentando mostrar "la realidad de la cárcel desde adentro". Él describió a la cárcel como a otra ciudad que se encuentra dentro de La Paz, pero como a una "ciudad muerta", sin esperanzas. "Aquí es donde llega el hip-hop, para que la gente no sienta que lo ha perdido todo". Al final del programa, el grupo montará un espectáculo y grabará un disco. Basándose en el éxito de su clase, Bojórquez espera que el programa continúe en un futuro.

"Ellos están contando historias que les llega a la gente y que pueden prevenir que otros jóvenes terminen cometiendo los mismos errores", dijo. "Muchos de ellos se arrepienten de lo que hicieron, y lo dicen en sus canciones". Mencionó las letras de una canción de un chico llamado César, como un ejemplo:

Yo soy preso en San Pedro
Estoy esperando la puta paciencia de mi abogado
Lo que él me ha dicho ya me he olvidado
Por tomar el camino más corto
Yo mismo me he fregado.

Mientras esperaba un bus para ir a un concierto de hip-hop en Wayna Tambo, me encontré con algunos de los compañeros raperos de Bojórquez, Grover Canaviri Huallpa y Dennis Quispe Issa. Ambos trabajaban y estudiaban al mismo tiempo, lo que les dejaba poco tiempo para componer canciones y escuchar música. Hacía frío y el bus no llegaba, así que entramos a un lugar cálido para charlar. Como otros que también se dirigían al concierto, los dos vestían ropa moderna al estilo hip-hop. El diseño de camuflaje, las gorras de béisbol, los pantalones de tallas más grandes, todo era muy fácil de reconocer. Pero no era solamente el estilo de ropa lo que conectaba a estos dos. "Yo me identifico mucho con los grupos hip-hop de los Estados Unidos que hablan sobre la violencia y la discriminación", dijo Huallpa. "Mi madre sólo estudió hasta el quinto grado. Ella ha sufrido mucha discriminación. Nosotros antes vivíamos en las calles". (33)

Huallpa comenzó a escuchar rap a mediados de los noventa y empezó a componer sus propias canciones pocos años después. "Antes de Wayna Tambo, existían radios piratas, lugares secretos donde nos juntábamos, porque nuestros padres no lo aceptaban". Los dos admitieron que sus padres no comprendían el estilo de vida de los raperos. "Ellos piensan que simplemente estamos copiando a los Estados Unidos", dijo Issa. "La gente en la calle nos discrimina por la manera en que hablamos, caminamos y cómo nos vestimos". Sin embargo, los dos estuvieron de acuerdo con que este estilo de hip-hop es más popular en El Alto, quizás en parte por la experiencia de la Guerra del Gas. "Octubre del 2003 marcó un gran cambio para nosotros en términos de la música", explicó Issa refiriéndose a las movilizaciones. "Tuvo un gran impacto en El Alto".

Debajo de El Alto, en La Paz, otro movimiento de hip-hop está en su auge. Sdenka Suxo Cadena, una artista de hip-hop y estudiante de mercadeo de 27 años, ha formado parte de la escena por más de diez años. Cuando la conocí en la casa de Mujeres Creando, una salsa cubana tocaba en la radio. Su cabello estaba amarrado en colas de cada lado y reía mientras me comentaba sobre su trabajo.

Ella comenzó a rapear en 1996, cuando estaba aún en el liceo. "Yo empecé a hacerlo porque no me gustaba el sistema de la sociedad –el clasismo, el materialismo, las élites. Esto no hacía feliz a la gente". Después de pasar un tiempo con diferentes grupos de hip-hop en La Paz y en El Alto, ella decidió fundar un grupo de hip-hop de mujeres en 2000. "No me gustaba sentirme controlada por un chico, o ser la 'chica' que le pertenece a otra persona. A otras mujeres que yo conocía tampoco les gustaba esto. Así que fundamos nuestro propio grupo llamado 'Nueva Flavah' y tuvimos nuestras propias reuniones y eventos". (34)

Cada jueves las hip-hoperas organizaron una reunión de hombres y mujeres de diferentes partes de la ciudad para presentar piezas de hip-hop, bailar al estilo 'break dance' e intercambiar estilos. "Queríamos compartir el hip-hop sin que nuestras diferencias importaran", explicó Cadena. Sin embargo, ellos sí tenían algunas reglas: "No dejábamos que entrara gente que solamente hablaba sobre pandillas, violencia, drogas y armas". Su música trata sobre temas como la unión latinoamericana, el machismo, el sida, la raza, las mujeres y el nacionalismo. Ella se refirió a la política como un tema importante, "pero para que ocurra un cambio verdadero, la gente debe cambiarse a sí misma".

Cuando la conocí, Cadena estaba a punto de inaugurar un centro para actividades del hip-hop y para hacer grabaciones. "Algunos chicos necesitan ayuda para editar y grabar su música. Nosotros los ayudamos a que saquen sus mensajes", dijo. Uno de los eventos que su grupo organiza es un intercambio de CDs, para que los artistas puedan traer sus propios discos e intercambiarlos o comprar uno de los de Cadena por menos de un dólar.

Cadena cree que el hip-hop está ganando popularidad en Bolivia porque cualquiera puede producir la música, sin importar el hecho de que sepan o no tocar un instrumento. "Es popular en los barrios pobres, donde la gente puede que no tenga ni una guitarra. Todo lo que necesitas es lápiz y papel.

No necesitas dinero. Lo puedes hacer donde sea. En gran parte, la gente se identifica con el hip-hop en los barrios marginales, donde no existe el acceso a clases de música o a instrumentos". Ella también ve una conexión entre el desarrollo del hip-hop y los cambios políticos que están tomando lugar en toda América Latina: "Es parte de este movimiento regional de protesta". Tuve la oportunidad de ver este movimiento en acción en un concierto de hip-hop durante una fría noche de junio en un barrio en las afueras de La Paz. Nuestro bus trepó las laderas como si estuviéramos en una montaña rusa, navegando las calles llenas de perros sin dueños, tiendas bien iluminadas, una mujer que colgaba su ropa en la ventana y juegos de fútbol bajo la luz de las lámparas en la calle. El camino era un laberinto que parecía de nunca acabar. Casi chocamos dos veces, y en tres ocasiones tuvimos que pedir instrucciones de cómo llegar. Eventualmente, pudimos ver la ciudad abajo, en una combinación de luces azules, blancas, amarillas y naranjas, brillantes y llenas de vida. Más allá de las luces se encontraban los Andes completamente en la oscuridad. Las estrellas apenas eran visibles, gracias al brillo de la misma ciudad.

El concierto tomó lugar en un gran espacio dentro de una escuela. Una bandera colgaba fuera de la puerta, donde los chicos vestidos de raperos se juntaban para fumar. Gorras de béisbol puestas de lado y pantalones de talla grande y poleras de equipos de deporte norteamericanos eran la norma de la noche. Pagué 12 centavos por mi entrada, mientras que nos chequearon a mi amigo y a mí para ver si traíamos licor: era un evento "seco". Adentro, el cuarto estaba lleno de gente en pie, sentada y moviéndose al ritmo de la música. En un balcón por encima de la gente, los artistas se pasaban los micrófonos, batían sus puños en el aire y rapeaban sin parar. Me pareció que el evento era una mezcla entre una fiesta de liceo y una lectura de poesía contemporánea. Muchos de los jóvenes bebían licor clandestino, besándose y arreglando sus peinados. La calidad del sonido de los altoparlantes dejaba mucho que desear, pero se sentía mucho entusiasmo, y la audiencia aplaudía y gritaba a cada rato. La mayoría de las piezas mezclaban el español y el aymara, usando a menudo tres palabras específicas: coca, revolución y Pachamama.

El cuarto era una mezcla de culturas. El 'rapping' combinaba frases andinas y símbolos de miles de años con temas y ritmos que podrían haber salido de videos musicales de MTV. Algunos raperos cantaban sobre los cigarros y las armas por un lado, y sobre su Presidente por el otro. Bojórquez vistió una gorra de béisbol de un equipo norteamericano, pero su abrigo tenía diseños indígenas, con el nombre de su grupo escrito en aymara en la parte del frente. Reconocí algunos de los ritmos de la música norteamericana, pero las flautas, la percusión y las melodías eran todas bolivianas. Al final de la noche, un chico que no podría haber tenido más de diez años tomó el escenario. Comenzó a ajustar su gorra, a mover sus pies y a 'bailar en la luna' al igual que Michael Jackson. La audiencia se enloqueció. Los artistas estaban hábilmente mezclando a naciones, músicas, historias y bailes dentro de su nueva contra-cultura boliviana.

Este movimiento de hip-hop se enfrenta a la globalización empresarial, a la corrupción política y a la represión estatal, no sólo a través de bloqueos y protestas, sino también con la música, las fiestas y la preservación de culturas. Cuando los bloqueos se derrumban en las calles, ellos siguen cantando. Este movimiento, junto al Teatro Trono y Mujeres Creando, ha empezado a construir un mundo como el que estos artistas y activistas desean, sin la necesidad de cambiar presidentes o políticas.

Ellos complementan a los movimientos tradicionales sociales y sindicales, desafiando al activismo típico y mezclando el arte, el teatro y la música para llevarles mensajes a otros grupos también. El Teatro Trono no solamente usa el teatro para comunicar mensajes sociales y políticos, sino que sus actores mismos están cambiando al mundo al incorporar a niños de la calle y con problemas. El análisis y la crítica de grupos como Mujeres Creando, y el refugio que ellas han creado en La Virgen de los Deseos, abren nuevos espacios para el debate que quizás no existirían si no fuera por ellas. Con el movimiento hip-hop, la esperanza y el fuego de las rebeliones callejeras se ha sostenido y se ha llevado a través de un nuevo estilo de rap que une a la cultura indígena con la política contemporánea y la globalización de una manera en que pocos otros lo están haciendo en Bolivia. Estos artistas se están aproximando a su visión al trabajar juntos para crear un paraíso colectivo.

Notas

(1) De Sdenka Huaranca y María Galindo, *Mujeres grafitando* (La Paz: Ediciones Mujeres Creando, creación colectiva, 1999).

(2) Para más información sobre los proyectos de Teatro Trono y su organización fundadora, Comunidad de Productores en Artes (COMPA), ver http://www.compatrono.com/.

(3) A menos de que se indique al contrario, todas las citas de Iván Nogales son de entrevistas con el autor en julio de 2006.

(4) Iván Nogales Bazán, Angel P. Urey Miranda, Juan Santa Cornejo y Claudio Urey Miranda, *El mañana es hoy: Teatro Trono: teatro con niños y adolescentes de la calle* (Cochabamba: Fundación Arnoldo Schwimmer, 1998).

(5) Nogales et al., *El mañana es hoy*.

(6) Ibid.

(7) Las organizaciones que han contribuido con fondos al Teatro Trono en el pasado incluyen Caritas Nederland, Stichting Kinderpostzegels Netherlands (SKN) and Terre des Hommes, Ashoka. Alfonso Gumucio Dagron, Making Waves, Stories of Participatory Communication for Social Change: COMPA (New York: The Rockefeller Foundation, 2001). Disponible en internet: http://www.comminit.com/strategic-thinking/pdsmakingwaves/sld-2593.html.

(8) Todas las citas de Raquel Romero provienen de una entrevista con el autor en julio de 2006.

(9) Kari Lydersen, "Live from the Streets of Bolivia: Teatro Trono", Americas.org, http://www.americas.org/item_14928.

(10) Gumucio Dagron, *Making Waves*.

(11) Tulbert, "Just a Little Drop of Water: How a Community Based Theater in Bolivia Addresses the Problem of Water Privatization," Community Arts (May, 2005), http://www.communityarts.net/readingroom/archivefiles/2004/05/just_a_little_d.php.

(12) Lydersen, "Live from the Streets".

(13) Kari Lydersen, "A Tradition of Struggle, Why Did Bolivians Take to the Streets?," Americas.org (Octubre 24, 2003), http://www.americas.org/item_54.

(14) Mujeres Creando son muy críticas de organizaciones no-gubernamentales que operan en Bolivia. Para más discusión e información sobre el tema, ver Mujeres Creando, *La Virgen de los Deseos* (Buenos Aires: Tinta Limón, 2005). También ver Silvia Rivera, *Allyus y proyectos de desarollo en el norte de Potosí* (La Paz: Ediciones Aruwiyiri, 1992), y James Petras, *Social Movements and State Power: Argentina, Brazil, Bolivia and Ecuador* (London: Pluto Press 2005).

(15) María Galindo, "Huyendo para Construir", Mujeres Creando, http://mujerescreando.org.

(16) Ver Mujeres Creando, "Quiénes Somos", Mujeres Creando, http://mujerescreando.com/quienes_somos.htm.

(17) Julieta Paredes y María Galindo, *Sexo, placer y sexualidad* (La Paz: Mujeres Creando, sin fecha).

(18) Todas las citas de Julieta Ojeda provienen de una entrevista con el autor en febrero de 2006.

(19) Helen Álvarez, "Utopía: Cabalgadura que Nosh Ace gigantes en Miniature, Una Historia de Mujeres Creando", editora: Julieta Ojeda en *La Virgen de los Deseos*, 36-40.

(20) Mujeres Creando, "Mujer, Confia en el Sonido de tu Propia Voz", En *La Virgen de los Deseos*, 41.

(21) Ibid. 42-23.

(22) Ver Mujeres Creando, "Putas", Mujeres Creando, http://mujerescreando.org.

(23) Muchos activistas en Bolivia estuvieron interesados en saber más sobre el gobierno de Chávez en Venezuela. Muchas de estas entrevistas tuvieron lugar justo después de que Evo Morales fue elegido en Bolivia, así que muchas de las personas que estuvieron acostumbradas a pelear en las calles como parte de los movimientos sociales estaban ahora acostumbrándose a que un posible aliado llegara al poder. Para otros, el ejemplo de Venezuela era una comparación interesante de las posibilidades para Bolivia liderizadas por Morales.

(24) A menos de que se indique al contrario, todas las citas de María Galindo son de una entrevista con el autor en febrero de 2006.

(25) De María Galindo, "Ponemos el cuerpo", *Mujeres grafiteando*, 5.

(26) Esto se refiere al mínimo de mujeres, 30%, que deben formar parte de la Asamblea de acuerdo a la Ley de Convocatoria (convocando a la Asamblea Constituyente).

(27) Ver Mujeres Creando, *Mujeres grafiteando*.

(28) Julieta Ojeda, Rosario Adrián, Sdenka Huaranca, María Galindo, Florentina Alegre, Maritsa Nina y Gabí, "Por un política concreta, conversación del colectivo situaciones con Mujeres Creando", en *La Virgen de los Deseos*, 171-172.

(29) Mujeres Creando, "Es hora de pasar de la náusea al vómito", en *La Virgen de los Deseos*, 45-47.

(30) Para más información sobre la participación de las mujeres en la economía informal boliviana, ver Silvia Rivera, *Birlochas, trabajo de mujeres: explotación capitalista y opresión colonial entre las migrantes aymaras de La Paz y El Alto* (La Paz: Editorial Mama Huaco, 1996).

(31) María Galindo, "Evo Morales and the Phallic Decolonization of the Bolivian State", traducción, April Howard, *Upside Down World* (Septiembre 6, 2006), http://upsidedownworld.org/main/content/view/417/31/.

(32) Todas las citas de Abraham Bojórquez provienen de la entrevista con el autor en febrero y julio de 2006.

(33) Todas las citas de Grover Canaviri Huallpa y Dennis Quispe Issa provienen de la entrevista con el autor en julio de 2006.

(34) Todas las citas de Sdenka Suxo Cadena provienen de la entrevista con el autor en julio de 2006.

CAPÍTULO NUEVE
Un continente en la cuerda floja

"Hasta aquí llego yo".
- Carlos Mesa (1)

Miles de personas celebran la posesión de Tabaré Vásquez en Montevideo, Uruguay.
FOTO: **Benjamin Dangl**

En el frío amanecer de Buenos Aires, los peatones inhalaban sus primeros cigarrillos del día. Vegetales frescos, periódicos y nueva mercadería circulaban por las aceras mojadas, mientras el coro diario de bocinas comenzaba a sonar. Me compré un café y esperé diez minutos para cruzar la calle. El tráfico parecía saber algo que yo aún no sabía. "Bloqueos de calles", me dijo el hombre parado a mi lado, mientras bostezaba y estrechaba sus brazos. "El tráfico se está moviendo así para pasar antes de que cierren la ruta". Antes de que pudiera preguntarle qué es exactamente lo que quiso decirme, un mar de taxis y buses se paró al frente mío y los conductores se apoyaron en sus bocinas y se dirigieron insultos. Acabé de tomarme lo que quedaba de mi café justo antes de que llegara la nube de smog.

Más allá en la misma calle, la gente llevaba pancartas y cantaba al frente de llantas quemadas. El humo negro no me dejaba respirar, mezclándose con el gas lacrimógeno. La policía, los taxistas y los activistas se juntaron en aquel centro de humo, peleando con palos, puños y bocinas sin parar. Me metí en un bar para escaparme del gas lacrimógeno, pedí otro café y pregunté qué era exactamente lo que pasaba. Un hombre detrás del contador con una toalla colgada en el hombro batió sus manos en el aire y dijo, molesto: "No tienen trabajo y por eso bloquean las calles". No fue el último bloqueo o protesta que vería en las calles de Buenos Aires. Las demandas que vinieron después pedían mejores condiciones laborales en el tren subterráneo y mayor justicia para quienes estuvieron implicados en las dictaduras del pasado. Mis ojos dejaron de sentir el gas lacrimógeno lentamente, mientras que charlaba con algunos hombres en el bar, quienes parecían haber pasado la noche entera ahí. "Todo el continente está bloqueado", suspiró uno de ellos, mientras apuntaba a la televisión.

Miré hacia la pantalla y si, efectivamente, en el altiplano de Bolivia ocurrían marchas similares. Las imágenes de policías disparando gases lacrimógenos en ambos países parecían pertenecer a un solo conflicto callejero. Las personas en la pantalla también se restregaban los ojos y levantaban sus puños hacia el cielo. Hasta observé una larga línea de tráfico detrás de las llantas quemadas, parecida a la que había fuera del bar. Por un instante, me sentí como si estuviera en dos países a la vez. Afuera, un grupo de argentinos molestos demandaba trabajo y mejores sueldos. La gente en Bolivia estaba protestando en contra del precio elevado del agua.

Mientras Carlos Mesa comenzó su difícil labor de liderar a un país tan dividido como Bolivia, el resto de América Latina pasaba por otros cambios también tumultuosos. Los sindicatos y los movimientos sociales se unían en sus demandas en varios países. Los partidos políticos progresistas ganaban en influencia como respuesta a las crisis económicas traídas por el neoliberalismo. El presidente venezolano Hugo Chávez estaba usando las ganancias del petróleo para pagar por proyectos en educación, salud y prensa comunitaria. En Argentina, la molestia colectiva continuó luego del colapso económico de 2001-2002. Otros países se preparaban para elecciones presidenciales donde se esperaba que ganaran los líderes izquierdistas. La nueva dirección latinoamericana se enfocaba en la inclusión y el socialismo, y también en darle más poder a los sectores pobres y en darle menos influencia a Washington y a las compañías transnacionales.

El conflicto boliviano por el precio y la disponibilidad del agua, así como lo mostró el reportaje televisivo en el bar de Buenos Aires, formaría parte de un movimiento más grande que incluiría las demandas por la nacionalización del gas. Mientras los movimientos sociales diversificaban sus tácticas y ganaban fuerza, la gestión de Mesa eventualmente caería de rodillas. Como lo había dicho el hombre en el bar, el continente entero estaba rebelándose. Una vez más, Bolivia estaba al frente de este levantamiento a nivel regional.

El conflicto por el agua en El Alto en enero del 2005 trajo fin al descontento de esa ciudad por estar sujeta al control empresarial del agua. Después de 1997, cuando el Banco Mundial privatizó el agua como una condición de préstamos para Bolivia, los sistemas de agua de Cochabamba, El Alto y La Paz fueron privatizados. Aguas del Illimani, un consorcio privado a manos de la compañía de agua francesa Suez, se quedó en control del agua de El Alto, y por ello los precios subieron en un 35 por ciento. El precio para conectarse a los servicios de agua y de desagüe subió a 445 dólares, equivalente a seis meses de un sueldo mínimo boliviano. La compañía no expandió sus servicios a los alrededores de la ciudad de El Alto, así que más de 200.000 personas se quedaron sin acceso a este recurso vital. (2)

Los vecinos de El Alto nunca pidieron que se privatizara su agua. El gobierno, buscando la aprobación del Banco Mundial, negoció el contrato en secreto y a puertas cerradas. Mucha gente en El Alto no supo del contrato hasta que recibió su factura con un precio más alto. Ocho años después de tener que pagar precios elevados y de enfrentarse a su pobre infraestructura, los ciudadanos de El Alto organizaron una huelga general el 11 de enero de 2005 (3). Al igual que en la Guerra del Agua en Cochabamba, el culpable resultó siendo una compañía extranjera, una de las empresas de administración de agua más grandes en el mundo (4) y famosa por darle prioridad a las ganancias y no a la calidad de sus servicios y su accesibilidad. (5)

El trabajo de Suez en El Alto fue poco transparente. La compañía subió los precios de instalación, pero no los de uso mensual. La especialista de agua en El Alto, Susan Spronk, ha escrito que, "como los nuevos clientes se enteraban del costo al llegar a las oficinas de Aguas del Illimani, era más difícil organizar una protesta sobre el costo de las nuevas instalaciones que sobre la subida de precios, porque el comparar las facturas de un mes a otro resulta siendo un mejor instrumento para llamar a protestas" (6). El contrato con Aguas del Illimani tampoco permitía el uso de sistemas alternativos de agua, como las muchas pozas que habían sido construidas por los mismos vecinos que no tenían acceso al sistema regular o que no podían pagar por el costo de instalación (7).

Algunas protestas tomaron lugar desde que la compañía de agua llegó en 1997. Bajo el liderazgo de la Fejuve, estas protestas se volvieron más eficientes y mejor organizadas (8). La huelga de enero, organizada por la Fejuve y la COR, duró 72 horas. Las lluvias no pararon a las enormes marchas que se organizaron en El Alto y en La Paz contra la compañía (9). Los protestantes demandaron que Aguas del Illimani se fuera de la ciudad y fuera reemplazada por un sistema público de agua. Las tácticas funcionaron. Mesa pasó una ley el 13 de enero declarando que los sistemas de agua y desagüe de El Alto regresarían a manos del Estado. (10)

La Guerra del Agua de 2000 en Cochabamba seguía en la mente de las personas durante el movimiento alteño contra Aguas del Illimani. Pero las dos rebeliones ocurrieron de manera diferente. El sociólogo cochabambino Carlos Crespo explicó que mientras la Coordinadora del Agua surgió de las necesidades colectivas de los ciudadanos, la Fejuve ya existía en El Alto y tenía una larga historia como organización popular. Así que cuando los vecinos se vieron con el problema de la privatización del agua, ya tenían una estructura pre-existente con la experiencia en temas relacionados como el de la electricidad, el cuidado de caminos y la recolección de basura (11). En El Alto, la lucha era en contra de una compañía que ya operaba ahí desde hace varios años. En Cochabamba, apenas se implementaron la subida de precios y los contratos, la gente reaccionó y salió a las calles en protesta. "Existe una escasez crónica de agua en Cochabamba. Así que, pase lo que pase, la gente reacciona rápidamente", dijo Crespo. (12)

Le tomé mucha atención a estos eventos desde Buenos Aires. Pero Argentina estaba en el medio de sus propios problemas sociales, muy relacionados a los servicios básicos y a los salarios. Desde el colapso económico del país en 2002, muchos argentinos habían desarrollado sus propias alternativas a políticas neoliberales, desde el uso de trueques hasta la toma de fábricas (13). Un ejemplo de esta resistencia tuvo lugar durante la primera semana de febrero, a poco tiempo de la Guerra del Agua en El Alto.

Cientos de miles de ciudadanos usan el tren Metrovías en Buenos Aires. Así que cuando los trabajadores del subterráneo salieron en huelga, crearon mucho disturbio. Desde noviembre de 2004, los trabajadores habían estado demandando un incremento de sueldos de 53 por ciento y mejoras en sus condiciones de trabajo. Luego de meses de espera, los trabajadores decidieron salir en huelga (14). Del 5 al 10 de febrero, los trabajadores bloquearon todas las paradas del subterráneo en la ciudad. Muchos se quedaron en guardia las 24 horas del día, mientras que otros estaban acompañados de sus familiares y dormían en los pisos de cemento en las zonas de espera. Hubo peleas entre trabajadores de Metrovías y ciudadanos molestos quienes no apoyaban la huelga. Varios pasajeros rompieron los vidrios de las casillas de boletos alrededor de toda la ciudad.

Como muchos ciudadanos argentinos, los trabajadores de Metrovías estaban luchando por sobrevivir con un salario mínimo. Mientras tanto, el vicepresidente de la compañía, Alberto Verra, recibía 86 veces más que el sueldo anual de la mayoría de los trabajadores. "Yo produzco alrededor de 300 pesos al mes", me explicó un trabajador de Metrovías que estaba en huelga. "Eso equivale a 100 dólares. Simplemente, no es suficiente para que mi familia pueda sobrevivir". Metrovías, una compañía norteamericana, no había hecho mantenimiento del sistema desde 2001 y los empleados se quejaban de las condiciones laborales, de la mala calidad del aire y de equipos con problemas serios. Aunque el precio de los boletos había subido al pasar los años, los sueldos y el mantenimiento se habían quedado al mismo nivel.

Debido a la huelga del subterráneo, los buses estaban más llenos de lo común y las líneas de transporte se quedaron en las aceras hasta muy tarde. "Miles de trabajadores están obligados a llegar tarde a sus oficinas y a perder su dinero. Esta pérdida puede ser enorme para quienes dependen de cada centavo para sobrevivir", me explicó un trabajador en un quiosco al centro de la ciudad. En una encuesta realizada por El Clarín, un periódico argentino importante, el 67,6 por ciento de 26.434 personas entrevistadas dijeron que estaban en contra de la huelga del subterráneo y pensaban que era excesiva. 32,4 por ciento de quienes fueron entrevistados la apoyaban.

Para consolidar sus fuerzas y decidir nuevas tácticas, una conferencia de los sindicatos más importantes de la ciudad tomó lugar en el hotel Bauen, el cual ya se encontraba en manos de una cooperativa de trabajadores. Al frente de la sala de conferencias, una pancarta anunciaba: "Si gana el Subte, ganamos todos". En la reunión se decía que éste sería un buen tiempo para aprovechar la presión de la huelga, ya que todo el país seguía de cerca la lucha de los trabajadores de Metrovías. Los representantes de varias organizaciones se encontraban en la reunión, desde grupos estudiantiles hasta sindicatos de trabajadores de telefonía. Muchos propusieron una huelga en toda la ciudad que demandara mejores salarios para todos. Otros sugirieron más protestas y bloqueos de caminos.

La huelga de Metrovías fue tan sólo un paso en la larga lucha por los derechos laborales en el país. Sin embargo, los líderes decidieron que la acción colectiva por parte de los otros sindicatos debía esperar un mejor momento. El final del conflicto llegó el 10 de febrero de 2005, cuando los trabajadores de Metrovías aceptaron una oferta de la compañía de un incremento salarial de un 44 por ciento. Las mejoras en las condiciones laborales aún se discutían cuando la huelga terminó. Pero para muchos de los trabajadores, el incremento de sus sueldos fue una victoria y sirvió como inspiración para otros trabajadores de la ciudad.

Mientras los movimientos sociales y laborales ganaban fuerza a nivel regional, algunos izquierdistas estaban dejando las calles y entrando a los palacios de gobierno a través de elecciones democráticas. Uno de estos grupos fue el partido Frente Amplio de Uruguay, y su líder, Tabaré Vázquez.

El primero de marzo de 2005, la noche en que Tabaré Vázquez fue inaugurado Presidente de Uruguay, un mar de gente, banderas y grupos de tambores corrieron por las calles de Montevideo. Los fuegos artificiales explotaban en el aire y las bocinas de los autos gritaban. La ciudad brincaba con una felicidad única. En Uruguay, el 15 por ciento de la población no tiene trabajo y la actividad económica está a un nivel de un 20 por ciento más bajo de lo que fue en 1990 (15). El país tiene la proporción más alta de mayores de 60 años en América Latina; 15 por ciento –la mayoría de ellos jóvenes– se han ido del país en búsqueda de oportunidades de trabajo. Debido a su poca población, no me sorprendió el ver una propaganda del gobierno en la plaza principal con la foto de una mujer embarazada: el gobierno quería que los uruguayos se multiplicaran.

Al estar conscientes de todas estas dificultades, los uruguayos pensaron bien en sus opciones antes de acudir a las elecciones del 31 de octubre de 2004. El nuevo gobierno de Frente Amplio prometió grandes reformas en la salud y en la educación. Ofreció reactivar la producción del azúcar, darles créditos a los campesinos, subir los salarios de los trabajadores rurales e implementar una estrategia de emergencia para bajar el desempleo. Las torturas y los secuestros que fueron ejecutados por la dictadura militar en los setenta, también serían investigados.

"La victoria de Vázquez es un cambio poderoso en Uruguay", me lo aseguró Martín Bension, un profesor de Historia en Montevideo. "Ahora la gente podrá tener más oportunidades para participar en el gobierno. Desde la creación del Frente Amplio, hace varias décadas, ha habido mucha participación popular dentro del partido. El Frente hace que la gente se sienta conectada, así que un mayor número de gente sigue participando en el proceso".

"Muchos murieron y fueron a la cárcel en los setenta para ganar lo que el Frente Amplio tiene ahora. La administración de Vázquez sabe esto y tendrá que mantenerlo en mente", dijo Bension. "Aparte de las mejoras en Uruguay, las naciones de América Latina deben unirse –así como el presidente de Venezuela, Hugo Chávez, lo está intentando– a pesar de nuestras rivalidades en el fútbol. Podemos estar unidos gracias a nuestras historias comunes. Estas características comunes nos pueden unir". A poco tiempo de tomar el poder, Vázquez volvió a establecer relaciones con Cuba y firmó tratados de comercio con Venezuela, Bolivia, Argentina y Brasil.

Las bandas tocaban música y tambores en las calles y la gente cargaba banderas mientras se acababa la bebida de las licorerías porque muchos celebraban la inauguración. Cuando las fiestas se terminaron, gran parte del entusiasmo llegó a los "comités de base" del Frente Amplio que se encontraban por todo el país y en el campo. Óscar Gandolo, un pintor, ha participado en su comité por cinco años. "La economía iba de mal en peor" recordó. "Tuve que hacer algo. Tenemos reuniones cada semana donde nos juntamos y pensamos sobre lo que el gobierno necesita hacer, y sobre lo que se le olvida hacer". Un par de días después de la inauguración presidencial, el comité de base en Montevideo se encontraba de buen humor. El lugar se parecía a otras oficinas de partidos políticos en Montevideo: un cuarto de reuniones desordenado, con libros y panfletos políticos por encima de las mesas, una foto del Che Guevara pintada en la pared y posters de campaña pegados por doquier. La gente entraba al cuarto bromeando y dándose palmadas en la espalda.

Eventualmente, los participantes se sentaron y se introdujeron al grupo. Eran carpinteros, maestros de escuela, plomeros, estudiantes, electricistas, desempleados y músicos. Algunos habían sido miembros del partido por décadas y otros se aparecían por primera vez. Ellos planeaban un evento cultural con artistas y músicos de Uruguay y de Cuba. Después de una larga discusión, eligieron un secretario, un representante y un tesorero. La seguridad en el vecindario y el estado de uno de los caminos principales fueron los próximos temas de discusión. Al final de la reunión, un antiguo miembro del comité de base le habló al grupo: "Para quienes acaban de llegar por primera vez, les pedimos su participación. No importa si no saben nada sobre la política. Ustedes aprenderán mientras estén aquí. Con este nuevo gobierno, la responsabilidad de la gente es mayor de lo que fue anteriormente".

Para prevenir que el gobierno de Vázquez le hiciera caso al Fondo Monetario Internacional y al poder corporativo, la participación popular era esencial. Los pies de la nueva administración tendrían que pasar por encima de las llamas para evitar que haya un cambio hacia la derecha. Sin embargo, en la gloria del momento, sólo reinaba el optimismo. (16)

Mientras los uruguayos se encontraban borrachos de esperanza en lo que muchos veían como un nuevo amanecer, los bolivianos se enfrentaban a los desafíos de su nuevo gobierno. La pregunta de cómo usar el gas boliviano surgió como un tema serio para los movimientos sociales en 2005. Mesa lideraba un país con poca paciencia y con muchas necesidades. Alrededor de 800 protestas tomaron lugar durante su gestión. El 4 de marzo, a pocos días de que Vázquez fuera inaugurado en Uruguay, el Parlamento boliviano aprobó una ley controversial que mantuvo las regalías del gas al 18 por ciento, lejos del 50 por ciento que muchos protestantes habían estado exigiendo.

"Sería muy fácil para mí decir: 'Sí, vamos a nacionalizar a través de la expropiación', y yo probablemente sería la persona más popular en vida. Pero yo no gobierno para ganar popularidad. Gobierno por mi responsabilidad hacia el Estado", dijo el presidente Mesa (17). En respuesta, grupos de sindicatos, campesinos, organizaciones de la sociedad civil y estudiantes se movilizaron una vez más por la nacionalización del gas. A través de sus esfuerzos tanto independientes como coordinados, los protestantes marcharon y bloquearon las vías carreteras importantes así como lo habían hecho tantas veces antes. (18)

El 18 de julio de 2004, Mesa organizó un referéndum sobre la industrialización y la exportación del gas. Los votantes eligieron "sí" o "no" como respuesta a cinco preguntas, incluyendo el tema de ganancias con un nuevo plan de gas, el tema del uso del gas como una manera estratégica de ganar el acceso al mar, y el tema del uso de la mayoría de las ganancias de la exportación para el desarrollo de escuelas, hospitales, caminos y empleos. El referéndum no incluyó la nacionalización del gas como una opción. Muchos votantes no comprendieron la presentación de algunas de las preguntas, las cuales no sólo requerían un voto de "sí", sino que también creaban otras oportunidades para que continúe la explotación empresarial de la industria del gas. (19)

Algunos ciudadanos se rehusaron a votar, mientras otros escribieron "nacionalización" en sus boletas o las entregaron vacías. Varios grupos sociales y sindicales boicotearon la iniciativa de Mesa, mientras líderes sindicales e indígenas como Jaime Solares y Felipe Quispe motivaron bloqueos y protestas en contra del referéndum. Al contrario, Evo Morales apoyaba el voto. Algunos vieron la posición de Morales como una estrategia para ganar el apoyo de la clase media urbana en su próximo lanzamiento como candidato presidencial (20). Después de que se cerrara el voto, se descubrió que un 75 por ciento de las personas marcaron el "sí" en las cinco preguntas. Pero por varios meses, un paro en el Congreso y presión por parte de inversionistas extranjeros y grupos en protesta retrasó las decisiones en el tema del gas. Los conflictos persistieron por todo el país.

Ocho meses después del referéndum, el 6 de marzo de 2005, Mesa anunció que las protestas, huelgas y bloqueos habían vuelto al país "ingobernable" y que él ofrecía su renuncia, amenazando con dejar el poder a Hormando Vaca Díez, el presidente híper-conservador del Parlamento. Debido a sus conexiones con inversionistas extranjeros y con el partido derechista en el gobierno, Vaca Díez no disfrutaba de ninguna popularidad con los de la izquierda boliviana, y se esperaba que él recibiría una respuesta más violenta que la de Mesa. Mesa esperaba que su gesto, al cual muchos se refirieron como una búsqueda de simpatías, obligaría a los movimientos sociales a retirarse de una vez por todas. Sin embargo, la renuncia de Mesa no sólo fue rechazada por el Congreso, sino que su pronunciamiento también tuvo un efecto contrario. Varios grupos de protesta se unieron para relanzar un frente de defensa conocido como los Empleados Generales del Pueblo. Ellos convocaron a nuevas huelgas y demandaron que las regalías de la venta del gas se incrementaran a un mínimo del 50 por ciento (21).

A finales del mes, 100.000 protestantes de El Alto se congregaron afuera del Parlamento para exigir la renuncia de Mesa. El movimiento creció, mientras otros sectores se unían a los manifestantes. La Federación de Maestros de La Paz llamó a una huelga, los sindicatos campesinos de todo el país organizaron bloqueos de calles y la Federación Sindical de Trabajadores Mineros de Bolivia marchó hacia La Paz. El partido del MAS organizó una protesta desde la ciudad de Cochabamba hasta La Paz, de una distancia de 190 kilómetros (22). No todos los grupos de protesta compartían los mismos deseos a largo plazo. Evo Morales mantuvo que Bolivia debía recibir 50 por ciento de las regalías de la venta del gas, una demanda que fue anteriormente apoyada por los movimientos, pero que ahora era vista como una demanda demasiado moderada (23). Sin embargo, la demanda a plazo corto por la nacionalización era suficiente para unir a los sectores por algún tiempo.

En respuesta, el Congreso boliviano aprobó una ley el 15 de marzo que establecía un impuesto de 32 por ciento en la producción del gas, por encima de las actuales regalías de un 18 por ciento (24). La propuesta aún debía pasar por el Senado antes de llegarle a Mesa, quien la podía vetar. Bajo esta nueva ley, el Estado recibiría 500 a 600 millones de dólares en ganancias anuales. Estos números eran más altos que los 150 millones de dólares que se recaudaban en aquel tiempo, pero más bajos que los 750 millones de dólares que demandaban muchos grupos de protesta. La iniciativa generó otro ciclo de marchas, huelgas y bloqueos (25). Las protestas continuaron hasta mayo, cuando una planta de gas combustible fue tomada por protestantes que demandaban la nacionalización en El Alto (26). El 24 de mayo, decenas de miles de marchistas quienes habían descendido desde El Alto a La Paz fueron recibidos con balas de goma y gases lacrimógenos, dejando a seis protestantes heridos. Los bloqueos de calles se habían establecido en todos los caminos principales del país, paralizando las rutas hacia La Paz, el aeropuerto de la capital y los caminos hacia Perú y Chile. (27)

Una de las acciones más controversiales de este tiempo fue llevada por el movimiento anarquista/feminista Mujeres Creando. Para tratar el tema del racismo en contra de los protestantes indígenas del campo en La Paz, los miembros de Mujeres Creando organizaron una acción que se enfocaba en las mujeres de áreas rurales que marchaban hacia La Paz demandando la nacionalización del gas. Cuando estas mujeres llegaron a la plaza principal, eran insultadas. Al contrario, los miembros de Mujeres Creando recibieron a las mujeres lavándoles los pies. "Sus pies estaban calientes, estaban súper cansadas, pero al mismo tiempo, éste fue un acto de rebelión en contra del racismo tanto física como visualmente", me explicó María Galindo. "Todo el racismo viene de la ciudad. (Lo hicimos) porque era algo refrescante, placentero, y un acto que no necesitaba de palabras, explicaciones o discursos, nada. Pero no les ofrecimos a los hombres lavarles los pies, ni lo hicimos. Aunque ellos estaban muy cansados también. Aunque ellos también habían marchado. No lo hicimos, porque queríamos tener un gesto de una mujer a otra". La acción duró alrededor de dos horas. "Cuando nos fuimos, un grupo de hombres campesinos se nos acercó y nos golpeó en público por alrededor de 40 minutos". (28)

"Creo que nosotras (Mujeres Creando) irritamos a nuestros propios movimientos sociales", dijo Galindo. "Hemos estado trabajando por muchos años y creo que esta vez esta golpiza fue como decir 'Mira, estamos cansados de ustedes. No las podemos matar, pero sí las podemos pegar en la calle'". Cuando las activistas les lavaban los pies a las campesinas, la prensa no les prestó ninguna atención. Pero cuando empezaron a darles golpes, todas las cámaras se enfocaban en Mujeres Creando.

Al mismo tiempo, las marchas, huelgas y bloqueos seguían ganando fuerza por todo el país. Algunos de los enfrentamientos más violentos entre la policía y los protestantes tomaron lugar en La Paz. Christian Parenti reportó desde las calles durante este conflicto explicando que por varios días La Paz estaba tomada con bloqueos en las avenidas principales, prohibiendo la entrada de alimentos necesarios o de los medios de transporte. "Al tercer día, decenas de miles de manifestantes –campesinos, maestros, mineros, dueños de tiendas, trabajadores de fábricas y desempleados– han marchado a La Paz", escribió. "Los marchistas descendieron en grupos desde el altiplano, por encima de la capital. Junto a ellos van 800 mineros. En gruesos abrigos, sombreros fedoras, sombreros de cholita y gorras de lana, sus caras están arrugadas y cansadas después de años de viento y de frío, las columnas de aymaras marchan rápido y con firmeza, cargando palos, tubos de metal, látigos y wiphalas, las banderas multicolores de autodeterminación indígena". (29)

El 2 de junio, en un último intento por calmar las protestas, Mesa anunció planes para rediseñar la Constitución en una Asamblea Constituyente. Con tal asamblea, esperó ofrecerle a los grupos indígenas marginalizados una mayor voz en el gobierno. Pero su iniciativa aún tendría que ser aprobada en el Congreso (30). Los protestantes no estaban satisfechos con el plan de Mesa, porque no ofrecía una respuesta inmediata a sus demandas por la nacionalización del gas. Muchos grupos prometieron continuar con los bloqueos y las marchas hasta que el gas fuera nacionalizado y los planes de la Asamblea Constituyente se concretizaran (31).

Las movilizaciones llegaron a su punto clave el 6 de junio, cuando cientos de miles de protestantes bajaron de nuevo hacia La Paz. Los mineros explotaron dinamita en las calles en lo que sería la protesta más grande desde octubre de 2003 (32). Aquel mismo día, Mesa ofreció de nuevo su renuncia al Congreso. "Hasta aquí llego yo", declaró por televisión. Les pidió a los bolivianos que lo perdonaran si él era responsable por la profunda crisis política que sufría el país. Su renuncia no había sido una demanda principal de los grupos de protesta. Para muchos bolivianos, el tema no era quién estaba de presidente, sino quién estaba en control del gas de la nación. (33)

El 7 y el 8 de junio, las tuberías de gas cercanas a Cochabamba, las cuales enviaban alrededor de 20.000 barriles de gas diarios a Chile, fueron cerradas por los protestantes. Alrededor de 100 huelgas de hambre se organizaron por todo el país por la nacionalización del gas (34). El 9 de junio, varios políticos viajaron a Sucre para ponerse de acuerdo en una solución a la crisis. La mudanza de La Paz a Sucre tuvo la intención de llevar el debate a un área sin protestas –pero el movimiento los siguió. Decenas de miles de personas viajaron a Sucre desde todas partes del país, llenando la plaza principal para demandar la nacionalización y para prevenir que Vaca Díez reemplazara a Mesa (35). Aquel mismo día, un marchista murió en manos de la policía en esa ciudad. El Congreso no tuvo otra opción sino aceptar la renuncia de Mesa. Hormando Vaca Díez y Mario Cossío, los dos que quedaron en línea para ser presidentes después de Mesa, no quisieron aceptar la presidencia, en gran parte por la presión que seguían aplicando los sectores de protesta. La posición le tocó al juez supremo Eduardo Rodríguez. El presidente Rodríguez anunció que las elecciones tomarían lugar en menos de un año. (36)

La Guerra del Gas de 2005 fue muy diferente a la que tomó lugar en 2003. Las demandas de 2003 se enfocaban en gran parte en la renuncia de Sánchez de Lozada, mientras que Mesa disfrutaba de relativa popularidad, hasta en los grupos de protesta. Existía un deseo por parte de los movimientos sociales de cooperar con su gobierno, algo que no existió en 2003. Otra diferencia fueron las limitaciones de Mesa en su trato con los movimientos sociales. Esto contribuyó a su popularidad y tampoco le permitió a los activistas a que se llenaran de aún más demandas como ocurrió durante la represión de 2003. Las movilizaciones de mayo y junio fueron eficientes en parte por la experiencia de más recientes protestas, como la Guerra del Gas de 2003 y la de 2005 contra Aguas del Illimani. (37)

Los conflictos sobre el agua y el gas bajo Mesa fueron representativos de un movimiento regional. La reacción al neoliberalismo estaba ganando fuerza en toda América Latina. Los movimientos sociales y los partidos políticos estaban fortalecidos en la lucha contra la explotación empresarial y las políticas económicas de Washington. Una característica dominante de esta vuelta hacia la izquierda fue la demanda de que los recursos naturales se usen para el beneficio de la gente pobre. La lucha contra los precios elevados del agua en El Alto y el movimiento por la nacionalización del gas boliviano expresó el deseo de tener acceso a los recursos y servicios del país. La victoria electoral de Tabaré Vázquez en Uruguay y las peleas de los trabajadores en Buenos Aires fueron parte de este levantamiento regional que le daría prioridad a familias, trabajadores, estudiantes y ciudadanos comunes, y no a las compañías. La manera en que estos movimientos se enfrentarían a los desafíos de sus victorias electorales en cada país era algo que aún faltaba por ver. En Bolivia, la relación entre los movimientos sociales y el gobierno pronto se aclararía con la victoria electoral de Evo Morales.

Notas

(1) Benjamin Dangl, "Bolivia on a Tightrope", *Upside Down World* (junio 8, 2005), http://upsidedownworld.org/main/content/view/101/31/.

(2) Jim Shultz, "The Second Water War in Bolivia", ZNet (Diciembre 19, 2004), http://www.zmag.org/content/print_article.cfm?itemID=6893&sectionID=1.

(3) Susan Spronk, "International Solidarity for the Struggle for Water Justice in El Alto, Bolivia", ZNet (Mayo 10, 2005), http://www.zmag.org/content/print_article.cfm?itemID=7827&sectionID=52.

(4) Para más información, ver el sitio de internet de Suez: http://www.suez.com/metiers/english/environnement/index.php.

(5) Sitio de internet de Stop Suez: http://www.stopsuez.org/page.aspx. La reputación de la compañía en Buenos Aires ha sido desastrosa. Desde 1993-1998, Suez cumplió solamente con el 54 por ciento de las conexiones que había prometido hacer. Esto fue por una falta de inversión por parte de la compañía en nueva infraestructura. Citado por Spronk: David Hall y Emmanuel Lobina, "Pipe Dreams: The Failure of the Private Sector to Invest in Water Services in Developing Countries", World Development Movement (marzo, 2006), http://www.wdm.org.uk/resources/briefings/aid/pipedreamsfullreport.pdf.

(6) Susan Spronk, "Another Hole in the Boat: Suez's 'Private Corruption' in Bolivia", New Socialist (Julio 27, 2006), http://www.newsocialist.org/index.php?id=929.

(7) Éste es exactamente el tipo de acuerdo que Bechtel tuvo en Cochabamba. Los sistemas de aguas comunitarios y las pozas se prohibieron también. Ver "Comenzó la Guerra del Agua en El Alto", Indymedia Qollasuyu Ivi Iyambae Bolivia (noviembre 11, 2004), http://www.bolivia.indymedia.org/es/2004/11/13381.shtml. También ver Comisión para la gestión integral del agua en Bolivia (CGIAB), http://www.aguabolivia.org/.

(8) Spronk, "Another Hole". También ver Fundación Solón, http://www.
     funsolon.org/., y Public Citizen, http://www.citizen.org/.
(9) Jeffrey R. Webber, "Left-Indigenous Struggles in Bolivia: Searching for
     Revolutionary Democracy," Monthly Review vol. 57 no. 4 (septiembre,
     2005), http://www.monthlyreview.org/0905webber.htm
(10) El conflicto con Suez en El Alto aún no se resuelve; ver: Zane Grant y
     Kat Shuffler, "Bolivia's Second Water War", Z Magazine (Marzo, 2005),
     http://www.thirdworldtraveler.com/Water/Bolivia_SecondWaterWar.
     html.
(11) De una entrevista con el sociólogo Carlos Crespo. Todas las otras opi-
     niones expresadas por Crespo en este capítulo provienen de la entrevista
     con el autor en febrero de 2006.
(12) Para más información sobre la historia de los movimientos sociales en
     El Alto, ver Capítulo 7.
(13) Para más información, ver Mristella Svampa y Sebastián Pereyra, *Entre
     la ruta y el barrio: la experiencia de las organizaciones piqueteras* (Buenos
     Aires: Editorial Biblos, 2003), y Raúl Zibechi, *Genealogía de la revuelta,
     Argentina: la sociedad en Movimiento* (Montevideo-La Plata-Buenos Aires:
     Nordan - Letra Libre, 2003), Marina Sitrin, *Horizontalism* (Oakland:
     AK Press, 2006).
(14) Para más información sobre la huelga argentina en el subterráneo en
     2005, ver: Dangl, "Argentine Subway Strikers Win Wage Increase",
     Upside Down World (febrero 12, 2005), http://upsidedownworld.org/
     main/content/view/18/32/.
(15) Para más información sobre la asunción presidencial en Uruguay, ver
     Dangl, "Feet to the Flames", *Upside Down World* (marzo 24, 2005),
     http://upsidedownworld.org/main/content/view/69/48/.
(16) El presidente brasileño Lula no trajo satisfacción a sus seguidores, quienes
     esperaban que su gestión traería cambios radicales, y en su vez trajo más de
     lo mismo. Desde que está en el poder, Vázquez ha seguido por un mismo
     camino moderado, repitiendo los errores de los neoliberales que vinieron
     antes que él. Para más información ver Matthew Beagle, "Uruguay's Taba-
     ré Vazquez: Pink Tide or Political Voice of the Center?", COHA (marzo 4,
     2006), http://www.coha.org/2006/03/04/uruguay%E2%80%99s-tabare-
     vazquez-pink-tide-or-political-voice-of-the-center/.
(17) Ramón Sánchez, "The Gas Referendum in Bolivia - A Dirty Trick", *In
     Defense of Marxism* (julio 19, 2004), http://www.marxist.com/Latinam/
     bolivia_referendum0704.html.
(18) Dangl, "Bolivia on a Tightrope".
(19) Ibid.
(20) Ibid.
(21) Durante este tiempo, con excepción de FEJUVE en El Alto, algunos
     grupos no confiaban en el MAS, Morales y otros líderes que formaban
     parte del pacto. Ibid.

(22) Ibid.

(23) Para leer más análisis sobre la actitud del MAS durante la Guerra del Gas de 2005, ver Forrest Hylton, "Bolivia: The Agony of Stalemate", CounterPunch (mayo 5, 2005), http://www.counterpunch.org/hylton06022005.html.

(24) El asistente de la Secretaría de Relaciones Exteriores del Departamento del Tesoro Estadounidense, Randal Quarles, ha dicho que si la nueva ley de gas se aplicaría, seguramente sería "algo seguro que se suspenderían las inversiones, por lo menos mientras que Bolivia continúe con su inestabilidad". Quarles también sugirió que la ley influenciaría en la cantidad de apoyo financiaron que organizaciones como el Fondo Monetario Internacional y el Banco Mundial le ofrecerían al gobierno boliviano. Este tipo de chantaje era típico de las propuestas neoliberales. Jeffrey R. Webber, "Bolivia Back to the Streets?", ZNet (Mayo 9, 2005), http://www.zmag.org/content/showarticle.cfm?ItemID=7817.

(25) Dangl, "Bolivia on a Tightrope", y Federico Fuentes, "Bolivia: A Nation Holds its Breath", Green Left Weekly (Marzo 23, 2005), http://www. greenleft.org.au/back/2005/620/620p19.htm.

(26) Mamani, *Geopolíticas Indígenas*, 99, y de entrevistas del autor con Abraham Bojórquez.

(27) Dangl, "Bolivia on a Tightrope".

(28) Todas las citas e información sobre María Galindo provienen de una entrevista con el autor.

(29) Christian Parenti, "Bolivia's Battle of Wills", The Nation (Junio 16, 2005), http://www.thenation.com/doc/20050704/parenti.

(30) Dangl, "Bolivia on a Tightrope".

(31) Ibid.

(32) Forrest Hylton y Sinclair Thompson, "The Chequered Rainbow", New Left Review 35 (Sept-Oct, 2005), http://www.newleftreview.net/ NLR26903.shtml.

(33) Dangl, "Bolivia on a Tightrope".

(34) Hylton y Thompson, "The Chequered Rainbow".

(35) Entrevista del autor con Abraham Bojórquez, y ver Hylton y Thompson, "The Chequered Rainbow".

(36) Dangl, "Bolivia on a Tightrope".

(37) De la entrevista del autor con Gregorio Cayllante y Julio Mamani en febrero de 2006.

CAPÍTULO DIEZ

El momento boliviano:
la administración de Evo Morales

"Si el siglo XIX le perteneció a Europa, y el siglo XX a los Estados Unidos, el siglo XXI le pertenecerá a América, a América Latina".

- Evo Morales (1)

El líder sindicalista cocalero Berto Bautizado habla sobre las esperanzas y los desafíos que Bolivia enfrenta bajo la administración de Evo Morales. FOTO: Benjamin Dangl

Justo antes de su inauguración oficial, el 22 de enero de 2006, Evo Morales participó en una ceremonia tradicional en Tiwanaku, una ruina pre-Inca. Con pies descalzos y vistiendo un poncho rojo, recibió un bastón de oro y de plata de otros líderes aymaras como un símbolo de su nuevo poder y responsabilidad. Quinientos años habían pasado desde que este ritual de transferencia de poder había ocurrido en Bolivia. El acto tradicional atrajo la atención del mundo y la fascinación de la prensa internacional. Su retórica radical y su vestimenta informal –él vistió un sencillo sweater para su visita con el Rey de España– lo convirtió en nuevo ícono rebelde en los ojos del mundo. Para muchos bolivianos, la victoria presidencial de Morales representó una oportunidad de cambio histórico. Su popularidad había nacido y crecido gracias a los efectos negativos del neoliberalismo, y los bolivianos esperaban que él siguiera luchando en contra de estas políticas. Sin embargo, Morales se dio cuenta, al igual que muchos otros líderes que acaban de llegar al poder, que una cosa es prometer cambios y otra es ejecutarlos. Los primeros meses de la presidencia de Morales han demostrado que la esperanza y la retórica pueden llegar suficientemente lejos, y que la transición de las calles al Palacio de Gobierno es un camino más complicado que el de la candidatura. En más de una ocasión, la administración de Morales se ha visto entre la espada y la pared. Por un lado, están las demandas de un país lleno de una variedad de problemas. Por otro, está la dura realidad de que cambiar estos problemas que llevan más de 500 años de existencia no es nada fácil.

Los éxitos de las movilizaciones callejeras abrieron el paso a las elecciones presidenciales de 2005, las cuales incluyeron diferentes visiones para el futuro de Bolivia. Los conflictos recientes se encontraban al frente del debate, y Morales representó la posibilidad de la esperanza y el cambio por encima que ningún otro candidato. Él prometió nacionalizar las reservas del gas, trabajar como un aliado de los cocaleros, redistribuir tierras a campesinos pobres, resistirse a políticas de libre comercio de los Estados Unidos y convocar a una Asamblea Constituyente para diseñar una nueva Constitución. En una reunión de campaña en La Paz, Morales anunció la muerte inminente del neoliberalismo en Bolivia. Elvira, una madre con cuatro hijos, habló de este momento Quixótico de la historia boliviana con el siguiente comentario: "Yo quiero que Evo cambie todo lo que se encuentra mal en este país". (2)

A favor de Morales se encontraba su opositor, el antiguo presidente Jorge Quiroga. Quiroga fue educado en Texas, trabajó como ejecutivo para IBM y, como presidente, apoyó el uso del ejército y de la violencia para luchar contra los manifestantes. Como el favorito no oficial de la embajada estadounidense se esperó que Quiroga fuera firme en la erradicación de la coca, que continuara con el plan de privatización del gas y que trabajara con los Estados Unidos para establecer un tratado de libre comercio con Bolivia. Había ocho candidatos en las elecciones, y Morales ganaba en la mayoría de las encuestas hasta el día del mismo voto. La Constitución boliviana requiere que el ganador tenga más del 50 por ciento de los votos para asegurar la presidencia, un margen que se ha logrado en pasadas elecciones a través de alianzas entre varios partidos. En el caso de que no haya una mayoría absoluta, el Congreso decide entre los dos candidatos con mayor cantidad de votos.

La vez que conocí a Morales fue durante una reunión luego de las protestas de la Guerra del Gas en Cochabamba. Una larga habitación en las oficinas de las Seis Federaciones de Cocaleros del Chapare se encontraba llena de gente que participaba en charlas sobre la nacionalización del gas. Luego de que acabara el evento, los seguidores de Morales lo cubrieron con abrazos, saludos y palabras de apoyo. En cierto punto, una niña que no tendría más de seis años corrió hacia él y abrazando su pierna le dijo: "Te amo, Evo. Te amo, Evo". Sus padres la observaban llenos de orgullo.

La escena no fue tan gloriosa cuando entrevisté a Morales en el centro del MAS en Cochabamba en 2003. A la entrada del edificio me encontré con un hombre cosiendo una bandera de wiphala, mientras otro tomaba su desayuno en una taza. Pregunté sobre Morales y todos me indicaron que subiera. El edificio tenía oficinas administrativas y cuartos con camas improvisadas para los cocaleros que se quedaban ahí mientras estaban lejos de sus casas atendiendo marchas y reuniones. El líder se encontraba sentado en su escritorio tomando un jugo de naranja y leyendo los periódicos del día. Posters de campaña, muchos mostrándolo a él mismo sonriendo con hojas de coca alrededor de su cuello, cubrían las paredes junto a banderas de wiphala y grandes ventanas que daban la vista hacia la plaza de abajo. Me senté en una de las muchas sillas que se encontraban al frente de su escritorio.

Hablamos sobre varias cosas, la más importante sobre la posible presión que recibiría de Washington y de las compañías transnacionales si efectivamente él se convertía en presidente de Bolivia (3). Su respuesta mostraba la seguridad en sí mismo. "Después de más de 500 años, nosotros, los quechuas y los aymaras, todavía somos los verdaderos dueños de estas tierras. Nosotros, los indígenas, después de 500 años de resistencia, estamos retomando el poder. Esta toma de poder está orientada hacia la recuperación de nuestras propias riquezas, de nuestros recursos naturales –como los hidrocarburos. Esto afecta a los intereses de las compañías transnacionales y a los intereses del sistema neoliberal". Su teléfono sonaba insistentemente durante nuestra entrevista y él contestaba y lo dejaba encima del escritorio, dejando que la otra persona en línea escuchara también sus promesas y predicciones.

En este tiempo, Morales mismo era parte de los movimientos sociales con los cuales él tendría que enfrentarse más tarde. "Estoy convencido de que el poder de la gente está creciendo y fortaleciéndose", dijo. "Este poder está cambiando a presidentes, a los modelos económicos y a la política. Estamos convencidos de que el capitalismo es el enemigo de la tierra, de la humanidad y de la cultura. El gobierno de los Estados Unidos no comprende nuestro modo de vida y nuestra filosofía, pero defenderemos nuestras propuestas, nuestro modo de vida y nuestras demandas con la participación del pueblo boliviano". Después de haber sido elegido, Morales ha seguido usando la retórica de un movimiento del pueblo para describir a su administración.

En otra entrevista durante su campaña presidencial en 2005, hizo la predicción de que "Si el siglo XIX le perteneció a Europa y el siglo XX a los Estados Unidos, el siglo XXI le pertenecerá a América, América Latina" (4). Tal esperanza se evidenció el 18 de diciembre de 2005 –el día de las elecciones– cuando aproximadamente un 80 por ciento de la población se presentó para votar. La posibilidad de una victoria de Morales motivó a que Manuel Cruz Quispe, un hombre de 82 años de El Alto, fuera a votar empujado en una carretilla por su hijo. A pocos segundos después de dar su voto, Cruz Quispe murió. (5)

"Espero que la xenofobia desaparezca", dijo Morales después de emitir su voto al frente de cientos de residentes de Villa 14 de Septiembre en el Chapare. "Solamente queremos vivir bien...Los pobres no quieren ser ricos, ellos sólo quieren vivir bien". Estaba vestido con su típica sencillez, en camisa de manga corta y jeans, y anteriormente él había desayunado pescado y yuca hervida junto con gente de la localidad y varios periodistas. Después de que Morales votara, un vecino con un sombrero de vaquero cruzó el pueblo en caballo con una bandera de wiphala en la mano, un símbolo que ya era común en la mayoría de los eventos del MAS. En una rueda de prensa aquella tarde, Morales fue celebrado por hombres y mujeres que tenían sus bocas llenas de hojas de coca. (6)

Él sorprendió al mundo con una victoria de frente, ganando la mayoría necesaria de votos para evitar que la decisión llegara al Congreso. El país y sus seguidores en el resto del mundo se llenaron de euforia. Sin embargo, la delicada realidad de crear el cambio que el MAS había prometido, pronto se convertiría en el centro de la atención. Sin importar lo que hicieran los líderes del MAS, ellos sin duda alienarían a los inversionistas extranjeros, a los movimientos sociales, o a ambos. Si Morales ejecutaba sus promesas de campaña, se enfrentaría a una enorme presión por parte de la administración de Bush, de las compañías y de los prestamistas internacionales. Si elegía un camino más moderado, los movimientos sociales organizarían el tipo de protestas y huelgas que echaron a dos presidentes en dos años. "El (54 por ciento con el que ganó Morales) no es un cheque en blanco; es un préstamo", dijo la analista Helena Argirakis. "El apoyo de los movimientos sociales siempre será condicional", añadió su colega Fernando García. (7)

Los ministros y los miembros del gabinete de la gestión de Morales representaban una fractura con el pasado. En vez de escoger a políticos con mayor experiencia y adherentes al neoliberalismo, Morales escogió aliados de sus años como líder sindicalista. Ministerios como el de Comercio, el de Minería, de Tierra o Hidrocarburos quedaron bajo la administración de estudiosos de izquierda, intelectuales y trabajadores. Se creó un Ministerio del Agua con Abel Mamani, de la Fejuve de El Alto, como ministro. El título de Ministra de Justicia le fue asignado a Casimira Rodríguez, una líder sindicalista de trabajadoras domésticas por varios años, y el Vicepresidente mismo es un académico y sociólogo, quien estuvo encarcelado por su participación en un grupo de guerrilla armada.

Mientras estas decisiones simbólicas generaron preocupaciones en la derecha y reconocimiento en la izquierda, no todos los movimientos sociales estaban satisfechos, pero sabían que debían seguir participando para generar cambios. Óscar Olivera, un líder de la Guerra del Gas en Cochabamba en 2000, advirtió con que "Ahora será más difícil que la gente pueda movilizarse...Si 'Tuto' (Quiroga) estuviera en el poder, él obviamente sería 'el enemigo'. Si Evo no cumple, será una pérdida para los movimientos sociales. Las ganancias de seis años de lucha se habrán perdido". (8)

A pocos días de que Morales tomara el poder, La Paz estaba llena de esperanzas y de actividades. La mayoría de los taxistas llevaban calcomanías del MAS en sus autos, y los posters de campaña aún cubrían las paredes de la ciudad. No conocí a una sola persona que no haya votado por Morales. Varias reuniones tomaron lugar entre sindicatos, activistas, organizaciones sociales e intelectuales que planeaban maneras de utilizar el momento como una oportunidad para el cambio.

Una reunión sobre temas de comercio en La Paz incluyó a varios sindicatos y organizaciones campesinas. "Sólo porque Morales esté en el gobierno no significa que todo irá bien", dijo el activista en temas de comercio Pablo Solón. Se sentía una necesidad general de que ya era tiempo de presionar al gobierno de Evo Morales a que no fallara, de que esta esperanza no desapareciera por una falta de participación del pueblo boliviano. La frase "las cosas no cambian de la noche a la mañana" se escuchaba en muchas de las reuniones. Sin embargo, las expectativas parecían no tener límites.

Dionisia Aduviri ha trabajado cada día en los últimos cinco años como una vendedora ambulante en La Paz. Durante la Guerra del Gas de 2003, ella participó en las movilizaciones como parte de su sindicato de vendedores de la calle. Su opinión sobre la victoria de Morales fue sensata: "Hemos sido esclavos para que los ricos puedan ser más ricos, pero ahora tenemos esperanza de que las cosas mejoren por primera vez en la historia de Bolivia".

Gran parte de esta esperanza simbólica se enfocó en la "nacionalización" del gas. La nacionalización había sido una demanda continua en todas las protestas, y el 1° de mayo de 2006, Morales finalmente anunció planes para que el gas quede en manos del Estado y beneficie a la mayoría del país. "Ha llegado el momento, el día esperado en que Bolivia tomará absoluto control de sus recursos naturales", declaró Morales en un discurso desde el campo petrolero San Alberto, mientras vestía un casco blanco de la compañía estatal de gas y petróleo Yacimientos Petrolíferos Fiscales Bolivianos (YPFB). Una pancarta cercana a él declaraba: "Nacionalizado: Propiedad del Pueblo Boliviano". El día del anuncio, miles de personas se unieron para celebrar la nacionalización en la plaza Murillo de La Paz, y el ejército fue despachado por todo el país en un espectáculo parecido al de la Revolución de 1952. Aunque la política y las celebraciones eran más teatro que acción, tuvieron un impacto significativo en la opinión pública.

Lejos de ser una expropiación absoluta de la industria, la ley simplemente le dio al Estado más poder en el negocio del gas y del petróleo, y buscó generar más ganancias para el gobierno a través de un incremento de precios, impuestos y regalías. La ley elevó la cantidad de ganancias generadas en los dos principales campos de gas, San Alberto y San Antonio, desde alrededor de un 50 por ciento hasta 82 por ciento. Estos campos que representan el 70 por ciento del gas natural en Bolivia son propiedad de y administrados por Petrobras de Brasil, Repsol de España y Argentina, y Total de Francia. Los campos más pequeños continuarían bajo el acuerdo anterior al cambio de impuestos, el cual designaba un 50 por ciento para el gobierno. (9)

La ley anunció un dinámico horario para estos cambios. Luego de 60 días de la declaración, YPFB controlaría la producción, exploración y distribución del gas y del petróleo. En 180 días, las compañías extranjeras estarían obligadas a firmar contratos renegociados dándole más control al Estado. Si ellas se negaban a renegociar, estarían obligadas a irse del país. Aunque la ley no estableció la expropiación completa de las propiedades extranjeras, sí implicó a que se vendieran al gobierno estas propiedades en las industrias del gas y el petróleo. De acuerdo con la ley, el Estado tomaría las propiedades de las compañías que no estuvieran de acuerdo con la renegociación de sus contratos. (10)

Bajo este nuevo esquema, el gobierno es capaz de establecer los precios básicos del gas, lo cual afecta a los impuestos y a las regalías que recibe. Para poder ejercer un mayor control sobre la industria, la ley estableció que el gobierno recobraría un 51 por ciento de las inversiones de cinco compañías que se quedaron luego de la privatización de YPFB en 1996, cuando muchos de los contratos más recientes habían sido firmados. Estas inversiones serían compradas o negociadas.

Mientras la administración de Morales mostraba su emoción y esperanza, el Centro de Estudios de Desarrollo Laboral y Agrario (CEDLA) mantuvo su análisis honesto y frío. Poco tiempo después de las elecciones hablé con Carlos Arce, el director de la organización, quien admitió que el gobierno del MAS y CEDLA no eran grandes aliados. Los analistas de la organización se han encargado de comprobar que el emperador está sin ropas al producir reportes que detallan las acciones del gobierno. Ellos ofrecen clases y seminarios por todo el país y se encuentran frecuentemente con organizaciones sindicales y sociales. Cuando hablé con Arce, él inmediatamente condenó la ley de nacionalización de Morales, comparándola con la propuesta de la administración de Mesa en 2005, la cual llevó a la renuncia del presidente. "Ésta no es una nacionalización", me dijo en su oficina con vista hacia La Paz. "La nacionalización es expropiación". (11)

Aunque la ley establece que YPFB debe recibir una mayoría de las inversiones, en realidad, la compañía estatal se mantiene tan sólo como un amigo de negocios, y uno con ciertas desventajas en términos del capital. Para que pueda ser un aliado poderoso con las grandes compañías, YPFB tiene que adquirir inversiones, pero no tiene dinero para hacerlo. Sin embargo, las inversiones pueden ser compradas a través del gas –así que nuevamente, bajo este acuerdo, el gas tendrá que ir a las compañías internacionales en vez de ir al Estado. El plan de "nacionalización" sí establece que se mejore la distribución del gas a través de precios más económicos para los bolivianos, una importante demanda de las protestas pasadas.

"Si esta reforma del MAS parece ser una revolución, ¿qué harán los de la derecha?", preguntó Arce. "Morales tiene tanto poder, pero al mismo tiempo él está débil, él no es radical. La derecha nunca duerme, y ellos tienen el dinero y la experiencia para manejar el Estado".

El 29 de octubre de 2006, Morales y oficiales de YPFB firmaron contratos con las diez más grandes compañías de gas y petróleo que operan en Bolivia, cumpliendo con éxito el plazo de 180 días como fue establecido en la Ley de Nacionalización. Los nuevos acuerdos se enfocaron en el desarrollo y la exploración en las industrias del gas y del petróleo. Morales dijo que en cuatro años los contratos renegociados generarán 4 billones de dólares en ganancias anuales para el Estado, las cuales serán utilizadas para desarrollar a este pobre país. (12)

Aparte de las protestas por la nacionalización del gas, los movimientos sociales han estado pidiendo desde hace décadas

que se organice una Asamblea Constituyente para escribir una
nueva Constitución. Desde 1826 hasta 2004, Bolivia ha tenido
16 constituciones y seis reformas. La primera Constitución,
escrita por el mismo Simón Bolívar en 1825, prometió ser "la
Constitución más liberal del mundo". Sin embargo, hasta las
constituciones más liberales son ineficientes si sus leyes no
son regidas, como ha sido el caso boliviano a lo largo de su
historia. (13)

Las demandas por una nueva Constitución como instrumento para crear una sociedad más igualitaria surgieron nuevamente en los noventa, cuando grupos indígenas del este de
Bolivia demandaron una Asamblea Constituyente para tener
participación política dentro del gobierno. De acuerdo con el
Andean Information Network, las organizaciones indígenas que
presionaban por una Constituyente "buscaron mayor participación en las decisiones políticas sobre el uso y la distribución de
tierras y recursos naturales, la división de los recursos del Estado
y las políticas de desarrollo a nivel nacional" (14). Es más, estas
demandas corresponden a muchos derechos y garantías que no
fueron aplicados en constituciones pasadas.

El 6 de marzo de 2006, bajo Morales, el Congreso aprobó
una ley para convocar a una Asamblea Constituyente. La Ley
de Convocatoria afirma que el gobierno mismo no puede in-
tervenir en el proceso y una vez que la Asamblea haya escrito
la nueva Constitución, debe ser aprobada por lo menos por
dos tercios de la población en un referéndum nacional. Si esta
nueva Constitución es rechazada en el referéndum, la vieja
seguirá vigente. La ley estableció la fecha para la elección de
asambleístas el 2 de julio del mismo año, y le dio a la Asamblea
el poder para escribir la nueva Constitución. Se estipuló que
las actividades de la Asamblea se darían a conocer al público
y ésta tendría hasta un año para ejercer su labor. De acuerdo
con la ley, al menos el 30 por ciento de los asambleístas serían
mujeres. (15)

La Asamblea Constituyente fue creada por y para el pueblo y el MAS tuvo el cuidado de presentarla como tal durante

las elecciones presidenciales. Pero mientras se acercaba el día de las elecciones, el 2 de julio, más críticas surgieron sobre la organización y la creación de la Asamblea. Aunque las políticas del MAS y los candidatos para la Asamblea contaban con apoyo, muchos bolivianos se quejaron de que la manera en que las elecciones y la Asamblea habían sido organizadas excluían a los movimientos sociales. Como escribió Jim Shultz, para que un candidato pueda calificar en las elecciones, "sindicatos, grupos indígenas y otros movimientos sociales tuvieron que salir a las calles y recoger 15.000 firmas cada uno –junto con huellas dactilares y números de carnet de identidad– en unas pocas semanas" (16). Como resultado, muchas organizaciones sociales y sindicatos importantes separados de los partidos políticos no pudieron participar en las elecciones. Sin embargo, los militantes del MAS rápidamente se dieron cuenta de que muchos sindicatos y grupos sociales ya estaban operando dentro del partido: de los 50 asambleístas del MAS en La Paz, 18 eran líderes de organizaciones sociales y de sindicatos. Muchos de los políticos del MAS pertenecen a sindicatos, grupos indígenas y juntas vecinales, y algunos son líderes de organizaciones cocaleras, mineras y estudiantiles.

A la defensa del MAS, esta organización simplemente estaba siguiendo los requerimientos establecidos por la Ley de Convocatoria de la Asamblea Constituyente. Esta ley de compromisos fue escrita conjuntamente con partidos conservadores quienes tenían el mismo interés que el MAS en mantener a los movimientos sociales afuera y a los partidos políticos adentro. Sin embargo, ambos lados eventualmente se darían cuenta de que las áreas grises que permitían que los partidos aprobaran la ley rápidamente, también creaban mayores dificultades en el camino hacia la Asamblea. Además, la elección de la Asamblea tomó lugar al mismo tiempo que un referéndum sobre autonomías departamentales. El referéndum, unido a la elección de la Asamblea para que esto calmara a las facciones conservadoras en los departamentos del este del país, le pidió a los ciudadanos a que votaran "sí" o "no" sobre las autonomías, o la transferencia de poder hacia sus gobiernos departamentales en vez del gobierno central. Extrañamente, una definición de lo que serían los poderes bajo una autonomía no formó parte del referéndum. Es posible que la autonomía signifique mayor poder para las provincias en la administración de la economía, los impuestos, la educación, el gas y otros recursos naturales sin la presión del gobierno central en La Paz. El MAS describe a la autonomía como un método en que los líderes de negocios al este del país siguen explotando los recursos naturales y aplicando políticas neoliberales.

A pocos días antes de la elección del 2 de julio, el partido del MAS cerró su campaña en la plaza principal de La Paz. La música, los serios discursos y un viento frío marcaron la reunión contra las autonomías y por los representantes del MAS a la Asamblea Constituyente. Una pancarta colgaba detrás del escenario con la frase: "Bolivia cambia su historia: una revolución cultural y democrática". Debajo de este cartel, una mano sujetaba un lápiz con los colores de la bandera boliviana. Un retrato enorme de un sonriente Evo Morales rodeado de banderas indígenas colgaba al lado del escenario.

Mientras el evento comenzaba, con música andina y charlas sobre la hoja de coca y el cambio radical, la plaza se llenó de gente que llevaba pancartas en oposición a la autonomía y por una victoria del MAS. Una de ellas simplemente decía: "Autonomía, la destrucción de Bolivia". La audiencia estaba decididamente con el MAS. "Hemos tenido suficiente explotación en este país", me dijo una mujer a mi lado. Ella estaba segura de que el MAS ganaría en La Paz. "Las compañías transnacionales se han llevado todo. Yo votaré por el MAS, porque necesitamos cambio, desde hace ya mucho tiempo".

La reunión fue una mezcla del fervor revolucionario y elementos de la vida diaria en La Paz. Enormes propagandas para una compañía de loterías, materiales de construcción y aceite para automóviles cubrían los edificios detrás del escenario. Los comerciantes vendían shish-kabobs, carnes y papas por las calles; sus parrillas generando un humo que cubría toda la calle. Una muchacha pasó de lado vendiendo cigarrillos y caramelos. A cierto punto me di cuenta de que habían más vendedores niños que adultos. En Bolivia, la labor infantil es muy común. La presencia de estos chicos en la audiencia hizo que los discursos sobre el desarrollo y las nuevas oportunidades parecieran irónicos. Los fuegos artificiales explotaban fuertemente en el cielo, mientras un camarógrafo del canal Telesur le preguntaba a un chico que limpiaba zapatos que se moviera un poco para que lo dejara filmar.

La audiencia llegó a incluir a más de 15.000 personas. Un hombre encima del escenario, vestido con una bandera boliviana, brincó por todo lado entre bandas que tocaban música andina y de rock. Imágenes de Che Guevara se distinguían entre la muchedumbre, mientras el presentador gritaba: "¡Vota por el MAS. Vota por una nueva Bolivia!". Varios candidatos a la Asamblea estaban sentados en el escenario, cubiertos en collares de flores y confeti y moviendo sus cabezas de un lado a otro, como les indicaron a hacer. Arturo Rojas, de 11 años, se acercó al micrófono y dio un discurso poderoso que podría haber salido de la boca de un hombre de 40 años. "¡Mil veces no a la explotación de nuestro país!", gritó, y "¡El pueblo está en el poder para construir un nuevo país!". Al final de su discurso, el presentador levantó su puño al aire y le preguntó a la audiencia si querían coca. Miles respondieron con gritos, y bolsas de la hoja verde se echaron hacia ellos.

El día de la elección, las áreas de votación se encontraban llenas de vida. Los chicos jugaban entre los baúles de votos, pateando pelotas de fútbol y persiguiendo palomas. El tráfico estaba limitado a vehículos del gobierno y de oficiales de la elección. Como resultado, las calles se veían relativamente tranquilas y llenas de transeúntes, en vez de embotellamientos de autos. La mayoría de las áreas de votación, establecidas en patios de escuelas con arcos de fútbol y canchas de básquetbol, tenían el aire de picnics de familia. Los juegos continuaban entre vecinos, mientras la gente votaba. Afuera de las zonas de votación la gente cocinaba carnes y chorizos en sus parrillas.

No todos los votantes estaban encandilados por su apoyo al MAS. Dora Arraya Castro, una mujer jubilada, me habló en la acera mientras la gente se dirigía a sus lugares de votación. Ella vestía una bufanda verde y guantes y me miraba con ojos rodeados de muchas arrugas. Cada vez que iba a dirigirme la palabra, miraba alrededor para asegurarse de que nadie la escuchara: tenía temor de ser agredida por apoyar a partidos de derecha. Moviendo su dedo en una y otra dirección, me dijo que era "una lástima que yo tenga el mismo apellido que aquel bastardo, Fidel Castro". De acuerdo con ella, el gobierno de Morales estaba "lleno de terroristas. Yo nunca voté por este Presidente campesino, Evo. Él ni siquiera sabe cómo hablar. Los Estados Unidos debería cortar relaciones y dejar de darle ayuda financiera a Bolivia".

Las propuestas y críticas sobre cómo se debería organizar la Asamblea mostraban la gran diversidad de Bolivia. "Que vivan los desertores, los supuestos cobardes y todos los jóvenes que se niegan a usar armas", escribió el grupo feminista Mujeres Creando, explicando que la Asamblea debería deshacerse del servicio militar obligatorio. Sus propuestas para la Asamblea tenían que ver con el poder de la iglesia en la educación y el hecho de que las mujeres debían llevar los apellidos de sus maridos. También protestaron por la falta de movimientos sociales en la Asamblea: "Cada partido político es un arma llena de sangre, machismo y corrupción", dijeron. (17)

Pocos se sorprendieron cuando los resultados de las elecciones fueron anunciados la noche del 2 de julio. El MAS ganó 135 puestos en la Asamblea Constituyente, mientras que el partido Podemos (de derecha) ganó 60, y Unidad Nacional obtuvo 11. Sin embargo, el MAS no ganó tanto como lo esperaba; se necesitaban dos tercios de los puestos (170 de 255) para controlar la Asamblea. En el referéndum por las autonomías departamentales, el "no" a la autonomía ganó por 54 por ciento y el "sí" obtuvo 46 por ciento de los votos a nivel nacional. Los departamentos que votaron por la autonomía fueron la "media luna" del oriente, Santa Cruz, Beni, Pando y Tarija. Aquellos quienes votaron contra el referéndum fueron La Paz, Oruro, Potosí, Cochabamba y Chuquisaca. Cuando se publicaron los resultados, enormes marchas celebraron la victoria de las autonomías.

Mientras pasaba el tiempo, los meses de puro optimismo que siguieron a la victoria de Morales se diluyeron en una serie de preguntas y conflictos. La Asamblea Constituyente se paralizó debido a peleas sobre la votación. El presidente de YPFB renunció bajo acusaciones de corrupción. El Ministro de Hidrocarburos dejó su trabajo criticando a la gestión de Morales por haberse dejado presionar por la compañía brasileña Petrobras durante negociaciones de contratos de gas. Y aunque bajo Morales las zonas cocaleras han sido menos militarizadas y el mercado legal de la coca se ha expandido, la Ley 1008 continuaba criminalizando a gente inocente, llevando la violencia al campo y protestas a las prisiones.

Mientras atendía una reunión de las Naciones Unidas en la ciudad de Nueva York en septiembre de 2006, Morales mostró una hoja de coca y habló de la importancia que tiene en su país, y le pidió a las Naciones Unidas que la legalizara. Este paso desafiante llamó la atención del mundo, pero en Bolivia las políticas de la coca de Morales mostraban ser una mezcla de pérdidas y éxitos.

La gestión de Morales continúa expandiendo los esfuerzos conjuntos de erradicación que se iniciaron en el Chapare en octubre de 2004 bajo el ex presidente Carlos Mesa. La erradicación conjunta ocurre entre las fuerzas de seguridad y los cocaleros, lo cual ha creado un ambiente mucho más pacífico de lo que había sido en el pasado, cuando la norma era la erradicación forzosa y violenta. En la gestión de Morales, este método va mucho más allá que otros gobiernos y también está incrementando la tranquilidad en las zonas cocaleras. Al mismo tiempo, el mercado legal de la coca sigue creciendo y la mano dura contra el narcotráfico continúa. Morales y sus colegas del equipo de la coca vienen de sindicatos cocaleros y siguen contando con el apoyo del sindicato de las Seis Federaciones para ejecutar políticas cocaleras que sean más pacíficas y productivas. (18)

La política cocalera de Mesa en 2004 le permite a cada familia sembrar un cato (1.600 metros cuadrados) de coca. La coca producida en exceso a estos parámetros es erradicada. El cato de coca trae alrededor de 70 a 100 dólares al mes. La erradicación conjunta y la producción de un cato por familia en el Chapare ha tenido éxito. En los Yungas, sin embargo, la erradicación forzosa ha continuado, porque los campesinos se rehúsan a cooperar con las fuerzas de erradicación. (19)

Muchos bolivianos no apreciaron el hecho de que Morales comprende la realidad de la producción de la coca, la historia de la militarización en zonas cocaleras y la erradicación. Sin embargo, su enfoque en el Chapare y no en todas las regiones cocaleras del país ha confundido a muchos quienes creyeron que sus políticas mejorarían en términos generales.

En un conflicto del 29 de septiembre de 2006, en una zona aislada cerca al Parque Nacional Carrasco en Yungas de Vandiola, cerca al Chapare, dos cocaleros fueron asesinados durante una campaña de erradicación. (20) Morales, un defensor de los derechos de los cocaleros desde siempre, aprobó el trabajo de las fuerzas de seguridad. Los cocaleros Ramber Guzmán Zambrana y Celestino Ricaldi fueron asesinados por la policía boliviana y las fuerzas de erradicación del ejército, llamadas Fuerzas de Tarea Conjunta. La tierra y los campesinos operaban fuera de las Seis Federaciones en el Chapare, el sindicato principal con el que negocia el gobierno y del cual Morales es actualmente presidente. (21)

El representante cocalero Nicanor Churata dijo que el área al centro del problema es un área de producción tradicional (22). Por otro lado, el gobierno dijo que de acuerdo con un tratado firmado por Carlos Mesa, está prohibido sembrar coca en parques nacionales (23). La zona donde hubo conflicto está alejada de los caminos y sólo se puede llegar ahí a pie o en helicóptero. En este caso, la coca es uno de los pocos productos agrícolas que pueden sobrevivir su transporte a los diferentes mercados del país. Sin embargo, el hecho de que esta zona es alejada llevó a que los ministros Walker San Miguel y Alicia Muñoz dijeran que la producción de estos campesinos es ilegal y va a la producción de cocaína, porque no existen mercados legales en su vecindad (24). Ellos también dijeron que los campesinos estaban siendo armados por narcotraficantes. Esta retórica es similar a aquélla usada por gobiernos anteriores que defendían su uso de fuerza excesiva contra los cocaleros. "Éste no es un problema de tráfico de drogas" dijo Kathryn Ledebur del Andean Information Network, "éste es un problema de campesinos que intentan sobrevivir". (25)

Otro obstáculo hacia el cambio revolucionario que prometía el MAS ocurrió en la comunidad minera de Huanuni el 5 y 6 de octubre de 2006. El conflicto surgió entre mineros de pocos recursos quienes querían tener acceso a grandes minas de estaño, dejando 16 muertos y decenas de heridos. La pelea fue entre trabajadores salariados y sindicalistas, quienes reciben salarios mensuales y algunos beneficios, y otro grupo conocido como los cooperativistas. Los cooperativistas son remunerados de acuerdo con la cantidad y la calidad de metales que son capaces de extraer y luego vender a compañías estatales y privadas. (26)

Durante este conflicto, los mineros lucharon con dinamitas y llantas llenas de explosivos. Un momento crítico llegó en la tarde del 5 de octubre, cuando una dinamita cayó dentro de un edificio de guarniciones de dinamitas, provocando explosiones en 39 otras estructuras adyacentes. El minero Salustiano Zurita se refirió al evento "como una bomba atómica", que dejó a 100 familias sin hogares y mató a dos mujeres. Quintín Calle y sus ocho hijos pasaron esa noche buscando a su esposa entre las ruinas. A la mañana siguiente, él descendió de la cima con la noticia de que por fin había encontrado a su esposa. En realidad, sólo había encontrado partes de su cabello y de su piel, un pedazo de su falda y una sección de su columna vertebral. (27)

Aunque algunos sectores conservadores del país se refieren a los eventos en Huanuni como un fracaso del gobierno de Morales, en realidad el conflicto se debe a las políticas económicas de gobiernos pasados. Gran parte del depósito Posokoni en Huanuni fue vendido a la compañía británica Allied Deals PLC como la "Empresa Minera Huanuni" (EMH) el año 2000. Esta venta ocurrió bajo el gobierno de Hugo Banzer, por 501.123 dólares, más la promesa de invertir 10.250.000 dólares en los primeros dos años de negocio. Cuando Allied Deals quebró en 2001, la compañía le debía a la corporación pública minera Comibol aproximadamente 95 millones de dólares. Otros conflictos surgieron entre las cooperativas privadas que intentaron comprar a Allied Deals y líderes de Comibol que demandaban al menos el terreno de la compañía, sino el pago de su deuda también. Aunque el gobierno de Morales no supo negociar con los diferentes sectores antes o después del conflicto, la crisis sigue teniendo sus raíces en la pobreza, el neoliberalismo y la privatización. (28)

Una posible solución a la crisis minera actual está en la nacionalización de las minas. Sin embargo, el 31 de octubre, Morales admitió que "el Estado no tiene los recursos económicos para lograr la nacionalización de la minería" y que cualquier paso en aquella dirección tomaría lugar después de 2007 (29). Aún falta por ver si el gobierno de Morales será capaz de levantarse por encima de las ruinas de Huanuni, dándole un revés a esta maldición por la riqueza.

Mientras la sangre se derramaba en Huanuni, grupos de Derechos Humanos trabajaban para calmar otro conflicto. El impulso de traer a Sánchez de Lozada para ser enjuiciado por las muertes de la Guerra del Gas y de Febrero Negro de 2003, ha ganado fuerzas bajo la administración de Morales. Cuando se escribió este libro, Sánchez de Lozada seguía libre en los Estados Unidos. El Comité Impulsor del Juicio de Responsabilidades, un grupo de Derechos Humanos boliviano, está trabajando para que él sea enjuiciado en las cortes bolivianas. (30)

Mientras tanto, la élite de negocios derechista en Santa Cruz, liderada por el partido político Podemos y el Comité Cívico, sigue creciendo. Éstos son líderes adinerados que llevan a la prensa en sus bolsillos y utilizan las faltas del gobierno de Morales como munición para realizar una guerra sucia de palabras. Quizás los mayores desafíos a la gestión de Morales han venido desde Santa Cruz, una fuerza económica que apoya al 45 por ciento de la economía boliviana. Este departamento es la base de muchos negocios, terratenientes y políticos que forman un frente en contra de Morales y de cualquier organización social que quiera obstaculizar su camino hacia el éxito neoliberal.

Aunque se la conoce en el resto del país como una ciudad próspera y rica, existen comunidades muy pobres dentro de la ciudad de Santa Cruz, entre los rascacielos y centros comerciales y plazas. Un carpintero, Mario Colque, de 37 años, había migrado a Santa Cruz desde Potosí para buscar trabajo. Se frotaba las manos mientras me contaba sobre el racismo que él ha visto en la ciudad. "Aquí no hay corazón. Tienes que estar pidiendo limosnas en el piso para que alguien te tire una moneda –si les provoca–, y si no les provoca, prefieren darte una patada".

Un administrador de hotel –quien me pidió que no usara su nombre– parecía ser el típico hombre a quien Colque se ha tenido que enfrentar. Aunque nació en Tarija, el administrador había vivido mucho tiempo en los Estados Unidos y hablaba perfectamente el inglés. Se refirió al vicepresidente García Linera como un "homosexual", dijo que la administración de Morales estaba llena de "indios" incapaces y aseguró no creer que el MAS duraría más de un año en el poder. "La misma gente que lo puso a Morales en el gobierno, lo echará también", fue su profecía.

El mismo administrador de hotel fue quien me explicó cómo podría llegar al Comité Cívico Pro-Santa Cruz, una organización estrechamente relacionada con los grandes negocios y los políticos de derecha que iniciaron el movimiento por la autonomía. Sus oficinas se encontraban en una de las zonas más incluyentes de la ciudad. Dentro del edificio colgaban fotos de las reuniones y los premios del movimiento autonómico, así como de lemas propios enmarcados, como por ejemplo: "Si no tienes nada que hacer, no lo hagas aquí: trabajo digno". Los periodistas que pasaban por la oficina parecían ser amigos de los del Comité, algunos hasta hacían planes para encontrarse y tomar tragos o para asistir a una parrillada familiar.

El cuarto de prensa tenía una alfombra de color verde oliva con un fuerte aroma a colonia de hombre. El presidente bigotudo del Comité, Germán Antelo, se dirigía a doce cámaras de televisión a la vez para hablar sobre cómo el MAS intentaba dividir al país con bloqueos y protestas, presionando al pueblo boliviano para que apoye su gestión. Antelo dijo que su organización apoyaba a la legalidad y a la democracia, y no al estilo dictatorial del MAS. Su hábil y bien formulado discurso camuflaba su rabia que demostró cuando tuvo que hablar sobre su propia dignidad. "Nosotros no usamos tácticas para intimidar a nadie", explicó, diciendo que el Comité estaba compuesto por gente boliviana trabajadora. Los periodistas aprobaban sus palabras moviendo sus cabezas y apagaron sus cámaras cuando se los pidieron.

Otro grupo poderoso en Santa Cruz es el partido político Podemos. El senador Jorge Aguilera repitió la misma posición que el Comité tuvo con respecto al MAS y sugirió que quizás Evo y Linera están siguiendo su agenda porque "no tienen familia, y por eso no aprecian el valor de la vida humana". Rubén Darío Cuéllar, el líder de la Asamblea Constituyente por Podemos, habló sobre el deseo del MAS de mantener un poder centralizado, en vez de apoyar la autonomía. Dijo que Morales cree que "la pobreza compartida es mejor".

Si Podemos y el Comité Cívico Pro-Santa Cruz son las bocas y las caras de la élite empresarial y del movimiento autonómico de Santa Cruz, la organización Unión Juvenil Cruceñista representa a los puños del grupo. Mientras Podemos y el Comité van detrás de la izquierda en retórica y en políticas económicas, se sabe que la Unión Juvenil ha ido detrás de campesinos que marchaban por la nacionalización del gas, golpeándolos, lanzando piedras a estudiantes contra las autonomías, echando cócteles de Molotov a la estación de televisión estatal y atacando salvajemente a campesinos sin tierra (31). La Unión es una versión joven y menos presentable que el Comité. Aunque los líderes pretenden ser independientes del Comité, sus oficinas están justo detrás del edificio del Comité y muchos de sus miembros se gradúan eventualmente al mismo.

Me senté con dos de sus líderes en una oficina con muebles cómodos y con fotos de sus antiguos jefes. Aunque el aire acondicionado estaba prendido, las puertas se quedaron abiertas, algo que sólo pude identificar como una muestra de opulencia y de despilfarro en un país tan pobre como Bolivia. Wilberto Zurita, el vicepresidente de la Unión Juvenil, se sentó a mi lado. Vestía blue jeans nuevos, cabello bien peinado, un buen reloj y un teléfono celular que no dejaba de sonar durante nuestra conversación. Él estudió ingeniería civil y ahora trabaja en construcción. Su colega, Alfredo Saucedo, trabaja para el departamento de relaciones públicas de la Unión. Él estudia leyes y quiere entrar a la política. Ambos tienen 31 años y están a cuatro años de ser obligados a jubilarse de la Unión y de tener que formar parte de la "vieja guardia".

Les pregunté sobre algunas de las quejas de violencia de parte de la Unión. Aunque dijeron que ésos eran rumores creados por la izquierda, ellos admitieron que estarían dispuestos a tomar armas para defender a Santa Cruz de lo que ven como una invasión "colla" –usando el término ofensivo que es generalmente utilizado por la élite en Santa Cruz para referirse a los campesinos o indígenas del occidente. Ellos veían la administración de Morales como una amenaza, que estimulaba sus deseos de autonomía. "Cuando tengamos que defender nuestra cultura a la fuerza, lo haremos", dijo Saucedo. "La defensa de la libertad es más importante que la vida misma...Aquí, en este departamento, la gente hará lo que sea con tal de defender la libertad". Cuando les pregunté si un golpe militar contra

Morales sería necesario, ambos dijeron que no, pero Zurita parecía estar particularmente nervioso al escuchar la pregunta, moviendo su rodilla de arriba a abajo al contestar. Ellos criticaban a los campesinos "quienes con tal de ahorrar dinero, no se bañan y no se cambian de ropa con regularidad". Me dijeron que los cambas –a quienes describieron como a los habitantes de piel clara de Santa Cruz, ricos y con grandes propiedades de tierra– eran más amigables y limpios que los collas.

Tanto Zurita como Saucedo habían impulsado el movimiento por la autonomía y se sintieron desconectados de la cultura boliviana fuera de Santa Cruz. Saucedo admitió que no quiere "tener nada que ver con la Pachamama y todo eso. Ni siquiera sabemos qué es la Pachamama". Sin embargo, parecían entender que el mismo racismo que ellos demostraban tener, estaba dividiendo a Santa Cruz. "Estamos probablemente al principio de donde ustedes estaban en los Estados Unidos antes del movimiento de derechos civiles con los blancos y los negros", me dijo Saucedo. Cuando le pregunté sobre el significado de la cruz en la bandera de la Unión Juvenil Cruceñista, Zurita me dijo: "No es un símbolo nazi". Le dije que no le preguntaba si era un símbolo nazi. Ellos ya se encontraban a la defensiva. "No somos racistas", me dijo.

Silvestre Saisari fue una de las personas directamente afectadas por la violencia de los grupos de derecha como la Unión Juvenil. Él fue atacado por el grupo cuando daba una rueda de prensa sobre la represión de los terratenientes hacia los campesinos sin tierras (32). Lo conocí en Santa Cruz al poco tiempo de que empezara su trabajo como presidente de la Comisión de Tierras y Territorio para el Movimiento Sin Tierra de Bolivia (MST) en Santa Cruz. Saisari dijo que el MST ha estado al frente de otros grupos que proponen cambios a la ley de distribución de tierras, la Ley INRA, en una "revolución agraria" bajo el MAS. Sus propuestas se enfocan en la distribución eficiente de tierras sin uso a campesinos que no poseen tierras. El 28 de noviembre de 2006, varias organizaciones de campesinos y sindicatos laborales llegaron a La Paz luego de marchar por todo el país demandando una reforma a la Ley INRA. Como respuesta, aquel mismo día el Senado –a excepción de miembros de la oposición que boicotearon el voto– aprobó las reformas. (33) Se han hecho otros avances en la distribución de tierras bajo la gestión del MAS. En las afueras de Santa Cruz, 16.000 hectáreas de tierra han sido entregadas a 626 familias con préstamos a bajo interés. El área ha sido bautizada como "Pueblos Unidos" y a pesar de las dificultades de tránsito en la zona y la falta de servicios básicos, la tierra les está dando a los campesinos un chance de que se alimenten a sí mismos. Sin embargo, los terratenientes en Santa Cruz se han opuesto a estas iniciativas contratando a miembros de la Unión Juvenil Cruceñista para amenazar y destruir estos nuevos terrenos. (34)

El MST actúa independientemente de los partidos políticos, pero Saisari dice que su organización goza de una buena relación con el MAS. Él vio a la victoria electoral del MAS como una oportunidad que debe ser aprovechada por los movimientos sociales. Su organización tiene acceso al gobierno y le ofrece consejos y propuestas a la administración de una manera que nunca antes fue posible en los gobiernos pasados. "Sentimos que nos están escuchando", me dijo. Al día siguiente, él viajaría a una reunión entre movimientos sociales bolivianos y la administración de Morales. Saisari señaló que era importante apoyar las buenas políticas del gobierno y ofrecer críticas y consejos cuando fuera necesario. "Nuestra democracia depende de nosotros como movimientos sociales", manifestó.

Adolfo Chávez, el presidente de la Confederación Boliviana de Pueblos Indígenas (CIDOB), también habló de forma positiva sobre la relación entre el gobierno del MAS y su organización. En su oficina en un barrio pobre de Santa Cruz, dijo que la participación de los movimientos sociales a través de su apoyo, consejos y críticas garantizará que el gobierno de Morales sea exitoso: "Los anteriores gobiernos creyeron ser la autoridad mayor. Era difícil reunirse con ellos. Los presidentes nunca dialogaron con las organizaciones sociales de esta forma".

Aunque Morales contaba con aliados como Saisari y Chávez cada vez que visitaba Santa Cruz, era obvio que sus enemigos tenían más poder que nunca. Él llegó con guardias armados a un evento oficial celebrando el aniversario de Santa Cruz. Entré al final del cuarto donde ocurría el evento, junto a otros periodistas sudorosos, mientras veíamos a la gente rica y poderosa que se acercaba al lugar. Los invitados de honor –el Prefecto, el Alcalde y otros dignatarios– se sentaron al lado de una gran pintura que mostraba a esclavos indígenas arrodillándose al frente de conquistadores españoles vestidos con trajes elegantes y armaduras. Mientras yo observaba esta pintura, Morales entró al cuarto lleno de gente blanca. En vez de arrodillarse, como en la pintura, este hombre indígena era su Presidente. Morales vestía un abrigo de cuero con bordados a color. A diferencia de todos los hombres en el auditorio, a excepción de los periodistas, Morales no vestía corbata. El ambiente estaba tenso, el aire muy incómodo y húmedo. Las personas se levantaron cuando él entró, pero no aplaudieron.

En su discurso, Morales habló sobre "cómo se debe ayudar a la gente abandonada de Bolivia" y señaló que el amar al país no significaba privatizar los recursos. "Amar al país de uno es exigir que le devuelvan sus recursos. Queremos ayudar al país con estas riquezas". Él dijo ser Presidente porque era honesto y no corrupto, y se presentó a sí mismo como el líder de los pobres y no de los ricos. A lo largo de su discurso, los líderes de Santa Cruz hablaban y bromeaban entre ellos con obvia indiferencia.

Después del evento, un grupo pequeño de protestantes en contra del MAS y por la autonomía se juntaron al frente del edificio. Muchos llevaban la bandera de su departamento y gritaban: "Evo es un hijo de puta", "Evo es un Fidel Castro de mierda" y "Evo es la mierda en nuestras tierras". Uno de los líderes del grupo de Santa Cruz dijo: "¡Hasta mi empleada indígena apoya la autonomía!". La prensa corrió de la fiesta de cócteles hacia la bulla en la calle. De pronto, se veían más cámaras de televisión que gente y se formó una inevitable pelea entre un fiel masista y un firme autonomista. La policía acabó con el conflicto usando sus nubes de gas. Una vez que la caravana de Evo Morales se preparaba para partir, fue atacada por un grupo de gente molesta y por periodistas igual de insistentes. Los protestantes golpeaban el jeep con sus puños y daban palazos a las ventanas mientras el auto se alejaba. Una lluvia de insultos lo hizo escapar de la ciudad.

Mientras yo dejaba Santa Cruz y viajaba por veinticinco horas, otra pelea tomaba lugar en la Asamblea Constituyente por el futuro de Bolivia. La Asamblea estaba oficialmente basada en el Teatro Gran Mariscal, un edificio adornado de cien años de vida y con cinco pisos de altura. El teatro se encuentra en Sucre, la capital constitucional. Algunos analistas han comentado que el escenario es un lugar apropiado para la Asamblea gracias a su larga historia montando dramas y espectáculos. Hasta ahora, el drama que ha ocurrido ahí incluye peleas a golpes y una caída al espacio de la orquesta, el cual dejó al asambleísta del MAS Román Loayza en coma por varios días. El edificio tiene una bella entrada, pero todas las entradas y salidas importantes toman lugar por la puerta trasera del teatro, donde los periodistas se juntan a diario para adquirir información sobre las últimas noticias. La calle que le rodea cuenta con algunos puestos que venden periódicos y cigarrillos. La ciudad se encuentra a una altura bastante elevada y un viento frío sopla entre sus calles angostas y coloniales.

La mayoría de los asambleístas con los que charlé estaban de acuerdo, al menos verbalmente, con la idea de que ellos deben trabajar conjuntamente para acabar con la corrupción, apropiarse de los recursos naturales, redistribuir tierras y crear un Estado plurinacional (35). Al evento le afectaban una serie de conflictos, algunos verbales y otros físicos. Algunos en el MAS dijeron que Podemos usó toda oportunidad para frenar el avance de la Asamblea y limitar el potencial de las reuniones y disminuir la influencia de la agenda del MAS.

Cuando llegué a Sucre, los miembros de la Asamblea habían estado peleando por varias semanas por las reglas de votación. El MAS presionaba por una aprobación del 51 por ciento para poder aprobar cambios a la Constitución, aunque la Ley de Convocatoria especificaba una mayoría de dos tercios. Sin embargo, como el MAS no ganó una mayoría de dos tercios con sus asambleístas, estaba presionando por una mayoría absoluta. Esto le permitiría generar los cambios que buscaba sin depender de la aprobación de los partidos de derecha. Podemos, por su parte, presionaba por un voto de dos tercios de la Asamblea para crear cambios, lo que le permitiría al partido bloquear las propuestas del MAS. Varias semanas después se aprobó un sistema de votación mixto, con algunos temas que podrían ser elegidos con una mayoría absoluta y otros con una mayoría de dos tercios.

Willy Padilla Monterde es un asambleísta del partido Concertación Nacional. Tenía cabello oscuro y bien peinado y parecía estar orgulloso de su sonrisa tipo Hollywood. En una voz baja y serena, me expresó su deseo por la paz. "No queremos regresar a los tiempos amargos de 2003", me dijo. "Si la Asamblea Constituyente no hace su labor, esto podría pasar". Fuera del teatro, en las calles de Sucre, los niños pedían limosnas y lustraban zapatos en casi todas las cuadras. En la plaza principal, Juan Carlos, de 13 años, dijo haber estado trabajando como un lustrador de zapatos por más de dos años. Él vestía una gorra amarilla sucia y decía sentirse esperanzado por la Asamblea: "Es para nosotros, para los jóvenes y para los pobres, no para los viejos y los ricos".

Muchos de los asambleístas estaban hospedados en un convento a pocas cuadras del teatro. La fiel asambleísta del MAS Mirian Cadima me dijo, mientras hablábamos en la oficina de su partido, que "Podemos no quiere al cambio, ellos están felices con como las cosas están ahora". Me habló del día en que el líder del MAS Román Loayza se cayó en el área de orquesta del teatro durante un alboroto general. Había caos en el teatro, pero de acuerdo con Cadima, el conflicto fue iniciado por los asambleístas de Podemos cuando ellos gritaron, silbaron y golpearon botellas en las mesas en protesta contra la presidenta de la Asamblea, Silvia Lazarte, del MAS. "Ellos gritaron '¡dictadora!' y corrieron a atacar a la presidenta Lazarte", recordó Cadima. "La gente del MAS corrió a defenderla y Román se levantó para pedir a las personas que se calmaran, y ahí fue cuando se cayó".

María Luisa Canedo, una maestra y asambleísta por el MAS, se sentó junto a Cadima y dijo que el tema más importante en la Asamblea era la demanda de un Estado "plurinacional". "Tiene que ver con la representación. Todas las culturas indígenas de Bolivia deben tener representación y no mayor exclusión en el gobierno, dejando de fuera al MAS". Ella indicó que el gobierno debe incluir un mayor número de representantes indígenas y rurales, y no solamente a los ricos de las ciudades. "La representación debe ser de forma directa", aclaró. Como un paso hacia tal representación, ambas mujeres se reunían de manera regular con sus bases en sus propias comunidades.

Después de esta reunión, estuve esperando en la puerta trasera del teatro la llegada de la presidenta de la Asamblea, cuando una protesta de grupos indígenas marchó al lado para expresar su apoyo al MAS y sus demandas por un voto de mayoría en la Asamblea. Los marchistas, muchos de los cuales habían viajado desde lugares tan lejanos como el Chapare, cargaban banderas de wiphala y pancartas que decían: "Los líderes del trópico de Cochabamba piden que se respete la mayoría absoluta. No permitiremos que las minorías manden en la Asamblea". Muchos marcharon con bocas llenas de hojas de coca. Cuando la protesta llegó hasta la plaza de Sucre, los líderes dieron una rueda de prensa a un pequeño grupo de periodistas y camarógrafos. Algunos hablaron sobre la necesidad de que la mayoría de bolivianos sean representados en la Asamblea. Un hombre del Chapare dijo: "Queremos asegurarnos de que la nueva Constitución sea para todos". Como me lo explicaba Mauricio Arias, de Potosí, muchos se encontraban aquí como representantes de sus organizaciones para monitorear la Asamblea.

Al otro lado del país, se ve a la Asamblea Constituyente
como una forma de remediar los muchos problemas sociales,
políticos y económicos de Bolivia en una reunión de un año de
duración. Sin embargo, el conflicto por los procedimientos de
votación demuestra que temas como la tierra, la coca y la nacionalización de recursos naturales producirán peleas similares
entre los votantes. Carmen Carrasco, la coordinadora de un
foro bi-semanal en Sucre que trata sobre temas de la Asamblea,
predijo que "los conflictos en la Constituyente subirán y bajarán
como una ola, a veces tranquila, a veces violenta, dependiendo
del tema de discusión".

A nivel regional, algunos analistas políticos tienen esperanzas de
que el camino que líderes como Evo Morales están tomando en
América Latina demostrará que el neoliberalismo se enfrenta a
otra gran fuerza. La integración regional está creciendo entre
gobiernos progresistas de la región y también el balance de
poder se está alejando de Washington y de las compañías transnacionales y yendo hacia las manos de los movimientos sociales
latinoamericanos y sus gobiernos de izquierda. Muchos de los
nuevos líderes de la región fueron perseguidos en dictaduras
pasadas y han prometido investigar tales crímenes y prevenir
a que vuelvan a ocurrir. Otros han cortado sus relaciones con
instituciones militares estadounidenses como la Escuela de las
Américas. Mientras tanto, la unión de los movimientos sociales
en el mundo entero está creciendo a través del internet y de
encuentros globales como el World Social Forum. (36)
   El FMI y Washington siguen perdiendo su influencia en
América Latina, rompiendo a su vez el ciclo vicioso de deuda
y militarización que han paralizado a la región. Lo que Mark
Weisbrot, del Centro para la Investigación Económica y Política, llama un "cartel de prestamistas" que dio forma a las
políticas de los gobiernos de América Latina, está perdiendo
fuerza en la región. Varios gobiernos en América Latina se
rehúsan a trabajar con estas instituciones, en gran parte por

su desastrosa reputación (37). Después de 20 años de serle fiel a las políticas del FMI, el gobierno boliviano liderado por Morales dejó que expirara su último acuerdo con el FMI. Pero también aún depende de préstamos y de ayuda de otros países ricos, y hasta ahora ninguno ha amenazado con quitarle la ayuda a Morales si él no cambia sus políticas. Esto marca una ruptura con el pasado, cuando los Estados Unidos u otros países podían estrangular a una nación quitándole la ayuda. No es probable que esto suceda ahora, porque en América Latina los prestamistas internacionales como el FMI han sido, en parte, reemplazados por Venezuela. (38)

Cuando Argentina canceló su última deuda de 9,8 billones de dólares al FMI, Venezuela aportó 2,5 billones. Venezuela también compró 300 millones de dólares de fianzas del Ecuador y está abasteciendo a países en el Caribe con petróleo a bajos precios. Cuando Colombia estuvo a punto de cancelar 170 millones de dólares de importaciones de soya debido a un nuevo acuerdo de libre comercio con los Estados Unidos, Venezuela compró la soya de Bolivia, ofreciéndole también un préstamo de 100 millones de dólares para su reforma agraria y otros proyectos. Weisbrot explicó: "Los programas de préstamo y de ayuda de Venezuela, a diferencia de las instituciones financieras o los gobiernos del G-7, no llevan condiciones de políticas económicas". Aunque los precios del petróleo bajen súbitamente, esta ayuda seguirá creciendo en el futuro. De acuerdo con Weisbrot, "se ha llegado a un punto importante y no se dará vuelta a las manos del reloj". (39)

Los países de América Latina también están mirando hacia el Asia en vez de los Estados Unidos para sus inversiones. De acuerdo con el analista político Noam Chomsky, "Venezuela, el mayor exportador de petróleo en el continente, ha creado una relación estrecha con China, más que cualquier otro país de América Latina, y está planeando venderle mayores cantidades de petróleo a China como parte de su campaña de reducir su dependencia con el gobierno hostil de los Estados Unidos" (40). Este nuevo cambio en las relaciones le ofrece a los gobiernos de América Latina un mayor espacio para ejercer políticas sin la presión de Washington o del FMI. Mientras tanto, en Bolivia, los movimientos sociales tienen la capacidad de presionar al gobierno y de prevenir la aplicación de políticas dañinas neoliberales. Según el analista social uruguayo Raúl Zibechi, los movimientos sociales bolivianos son quizás los más poderosos de la región. Él me puso esta pregunta, quizás la más importante del día en Bolivia: "¿Qué sucederá con esta enorme fuerza histórica y social?...Es necesario descolonizar al Estado boliviano. Si el MAS llega a tener éxito, obtendrá mucha legitimidad en el continente y se convertirá en un punto de referencia para los pueblos indígenas que son, efectivamente, los más activos dentro de los movimientos". (41)

Le pregunté a Zibechi si los movimientos sociales estaban perdiendo dentro de este giro regional hacia la izquierda. "Han ganado, no han perdido", dijo, y explicó:

"Es bueno que existan gobiernos progresistas e izquierdistas, por muchas razones. Ellos no reprimen, prefieren el diálogo, a veces escuchan y otras veces toman la misma dirección que los movimientos sociales. Definitivamente, no siempre hacen lo que les piden los movimientos, pero tienes que tomar en cuenta que el Estado no puede generar cambios profundos como se lo exigen. Los cambios profundos no son leyes, no se trata de que las tierras o el gas pasen de unas manos a otras. Es algo mucho más complicado, y el mejor ejemplo que tenemos es el del rol de las mujeres en el mundo. Ellas han cambiado el mundo sin tener poder, sin reformas estructurales, pero tan sólo cambiando su posición, su autoestima, su capacidad y su potencial. Y eso no se puede deshacer. Ahora las mujeres no van a regresar a sus hogares para lavar las ropas de sus esposos, pero el gas puede ser re-privatizado si los poderes cambian de rumbo".

Aunque el poder de las masas tiene el potencial de transformar a la sociedad boliviana, otros elementos abren las posibilidades para cambios profundos. La gran riqueza bajo tierra, como el gas y los recursos minerales, puede ser utilizada para rehabilitar la economía boliviana. Las conexiones del gobierno de Morales con otros gobiernos parecidos en la región podrían ayudar al país a elegir su propio camino sin tener que ser presionado por Washington o por prestamistas internacionales o empresas transnacionales. De acuerdo con Weisbrot, esto implica la creación de "alternativas al modelo de NAFTA (Tratado de Libre Comercio de América del Norte). Para que eso funcione, los países deben cooperar y no pensar en términos nacionalistas. Debe haber un interés en sacrificarse y en cooperar por el beneficio del grupo". Él cree que la integración regional puede surgir a través de Mercosur, un bloque comercial de países latinoamericanos, para "ayudar a que las estrategias de desarrollo de estos países excluyan al mercado estadounidense". De este modo, si los Estados Unidos intentan imponer sus políticas de libre comercio en la región, "Mercosur podría ofrecer una alternativa donde el comercio les trae beneficios a los dos países miembros". También considera que si la región sigue en la dirección en que se encamina, con menos dependencia de los Estados Unidos y del FMI, y genera más políticas de ayuda para los pobres, en 25 años Latinoamérica será más fuerte en términos económicos y se reduciría la pobreza. (42)

Acuerdos de libre comercio como NAFTA han exacerbado las diferencias económicas entre países miembros, beneficiando a las corporaciones y a los mercados norteamericanos, mientras destruyen las economías, los derechos laborales y el medio ambiente en América Latina (43). Bolivia recientemente se unió al Tratado de Comercio de los Pueblos (TCP), una alternativa progresista a los acuerdos comerciales comunes. Está basado en la colaboración entre países, en un mayor rol del Estado en la economía y en relaciones de comercio sostenibles, en vez de las típicas prácticas abusivas de la mayoría de los tratados –como NAFTA y el FTAA. En abril de 2006, Venezuela, Cuba y Bolivia firmaron un Tratado de Comercio de los Pueblos al que llamaron la "Alternativa Bolivariana para los Pueblos de América", un proyecto de comercio sostenible para eliminar la pobreza en toda la región. En el TCP, Venezuela eliminó impuestos de importación y estimuló a que el Estado compre productos bolivianos, políticas que no han sido comúnmente aplicadas en una economía tan chica como la boliviana. A través del TCP, tanto Venezuela como Cuba enviarán doctores y técnicos a Bolivia y también ofrecerán ayuda médica y becas estudiantiles a jóvenes bolivianos. (44)

El TCP le da al Estado mayor poder en decisiones económicas y regula la economía para ayudar a los sectores pobres de la sociedad, en vez del sector privado. El acuerdo demuestra el rol de la agricultura, estableciendo que "la gente tiene el derecho de determinar su política de agricultura y alimentos, y el derecho de proteger su producción nacional de agricultura de las inundaciones de alimentos que vienen del exterior". Las normas de las políticas de libre comercio –como la privatización de los recursos naturales y los servicios públicos, y los incentivos y protecciones para inversionistas privados– están ausentes del tratado. El TCP se enfoca en apoyar a pequeñas economías, en vez de explotarlas. (45)

El neoliberalismo ha creado su propia tumba en América Latina, y las nuevas alternativas, tanto en las calles como en el Estado, lo están reemplazando. Las victorias de los movimientos sociales en el acceso a recursos básicos como la tierra, la coca, el agua y el gas han abierto nuevas posibilidades de cambio. Las más recientes elecciones de líderes de izquierda simbolizan a la integración económica y regional como un verdadero gol. Pero si estos nuevos líderes y alianzas económicas fracasan, los movimientos sociales ya saben lo que quieren y sabrán hacerse escuchar.

Otros no están a la espera de políticas modificadas o de nuevas leyes. Las organizaciones comunitarias en El Alto, los campesinos sin tierras en Santa Cruz, los trabajadores de fábricas en Buenos Aires y otros movimientos a lo largo de América Latina ya tienen el poder para organizar y crear una sociedad alternativa que en algunos casos es más poderosa que el mismo Estado. Sus autonomías están basadas en el hecho de que el fuego no debería tener un precio y de que el acceso a los

recursos naturales y las necesidades básicas son un derecho y
no un privilegio. En vez de marchar por el cambio, sus marchas
son el cambio.

Notas

(1) América Vera-Zavala, "Evo Morales Has Plans for Bolivia", en *These
     Times* (diciembre 18, 2005), http://www.inthesetimes.com/site/main/
     article/2438/

(2) John Hunt, "High Hopes in Bolivia as Election Day Approaches", *Upside
     Down World* (diciembre 15, 2005), http://upsidedownworld.org/main/
     content/view/146/31/.

(3) Para leer la entrevista entera, Dangl, "An Interview with Evo Morales:
     Legalizing the Colonization of the Americas", CounterPunch (diciem-
     bre 2, 2003), http://www.counterpunch.org/dangl12022003.html.

(4) América Vera-Zavala, "Evo Morales Has Plans for Bolivia".

(5) John Hunt, "Anxiety and Optimism in the Dawn of a New Bolivia",
     Upside Down World (diciembre 26, 2005), http://upsidedownworld.org/
     main/content/view/153/31/.

(6) John Hunt, "Evo Morales Elected Bolivian President in Landslide
     Victory", *Upside Down World* (diciembre 18, 2005), http://upside-
     downworld.org/main/content/view/147/31/.

(7) Mark Engler y Benjamin Dangl, "Bolivia and the Progressive Mandate
     in Latin America: What Will Evo Morales Learn From Leftist Govern-
     ments in Argentina, Brazil, and Venezuela?", Z Magazine vol. 19, No. 3
     (marzo, 2006), http://zmagsite.zmag.org/Mar2006/dangl0306.html.

(8) John Hunt, "Anxiety and Optimism".

(9) Dangl, "The Wealth Undergound".

(10) Ibid.

(11) Información de la entrevista del autor con Carlos Arze en julio de 2006.

(12) Cuando se escribió esto, los detalles de los acuerdos de gas aún no se habían
     definido, pero se esperaba que siguieran de acuerdo al análisis de CEDLA.
     Estos contratos renegociados de gas y de petróleo se ratificaron por el
     Senado boliviano el 28 de noviembre de 2006. También ver Gretchen
     Gordon, "Bolivia and Foreign Oil Companies Sign New Contracts", The
     Democracy Center (Noviembre 01, 2006), http://www.democracyctr.org/
     blog/2006/11/bolivia-and-foreign-oil-companies-sign.html.

(13) Kohl y Farthing, *Impasse*, 41.

(14) "A New Constitution for Bolivia: the History and Structure of the
     Constitutional Assembly", Andean Information Network, (Junio 28,
     2006), http://ain-bolivia.org/index.php/option=com_content&task=v
     iew&id=19&Itemid=32.

(15) Ibid.
(16) Jim Shultz, "The Constituent Assembly-Lite", The Democracy Center (Junio 11, 2006), http://www.democracyctr.org/blog/2006/06/constituent-assembly-lite.html.
(17) Galindo, "The Phallic Decolonization".
(18) El gobierno de Venezuela está asistiendo a Bolivia con fondos para desarrollar la industria de la coca para la harina de coca, el té de coca y otros productos. India, Cuba y Venezuela son algunos de los posibles clientes para estos nuevos productos.
(19) "Crisis or Opportunity? Bolivian Drug Control Policy and the U.S. Response", Andean Information Network / Washington Office on Latin America (Junio 28, 2006), http://www.wola.org/publications/AIN-WOLA%20Drug%20Policy%20Memo%20FINAL%20brief.pdf.
(20) April Howard, "Bolivia: Coca Growers Killed in Action Approved by Evo Morales", Upside Down World (octubre 3, 2006), http://upsidedownworld.org/main/content/view/450/1/.
(21) Ibid.
(22) "Dirigencia cocalera dice que no inició el enfrentamiento", La Prensa (septiembre 30, 2006).
(23) Roberto Navia, "Evo propone a campesinos pagar impuesto por el cato de coca", El Deber (octubre 3, 2006).
(24) "El Gobierno propicia el diálogo dentro de la ley para solucionar conflicto en Parque Nacional Carrasco", Agencia Boliviana de Información (ABI) (octubre 1, 2006).
(25) Howard, "Bolivia: Coca Growers Killed". Los líderes de las Seis Federaciones, los cuales no fueron afectados por la erradicación en parques nacionales, se juntaron con Morales para discutir el conflicto. El líder sindicalista Asterio Romero dijo que la organización seguiría "apoyando a la política de la lucha en contra al narcotráfico y el control sobre las plantaciones de coca del gobierno de nuestro amigo Evo Morales... No permitiremos que haya un mayor número de plantaciones en los parques nacionales, y nos juntaremos a los esfuerzos de erradicación de la coca", Reuters América Latina (octubre 2, 2006).
(26) April Howard y Benjamin Dangl, "Tin War in Bolivia: Conflict Between Miners Leaves 17 Dead", Upside Down World (octubre 11, 2006), http://upsidedownworld.org/main/content/view/455/1/.
(27) Para todos los medios, Howard and Dangl, "Tin War in Bolivia".
(28) Ibid.
(29) Hal Weitzman, "Bolivia Backs Away from Mines Takeover", The Financial Times Limited (noviembre 1, 2006), http://www.ft.com/cms/s/fd723518-69ce-11db-952e-0000779e2340.html.
(30) Para más información, ver Comité Impulsor del Juicio a Gonzalo Sánchez de Lozada, http://juiciogoniya.free.fr/ y el Bolivia Solidarity Network, http://boliviasolidarity.org/.

(31) Ver Raquel Balcázar, *Yuquises, lo que la prensa burguesa nunca mostrará* (Santa Cruz, Bolivia, Videourgente, 2005), Raquel Balcázar, *Represión fascista en Santa Cruz* (Santa Cruz, Bolivia, Videourgente, 2006). Raquel Balcázar, *Autonomía para los ricos, revolución para los pobres*, Videourgente, 2006).

(32) Ibid.

(33) Para más información sobre la aprobación de estos cambios a la Ley INRA, y las impliciones de estas reformas, ver "Bolivian Congress Passes Agrarian Reform Legislation in Spite of Heightened Regional Tensions", Andean Information Network (diciembre 1, 2006). Para más información sobre los temas de tierras y la Ley INRA, ver "Bolivia's Agrarian Reform Initiative: An Effort to Keep Historical Promises", Andean Information Network (junio 28, 2006), http://ain-bolivia.org/index.php?option=com_content&task=view&id=22&Itemid=27.

(35) Julio Aliaga L. et al., *Asamblea Constituyente y Pueblos Originarios* (Alexandria: Jach'a Uru Indigenous Organization, 2006). *Nueva Constitución Plurinacional* (La Paz: Confederación Sindical Única de Trabajadores Campesinos de Bolivia - CSUTCB, 2006).

(36) Movimientos previos por la esperanza en los sesentas y después fueron reprimidos por las dictaduras militares que contaban con el apoyo de los Estados Unidos, y es por eso que lo que está sucediendo ahora es tan único: existe la esperanza del cambio sin los golpes. En Venezuela, los Estados Unidos trabajó para que haya un golpe en 2002 pero no fueron exitosos debido a las protestas en las calles. Para más información, ver Chomsky y Dwyer, *Latin American Integration*.

(37) Mark Weisbrot, "Latin America: The End of An Era", International Journal of Health Services vol. 36, No. 4 (2006), http://www.cepr.net/columns/weisbrot/2006_06_end_of_era.htm.

(38) Weisbrot, "Latin America".

(39) Ibid.

(40) Noam Chomsky, "The Crumbling Empire: Latin America and Asia are Breaking Free of Washington's Grip", Infoshop News (marzo 15, 2006), http://www.infoshop.org/inews/article.php?story=20060315141547380.

(41) Entrevista por correo electrónico del autor con Zibechi en julio, 2006.

(42) Entrevista por teléfono del autor con Weisbrot en septiembre, 2006.

(43) Green, *The Silent Revolution*, 143-145. También ver "FTAA and Workers' Rights and Jobs", Public Citizen, http://www.citizen.org/trade/ftaa/workers/, y "FTAA Overview," Public Citizen, http://www.citizenstrade.org/ftaaexplained.php.

(44) Jason Tockman, "Bolivia Advocates Alternative Vision for Trade and Integration", *Upside Down World* (julio 11, 2006), http://upsidedownworld.org/main/content/view/355/31/.

(45) Ibid.

El baile de Bolivia con Evo Morales

Mujeres marchando en El Alto, Bolivia, en apoyo a la nueva Constitución.
FOTO: Benjamin Dangl

El ex presidente George W. Bush y Hugo Chávez de Venezuela cruzaron caminos en viajes paralelos a principios de 2007, cada cual con una agenda diferente. Mientras que Bush promovía el mercado libre, las cooperativas empresariales de alto riesgo y los programas de ayuda estadounidenses, Chávez aterrizó en Bolivia, donde su aliado socialista, el presidente Evo Morales, bailaba precariamente con una población dividida (1).

"Queremos mantener las peleas dentro de la Asamblea y fuera de las calles", explicó Willy Padilla en el mes de septiembre de 2006 en Sucre, capital constitucional de Bolivia. La Asamblea para una nueva constitución fue plagada por una serie de peleas, y Padilla, un asambleísta de centro, estaba preocupado. "Si la Asamblea no llega a hacer su trabajo, esto podría ser posible".

Los temores de Padilla se hicieron realidad en enero de 2007, cuando grupos de jóvenes pagados por los "comités cívicos", y armados con tubos de hierro, cables y bastones de hockey, se enfrentaron a sindicalistas cocaleros en una pelea sangrienta en las calles de Cochabamba. Estos grupos cívicos formaron parte de un movimiento regional derechista opuesto a Morales. Los sindicatos cocaleros demandaron la renuncia del prefecto Manfred Reyes Villa, mientras que éste y sus aliados de derecha presionaban al gobierno central por una autonomía regional.

El conflicto en las calles, al igual que el conflicto en la Asamblea, nació de las visiones completamente opuestas de cómo gobernar al país y a sus recursos naturales. Por un lado estaba la visión socialista de Morales; por el otro, la de las élites económicas, y de terratenientes y políticos de derecha ansiosos de mantener su poder.

La Asamblea Constituyente es la versión formal de la pelea por la dirección política y económica del país. La mayoría de los ciudadanos pobres y privados de derechos ven a la Asamblea y a su nuevo presidente como la oportunidad de crear un país que los incluya dentro del desarrollo.

Las elecciones por la Asamblea fueron establecidas antes de que Morales llegara a la presidencia, pero los sectores conservadores demandaron que se incluyera un referéndum por la autonomía de los nueve departamentos de Bolivia. En este caso, la autonomía representa un mayor control sobre los recursos naturales, menores impuestos al gobierno central, y más poder politico a nivel local. En realidad, ésta es una invitación por parte de las élites para retener el poder, o al menos para que los departamentos ricos del este, como Santa Cruz, puedan distanciarse de los movimientos sociales del altiplano.

Cuando se publicaron los resultados de la Asamblea el 2 de julio de 2007 surgieron nuevos conflictos. Los representantes del MAS no ganaron los dos tercios de los asientos que necesitaban para controlar el foro. La ley original estipulaba que la nueva Constitución sería aprobada por una mayoría de dos tercios en la Asamblea, pero el MAS propuso que se utilizara una simple mayoría, seguida por una mayoría de dos tercios en un estatuto nacional, el cual aprobaría o rechazaría la Constitución, incluyendo los artículos sobre la autonomía. Los sectores de derecha –sobre todo el partido bullicioso y conservador PO-DEMOS– se alarmaron por la propuesta, ya que su minoría de 33 por ciento era suficiente para bloquear al MAS.

Después de seis meses de parálisis, los miembros de la Asamblea llegaron a un acuerdo multipartidario el 14 de febrero. Como resultado, las 21 comisiones temáticas comenzaron a negociar el contenido de la nueva Constitución. Las regulaciones requerían que cada artículo constitucional fuera aprobado por la Asamblea por una mayoría de dos tercios.

Hacia finales de 2007, la nueva Constitución fue aprobada por la Asamblea, pero no sin antes generar más divisiones. Durante el fin de semana del 24 y 25 de noviembre de 2007, militantes de la oposición chocaron contra la policía en Sucre. Ellos demandaron que la capital de Bolivia se mudara a esa ciudad. Tres personas murieron y más de 100 fueron heridas en los enfrentamientos. Días antes de este violento episodio, los asambleístas del MAS fueron atacados por grupos de la oposición. Debido a estos ataques y por razones de seguridad, el MAS trasladó la asamblea a un instituto militar cercano. Los asambleístas de la oposición sabotearon la reunión en el Liceo Militar, protestando la medida y los planes del MAS para la nueva Constitución.

El sábado 24 de noviembre de 2007 el MAS y sus partidos aliados se juntaron para aprobar una nueva copia de la Constitución sin que la oposición estuviera presente. Fue aprobada por 138 de los 255 asambleístas. De acuerdo con Evo Morales, la Constitución que fue aprobada garantiza autonomías a los departamentos y a los grupos indígenas; también garantiza la nacionalización de los recursos naturales, mayor acceso a tierras, agua y electricidad, así como a la educación y al cuidado médico. Morales explicó que la Constitución respeta la propiedad privada, pero también la propiedad pública y comunitaria.

A finales de 2007 varias facciones políticas protestaron para presentar sus visions del futuro del país. La violencia en Sucre obligó a que la Asamblea a cargo de la nueva Constitución se mudara a Oruro. Jóvenes anarquistas vestidos de negro hacían ruido con sus tambores y marchaban en contra del racismo en Cochabamba, mientras que los adultos en La Paz organizaban marchas en defensa de un nuevo plan de pensiones. En la comunidad de Achacachi, líderes indígenas aymaras sacrificaron a dos perros en una ceremonia que le declaraba la guerra a las élites de Santa Cruz.

El 8 y 9 de diciembre, los asambleístas del MAS y sus aliados trataron la nueva Constitución en Oruro, en tanto que la oposición boicoteó la reunión. Concejales de varias comunidades, sindicatos mineros, cocaleros y grupos estudiantiles y campesinos se movilizaron en Sucre para defender a la Asamblea de la intervención. Los activistas explotaron dinamitas para intimidar a la oposición, mientras que los miembros de la Asamblea mascaban coca para mantenerse despiertos durante la reunión que duró todo un fin de semana.

Los asambleístas conservadores de PODEMOS, junto a líderes cívicos y prefectos, anunciaron que ellos no reconocerían la nueva Constitución que fue aprobada sin el apoyo de todos. La razón que dio el MAS y el Vicepresidente Alvaro García Linera fue que la élite de piel blanca no quiere perder ninguno de sus privilegios. García Linera le dijo a *Los Angeles Times* que estas élites "deben comprender que el Estado ya no es una prolongación de sus haciendas".

El 15 de diciembre del 2007, los líderes de derecha en Santa Cruz se declararon autónomos del gobierno central. Ellos anunciaron la creación de documentos de identificación, su propia estación de televisión y su propia policía, ya que la Policía Boliviana dejaría de ser reconocida. Además, la declaración autonómica establecía que dos tercios de los impuestos de la industria del gas y del petróleon en el departamento deben quedarse en Santa Cruz, en vez de ir al gobierno central. Mientras tanto, en medio de todo este conflicto, Morales introdujo sus políticas progresistas. Un plan gubernamental para dirigir los impuestos de la industria del gas hacia una pensión nacional generó quejas de parte de la derecha y apoyo de parte del MAS. Esta pensión, llamada "Renta Dignidad", fue aprobada por el congreso el 27 de noviembre sin que miembros de la oposición estuvieran presentes.

El plan de renta es de aproximadamente 26 dólares al mes para bolivianos mayores de 60 años. Los fondos, que se estiman alrededor de 215 millones de dólares anuales, provienen de impuestos al gas que anteriormente iban hacia gobiernos departamentales. Los gobernadores de derecha protestaron la renta, demandando por que este dinero de los impuestos se mantuviera en sus departamentos.

Morales también firmó un contrato con una compañía de Corea del Sur para que extraiga bronce de una mina estatal en Corocoro, en las afueras de La Paz. El 21 de diciembre, durante una visita a Beijing, el Ministro de Relaciones Exteriores, David Choquehuanca, anunció una propuesta de inversion china en las industrias de telecomunicaciones, transporte, hidrocarburos y minerales. Aunque no se discutieron los acuerdos específicos con China, Choquehuanca le dijo a Reuters que "necesitamos mayores inversiones, pero inversiones que nos saquen de la pobreza, no inversiones que nos quiten nuestros recursos naturales y que nos dejen pobres".

La derecha boliviana, que impide a avances positivos como éste, está dirigida por cuatro prefectos o gobernadores en los departamentos orientales del país: Beni, Pando, Santa Cruz y Tarija, así como por comités cívicos, cuyos dirigentes son dueños de tierras y negocios, y la organización política PODEMOS. La derecha organizó varias protestas durante el

290 EL PRECIO DEL FUEGO

2007, mientras que los seguidores del MAS usaron su fuerza política en protestas, bloqueos y paros. Aunque las luchas del gobierno y la prensa suelen generar nuevos debates, las movilizaciones públicas siguen siendo un elemento vital de la política boliviana.

La aprobación de los estatutos autonómicos en Santa Cruz obtuvo aproximadamente el 82% de los votos el 4 de mayo de 2008, resultado que le dio un chance a Santa Cruz para que, entre otras cosas, gane control sobre las reservas de gas en la región, y resista al plan del gobierno central de dividir grandes propiedades y terrenos. Las disputas durante el acto electoral en Santa Cruz dejaron 35 heridos. Un hombre murió asfixiado debido al uso de gases lacrimógenos usados por la policía.

Varias razones cuestionan la legitimidad del voto autonómico. La Corte Nacional Electoral, la Organización de Estados Americanos, la Unión Europea, el presidente Evo Morales y otros líderes suramericanos han declarado que ese acto electoral es ilegal. El promedio nacional de absentención en las elecciones bolivianas es del 20% al 22%. En el referéndum de Santa Cruz del 4 de mayo, la tasa de absentención fue de un 39%, porcentaje que añadido al número de votos por el "No" significó que al menos el 50% de los votantes en Santa Cruz no apoyaban al estatuto autonómico, de acuerdo a Bolpress. Los organizadores de la votación en Santa Cruz contrataron una compañía privada para contar y juntar los votos, y los votantes se quejaron de fraude e intimidación por todo el departamento. En algunos casos, las urnas llegaron hasta los barrios con el voto ya marcado por el "Sí".

El estatuto autonómico votó por un mayor control departamental sobre las tierras, el agua y el gas, lo que podría haber bloqueado los planes de distribución de tierras a pequeños productores. La aplicación del estatuto autonómico también significaría un desvío de los recursos provenientes del gas hacia la prefectura de Santa Cruz. Tal gesto iría en contra de la nueva Constitución aprobada en diciembre de 2007, la cual establece que los bolivianos son los dueños de los recursos naturales del país, y que estos recursos deben ser administrados por el Estado. En ese escenario, el departamento de Tarija produce alrededor del 80% del gas boliviano. Para estos cuatro departamentos, la autonomía significaría poder firmar contratos de exportación de gas con entidades extranjeras. Sin embargo, Brasil y Argentina, dos de los más grandes importadores de gas boliviano, apoyaron al gobierno de Morales y no reconocieron a los estatutos autonómicos, lo que impediría que los departamentos pro-autonómicos negocien nuevos contratos de exportación de gas.

Aparte de los grandes poderes económicos como son Argentina y Brasil, los líderes de Venezuela y Ecuador también se declararon en contra al voto autonómico en Santa Cruz. El presidente de Ecuador, Rafael Correa, hizo un comentario sobre el movimiento autonómico en su programa de radio semanal: "Éste no es solamente un problema boliviano, y no lo vamos a tolerar. Nadie va a reconocer este estatuto ilegal. Es una estrategia para desestabilizar a los gobiernos progresistas de la región".

La Alternativa Bolivariana para la Américas (ALBA) declaró que los países del ALBA "rechazan los planes de desestabilización que intentan atacar la paz y unidad de Bolivia" (2). El documento añadió que las naciones del ALBA no reconocerían "ninguna figura jurídica que intente romper con el Estado boliviano y que violen la integridad territorial de Bolivia". Este apoyo es importante para Morales, ya que demuestra que no se encuentra solo en la región y que cuenta con el apoyo de grandes naciones, mientras que negocia con el movimiento autonómico boliviano.

En la copia actual de la Constitución boliviana, aprobada por la Asamblea Constituyente en diciembre de 2007, existen condiciones para varios tipos de autonomías y decentralización tanto para los departamentos como para los grupos indígenas. El Ministro de Relaciones Exteriores, David Choquehuanca, dijo: "No estamos opuestos a las autonomías, pero más bien apoyamos a las autonomías constitucionales y legales que le dan fuerza a la unidad del país. En Bolivia se quiere usar un instrumento legítimo y democrático como el voto para un objetivo antidemocrático y anticonstitucional" (3).

Mientras tanto, Evo Morales siguió con su proceso de cambios. El 1 de mayo de 2008, el gobierno se apoderó de la Empresa Nacional de Telecomunicaciones (Entel) en manos de una compañía italiana, la más grande de teléfonos en Bolivia. El gobierno había acusado a la compañía de no expandir su red lo suficiente por todo el país. Al mismo tiempo, Morales anunció un acuerdo de 6,3 millones de dólares con Repsol, una compañía de petróleo española. Durante un discurso el 1 de Mayo, Morales dijo: "Estamos consolidando la nacionalización de la energía. El Estado boliviano tiene el 50% más una acción de las compañías capitalistas, o supuestamente capitalistas" (4).

Aunque es posible que los logros del movimiento autonómico no se hagan realidad todavía, el voto del 4 de mayo subió las tensiones en el país. El Vicepresidente Alvaro García Linera dijo que este conflicto forma parte de los cambios históricos desde que llegó Morales. "Lo que es interesante es lo importante que se ha convertido la lucha por la identidad –la importancia de preguntar '¿Quiénes somos?', de darnos un lugar en el mundo", le explicó García Linera a la Associated Press. "La crisis nos une", dijo. "Hoy la élite tiene que pensar, "¿que es lo que tengo en común con mi empleada?" (5).

Mientras que las semanas pasaban a mediados del 2008, un mayor número de estatutos fueron exitosos en departamentos opositores, incluyendo a Tarija, Beni y Pando. En todos los votos autonómicos, las tasas de abstención fueron de entre 30% a 40%. El gobierno de Morales se rehusó a reconocer estos estatutos (6). Otro obstáculo amenazó a Morales cuando Savina Cuéllar (opositora) fue elegida prefecta en Chuquisaca el 29 de junio de 2008. Un prefecto del MAS había ganado la elección del 2005, y Cuéllar le ganó al candidato del MAS, Walter Valda. El acto electoral en este departamento estuvo marcado también por la gran abstención entre votantes por el MAS.[7]

La violencia en contra de los seguidores de Morales también obligó a muchos a abstenerse en la votación. En Beni, por ejemplo, Humberto Parari dijo que fue atacado por jóvenes aliados al prefecto de derecha: "Sin ninguna razón me empezaron a pegar, simplemente por identificarme con el proceso de cambio y por estar opuesto a la ilegalidad". Otros dijeron haber sido secuestrados y torturados por su apoyo a Morales. Muchos culparon a la Unión Juvenil Cruceñista por estos ataques, un grupo conocido por perseguir a los seguidores de Morales por todo el país (8).

A manera de aliviar las tensiones, Morales anunció la realización de un referéndum revocatorio a su presidencia y a los cargos de los prefectos departamentales, el cual tendría lugar el 10 de agosto de 2008. En este plebiscito, Morales estableció una regla, a través de la cual él debía ser revocado si existía más del 54% de los votos en contra de su mandato, lo que él recibió cuando fue elegido en el 2005. De darse esta situación, el Presidente debía llamar a elecciones en un lapso de 90 a 120 días. Lo mismo debería ocurrir con los prefectos, de acuerdo con la votación que recibieron cuando fueron elegidos en las elecciones de 2005, de lo contrario serían reemplazados por un Prefecto temporal elegido por Morales hasta las próximas elecciones. Este referéndum fue una permitió a Morales fortalecer su propio poder, mientras que debilitó a la derecha.

Bolivia subvertida

Una reja gruesa, cámaras de seguridad y guardias armados protegen la Embajada de los Estados Unidos en La Paz. La legación diplomática es una construcción alta con ventanas delgadas que se asemejan a una base militar. Después de ser revisado en la puerta de seguridad, me senté con el portavoz de la embajada, Eric Watnik, y le pregunté si la embajada estaba trabajando en contra del gobierno socialista de Evo Morales. "Nuestra cooperación en Bolivia no es política, es transparente y otorga asistencia directa para el desarrollo del país", me dijo Watnik. "Esta ayuda va a aquellos que más la necesitan" (9).

Desde la perspectiva de la administración de Bush, esto significa ayudar a la oposición de Evo Morales. Documentos desclasificados y entrevistas en Bolivia prueban que la administración de Bush estaba utilizando dinero de los ciudadanos norteamericanos para subvertir al gobierno de Morales y cercar a los movimientos sociales dinámicos, así como trató de hacer recientemente en Venezuela, y tradicionalmente por toda América Latina.

La mayor parte de este dinero fue introducido por la Agencia Norteamericana para el Desarrollo Internacional (USAID). En julio de 2002, un mensaje desclasificado de la Embajada de Estados Unidos en Bolivia a Washington decía lo siguiente: "Una reforma a un proyecto de partidos políticos planeado por USAID tiene por objetivo la implementación de leyes bolivianas existentes, que podrían, a la larga, construir partidos políticos moderados, pro-democráticos que puedan contrarrestar al partido radical del MAS o sus sucesores".

Morales ganó la Presidencia en diciembre de 2005 con el 54 por ciento de los votos, pero cinco prefectos departamentales de derecha también fueron elegidos en sus cargos. Después de la victoria de Morales, USAID, a través de su Oficina de Iniciativas de Transición, decidió "dar apoyo a los prefectos departamentales", así como lo reveló un documento de la misma USAID.

A lo largo del 2006, cuatro de los cinco departamentos ricos en recursos naturales exigieron la autonomía del gobierno central de Morales, a menudo amenazando con separarse de la nación. Fondos estadounidenses se vieron envueltos en ellos, con la Oficina de Iniciativas de Transición, dándoles "116 subvenciones por un monto de 4.451.249 dólares para ayudar a los gobiernos departamentales a operar más estratégicamente", lo demuestran los documentos.

"USAID ayuda al proceso de descentralización", dice José Carvallo, un portavoz de prensa de PODEMOS. "Ellos nos ayudan a fortalecer la democracia en Bolivia a través de seminarios y cursos y la discusión de temas relacionados con la autonomía".

"La embajada de los Estados Unidos está ayudando a esta oposición", concuerda Raúl Prada, quien trabaja para el partido de Morales. Prada está sentado en un concurrido café de La Paz y tomando un helado. Su labio superior está morado por una paliza que recibió de las manos de oponentes a Morales mientras él estaba trabajando en la Asamblea Constituyente. "El helado es para que baje la hinchazón", explica. El gobierno de Morales organizó la Asamblea Constituyente con el fin de redistribuir los recursos naturales y garantizar el mayor acceso a la educación, a la tierra, el agua, el gas, la electricidad y la salud para la gente más pobre del país. Yo había visto a Prada durante los primeros días de la administración de Morales. Él vestía un pasador de una wiphala y mascaba coca felizmente en su oficina gubernamental. En este momento no se veía muy optimista. Tomó otra cucharada de helado y continuó: "USAID está en Santa Cruz y en otros departamentos para ayudar con fondos y reforzar la infraestructura de los prefectos de la derecha".

En agosto de 2007, el presidente Morales le dijo a una reunión de diplomátas en La Paz: "No puedo entender cómo algunos embajadores se dedican a la política y no a la diplomacia en nuestro país... Eso no se llama cooperación. Eso se llama conspiración". El vicepresidente Álvaro García Linera dijo que la embajada de los Estados Unidos estaba financiando a los partidos opositores del gobierno en un esfuerzo por desarrollar "resistencia política e ideológica". Un ejemplo es el financiamiento de USAID a Juan Carlos Urenda, un consultor del Comité Cívico de derecha y el autor del Estatuto Autonómico, un plan separatista de Santa Cruz.

"No existe absolutamente ninguna verdad sobre las alegaciones de que se estén utilizando fondos de ayuda de Estados Unidos para influenciar el proceso político o para intentar subvertir al gobierno", dijo el portavoz del Departamento de Estado, Tom Casey. Los representantes de USAID afirman que el apoyo ha ido a todos los prefectos, no sólo a los de oposición. A pesar de las afirmaciones de Casey, la ayuda ha sido controversial. El 10 de octubre, la Corte Suprema de Bolivia aprobó un decreto que prohíbe actividades de apoyo internacional sin regulaciones estatales en Bolivia. Un artículo de la ley explica que Bolivia no aceptará dineros con intenciones políticas o ideológicas.

En Bolivia, donde la fuerza política está en las calles con los movimientos sociales y los sindicatos, no es suficiente para Washington trabajar sólo al nivel del alto poder político. Ellos también deben influenciar a los niveles más bajos. Un funcionario de USAID me dijo por correo eletrónico que la Oficina de Iniciativas Transicionales "recomenzó su programa en Bolivia para ayudar a reducir la tensión en zonas propensas a conflictos sociales (en particular El Alto) y también para asistir al país en la preparación de las próximas elecciones".

Para descubrir cómo se manifestó todo esto de manera práctica, me reuní con el periodista alteño Julio Mamani en la sede regional de los trabajadores de su ciudad, la cual es vecina a La Paz.

"Había mucha ideología rebelde y poder organizativo en El Alto el 2003", explica Mamani, refiriéndose al levantamiento populista que derrocó al presidente Gonzalo Sánchez de Lozada. "De tal manera que USAID reforzó su presencia en El Alto y se enfocó en apoyar programas de desarrollo de líderes jóvenes. Su forma de liderazgo no estaba basada en las demandas radicales de la ciudad, o el estilo horizontal de liderazgo que mantenían los sindicatos. Ellos querían alejar a estos nuevos líderes de los sindicatos y meterlos en posiciones jerárquicas del gobierno".

Los programas de USAID demovilizaron a los jóvenes. "USAID siempre se aprovechó de la pobreza de la gente", agrega Mamani. "Ellos hasta pusieron sus banderas de USAID al costado de la bandera boliviana y la wiphala".

No fue difícil encontrar otras historias sobre cómo el gobierno estadounidense había influenciado en la economía y en la política en Bolivia. Luis González, un estudiante de economía de la Universidad Mayor de San Simón, en Cochabamba, describe un panel organizado por la Fundación Millennium al que el asistió en el 2006. Ese año, la fundación recibió 155.738

dólares de parte de Fondos Nacionales para la Democracia (NED), a través del Centro por la Empresa Privada Internacional, una organización no lucrativa afiliada a la Cámara de Comercio de los Estados Unidos. González, con sus lentes y cabello oscuro largo, describió un panel que criticó al control estatal de la industria del gas (una demanda importante de los movimientos sociales). "Los panelistas dijeron que la inversión extranjera y la producción en Bolivia disminuiría si el gas se quedaba parcialmente controlado por el gobierno", dice González. "Ellos apoyaron a la privatización, al control corporativo y políticas neoliberales".

El mismo año, la Fundación por la Democracia desembolsó 110.134 dólares para grupos en Bolivia, a través del Centro por la Empresa Privada Internacional para "proveer información acerca de los efectos de las reformas económicas propuestas para los que tomarán decisiones en la Asamblea Constituyente". De acuerdo a documentos obtenidos a través del acto de Libertad de Información, solicitado por el investigador Jeremy Bigwood, la NED también financió programas que llevaron a 13 líderes jóvenes de Bolivia a Washington, entre el 2002 y 2004, para reforzar sus partidos de derecha. El MAS y otros partidos de izquierda no fueron invitados a estas reuniones.

La Embajada de los Estados Unidos hasta pareciera utilizar a los becados Fulbright en sus esfuerzos para subvertir al gobierno boliviano. Uno de los becarios en Bolivia, Alex Van Shaick, explicó que en recientes reuniones de orientación en la Embajada en La Paz, "un miembro de seguridad de la embajada solicitó reportes detallados si nosotros encontrábamos a venezolanos y a cubanos". Tanto Venezuela como Cuba dan dinero, doctores y expertos para apoyar su aliado socialista Morales. El estudiante añade que la solicitud de la embajada "contradice el programa de beca, el cual nos prohíbe interferir en la política o hacer cualquier cosa que ofenda al país anfitrión".

Después de descubrir el lado negativo del trabajo del gobierno estadounidense en Bolivia, quise conocer algún proyecto positivo de los que USAID siempre habla. Les tomó más de dos semanas para darme pruebas de ello –suficiente tiempo para elegir el ejemplo perfecto de su trabajo de desarrollo "no político" organizado para 'beneficiar a quienes más lo necesitan".

Ellos me pusieron en contacto con Wilma Rocha, la jefa de una fábrica de ropa en El Alto llamada "Club de Madres Nueva Esperanza". Una consejera de USAID trabajó en la fábrica del 2005 al 2006, ofreciendo consejos sobre el manejo y la exportación de la ropa a mercados en los Estados Unidos. En una ciudad con trabajadores bien organizados de una clase radical, Rocha es una de las pocas personas de derecha. Ella es una firme crítica del gobierno de Morales y de los sindicatos de El Alto.

Diez empleadas están tejiendo en una mesa de una amplia fábrica llena de docenas de maquinas de cocer. "Por tres meses no hemos tenido mucho trabajo", explica una de las mujeres mientras que Rocha espera a una distancia. "Cuando recibimos nuestros cheques, la paga es muy mala". Le pregunté por su nombre, pero me dice que no me lo puede dar. "Si la jefa descubre que estamos criticando, nos va a pegar".

El fusil y la mesa redonda

El lunes 15 de septiembre de 2008, el presidente Evo Morales aterrizó en Santiago, Chile, para reunirse de emergencia con otros líderes latinoamericanos quienes buscaban una solución a los conflictos en Bolivia. Al llegar, Morales dijo: "He venido aquí para explicarles a los presidentes de América del Sur lo que fue el golpe de Estado reciente de los prefectos. Fue por parte de los líderes de algunos departamentos, e incluyó a la toma de algunas instituciones, el robo de algunas instituciones del gobierno, e intentos de asalto a la Policía Nacional y a las Fuerzas Armadas".

Morales llegaba de su país, donde el humo continuaba después de una semana de violencia derechista que dejó a 30 muertos y a edificios de empresas, del gobierno y de derechos humanos en ruinas. Durante aquella misma semana, Morales declaró al embajador en Bolivia, Philip Goldberg, como "persona non grata" por "conspirar en contra a la democracia" y por sus alianzas con la oposición. El conflicto reciente y la reunión de presidentes que le siguió generaron las siguientes preguntas: ¿Qué fue lo que los llevó a esta crisis? ¿De qué lado se encontraba el Ejército? ¿Y qué nos dijo la crisis boliviana y la reacción regional sobre el nuevo orden político y de poder en América del Sur?

El 11 de septiembre, en el departamento tropical de Pando, mil seguidores de Morales marchaban hacia Cobija, la capital del departamento, para protestar en contra del prefecto de derecha Leopoldo Fernández y en contra de sus matones que se apoderaron de la ciudad y del aeropuerto.

De acuerdo a la prensa y a testigos, cuando los marchistas llegaron a un puente a siete kilómetros de la comunidad de Porvenir, ellos fueron emboscados por asesinos contratados y entrenados por el prefecto Fernández. Varios francotiradores les dispararon a los campesinos desarmados desde los árboles. Shirley Segovia, una residente de Porvenir, le dijo a Bolpress: "Nos mataron como a puercos, con fusiles, rifles, pistolas y revólveres. Los campesinos sólo habían traído sus dientes, sus bastones y sus hondas; no sus rifles. Luego de los primeros disparos, algunos escaparon hacia el río Tahuamanu, pero fueron perseguidos y les dispararon". Otros dijeron haber sido torturados; el número de muertos subió a alrededor de 20 personas, con docenas de heridos. Roberto Tito, un campesino que estuvo presente durante el conflicto, dijo: "Ésta fue una masacre de campesinos, algo que no deberíamos permitir".

En 2006, Fernández, quien se niega haber orquestado la violencia, fue denunciado por la ex ministra de Gobierno Alicia Muñoz, quien dijo que el prefecto estaba entrenando al menos un centenar de paramilitares como una "fuerza de protección civil". Se cree que estos paramilitares participaron en la masacre. Fernández es uno de los prefectos de la oposición que forma parte del Consejo Nacional de la Democracia (CONALDE),

300 EL PRECIO DEL FUEGO

una organización que incluye a prefectos de Santa Cruz, Beni, Pando, Tarija y Chuquisaca. Ellos se organizaron por las autonomías departamentales y en contra de los planes del gobierno de Morales para redistribuir las riquezas del gas natural, tierras y otras medidas socialistas.

Después de la masacre, Morales declaró un estado de sitio en Pando y envió al ejército. El 15 de septiembre ya se había llegado a una paz relativa en el lugar. Fernández fue arrestado.

Esta masacre tuvo lugar a pocas semanas de que el 10 de agosto un voto revocatorio reivindicara el mandato de Morales: el Presidente ganó un 67% de los votos a nivel nacional, demostrando que sus rígidos y violentos opositores se encontraban en la minoría. En Pando, Morales ganó con un 53% de los votos, un aumento del 11% sobre lo que recibió durante las elecciones presidenciales de 2005.

Algunos eventos políticos llevaron a esta tensión a nivel regional. El 28 de agosto Morales anunció un decreto presidencial para establecer un referendo constitucional el 7 de diciembre, para la aprobación o rechazo de la Constitución que había sido escrita y aprobada por la Asamblea Constituyente en diciembre de 2007. El 2 de septiembre del mismo año, la Corte Electoral se opuso al referendo porque debía ser aprobado primero por el Congreso y por el Senado controlado por la oposición. El debate revivió los antiguos conflictos, y los líderes de la oposición comenzaron a bloquear caminos y hasta ocuparon un aeropuerto en Cobija el 5 de septiembre.

Los días anteriores a la masacre del 11 de septiembre se caracterizaron por protestas en contra del gobierno, y de saqueos de negocios y de organizaciones de derechos humanos por todo el país. El 10 de septiembre una explosión aparentemente instigada por grupos de la oposición paralizó los envíos de gas desde Tarija hasta Brasil.

Poco tiempo después de estos eventos luctuosos, Morales demandó que el embajador de Estados Unidos, Philip Goldberg, dejara al país. "Sin miedo al imperio, delante del pueblo declaro al embajador de Estados Unidos persona 'non grata' y he pedido a nuestro Canciller que envíe una nota haciéndole conocer (la decisión) para que retorne a su país", dijo Morales. "No queremos gente separatista ni divisionista ni que conspire contra la unidad, no queremos personas que atenten contra la democracia".

El anuncio fue hecho después de una reunión privada entre Goldberg y el prefecto derechista de Santa Cruz el 25 de agosto, además de una visita que le siguió a la prefecta opositora de Chuquisaca. Durante la gestión de Goldberg, que comenzó en 2006, el gobierno de Morales lo ha acusado de ofrecer apoyo económico y logístico para grupos de la oposición en el oriente del país. Antes de llegar a Bolivia, Goldberg trabajó como embajador en Kosovo desde 2004 a 2006, y como funcionario consular en Colombia. En una rueda de prensa que Goldberg ofició en La Paz antes de regresar a los Estados Unidos, dijo: "Quiero decir que todas las acusaciones hechas en contra mío, en contra de mi embajada... en contra de mi país y de mi gente, son enteramente falsas e injustas".

Después de que Goldberg fuera expulsado de Bolivia, el presidente venezolano, Hugo Chávez, anunció que el embajador estadounidense en su país debía partir también: "El embajador 'yankee' en Caracas tiene 72 horas desde este momento para irse de Venezuela". Los Estados Unidos respondió al caso pidiéndoles a los embajadores de Venezuela y Bolivia a que dejen los Estados Unidos. Todo esto tuvo lugar durante varios meses de relaciones tensas entre Estados Unidos y América Latina, luego de que la Armada norteamericana reintrodujera a su "Cuarta Armada" en el Caribe después de varias décadas, luego de que Chávez anunciara ejercicios militares conjuntamente con Rusia, y Bolivia estrechara sus relaciones con Irán.

El 15 de septiembre en Santiago, Chile, nueve presidentes de la Unión de Naciones Suramericanas (UNASUR), incluyendo a Argentina, Ecuador, Brasil, Venezuela, Colombia, Chile –y hasta Colombia, un fuerte aliado de los Estados Unidos– se reunieron para platear soluciones a la crisis boliviana. Esta organización es una de las nuevas redes regionales que están tomando un mayor número de decisiones económicas y políticas por toda Suramérica. Sus líderes le dieron su apoyo a Morales, condenando las tácticas violentas de la oposición, y enfatizando que no reconocerían a los movimientos separatistas en el país.

Aunque el peligro de un "golpe de Estado cívico" aún queda, no es probable que el Ejército boliviano apoye a la oposición. Le pregunté a Kathryn Ledebur, una especialista en derechos humanos y directora de la Andean Information Network (AIN) en Cochabamba, si era posible que el ejército decida unirse a la oposición para derrocar a Morales. Ledebur dijo: "Nada que ver, ellos están en una situación difícil, y CONALDE quiere hacerle daño a Morales; quiere crear un conflicto entre él y el Ejército. Pero a pesar de sus frustraciones, ellos [el Ejército] han recibido más del gobierno de Morales, tanto en términos materiales como en términos de diálogo, que cualquier otro ciudadano, y eso crea una gran diferencia".

"CONALDE ha creado esta situación difícil intencionalmente, una situación violenta, tensa y provocativa que en algunos casos ha agredido a las fuerzas de seguridad", explicó Ledebur. "Si Morales ordena a que haya represión, o si se ejecutan actos de violencia por parte de las fuerzas de seguridad, su legitimidad como un Presidente con conciencia social se erosionaría. Pero si las fuerzas de seguridad no actúan, como lo hicieron por mucho tiempo, entonces el vandalismo crece y el Ejército y la Policía terminan siendo humillados y atacados, lo que a la larga daña lo que ha sido un matrimonio por conveniencia para las Fuerzas Armadas".

En junio de 2008, la AIN publicó un reporte analizando la misión de las Fuerzas Armadas bolivianas bajo Morales (10). De acuerdo a este documento, gran parte del apoyo que disfruta el Ejército viene del hecho que Morales ha ofrecido trabajos populares y de buen pago para "fortalecer las regulaciones aduaneras y confiscar contrabando en las fronteras, hasta darles la autorización para arrestar a los violadores de la ley". El reporte de la AIN explica que "los oficiales del Ejército se encuentran ansiosos de conseguir trabajos en las fronteras porque son los mejores pagados de sus carreras". Además, bajo Morales las Fuerzas Armadas se encuentran a cargo de la producción de pan con subsidios del Estado (el precio regular ha crecido en un 270 por ciento en el último año), y de la distribución de bonos a niños y ancianos". Los mejores salarios y los nuevos equipos también han ayudado a que el ejército se quede del lado de Morales.

El reporte de la AIN añadió que el Ejército "continuará rehusando a las iniciativas agresivas por la autonomía regional, o a amenazas de secesión, como ataques a la soberanía y al presupuesto que reciben del gobierno nacional". Como le explicó un oficial de alto rango a la AIN, "la única manera de que el ejército pudiera considerar un golpe sería si se llevaran la mayoría de nuestro presupuesto; porque en realidad, somos todos unos burócratas".

La crisis actual en Bolivia y el drama diplomático entre los Estados Unidos y América Latina dice mucho sobre el futuro de la región, y sobre su respuesta mutua a preguntas económicas y políticas. En una entrevista por correo electrónico, el periodista y analista político uruguayo Raúl Zibechi dijo creer que la expulsión de los embajadores norteamericanos, y la respuesta de los líderes de la región al conflicto en Bolivia, "es la manifestación del hecho de que los Estados Unidos ya no puede imponer sus deseos en América Latina, y muy concretamente en América del Sur". Él dice que existen dos razones por tal cambio: "El nacimiento de un poder regional que busca ser un jugador a nivel internacional, como Brasil, un poder capitalista con diferentes intereses al de los Estados Unidos, y la realidad de nuevos gobiernos con movimientos sociales en países productores de hidrocarburos, como Venezuela, Bolivia y quizás Ecuador".

Zibechi enfatizó la importancia de que Bolivia sea un proveedor de gas importante para Argentina y Brasil, y esto contribuye al apoyo que Morales recibe en ambos países. "Brasil tiene grandes inversiones en toda Bolivia y ya ha anunciado que no permitirá una desestabilización del país", explicó Zibechi. "La alianza más importante de la región es entre Brasil y Argentina. Tienen problemas entre ellos, pero en este tema se encuentran muy unidos".

En Santiago, Chile, después de seis horas de diálogo entre nueve presidentes suramericanos, el grupo de UNASUR emitió una declaración que expresó "su completo y firme apoyo por el gobierno constitucional del presidente Evo Morales, cuyo mandato fue ratificado por la gran mayoría". En la declaración, los líderes "advierten que nuestros gobiernos respectivos enérgicamente rehusan y no reconocen ninguna situación que busque un golpe civil y la ruptura del orden institucional que pueda comprometer a la integridad territorial de la República de Bolivia". También decidieron enviar una comisión a Bolivia para investigar las muertes en Pando.

Aunque los intentos de deshacer a gobiernos de izquierda suramericanos no son nada nuevo, la cooperación regional entre gobiernos socialistas sin la presencia de los Estados Unidos, sí lo es. Mientras que Morales y otros líderes regionales siguen avanzando con políticas progresistas, es posible que no exista manera de retroceder, sean cuales fueren los desafíos de la oposición boliviana. El mapa geopolítico del hemisferio está cambiando, en gran parte gracias a las nuevas alianzas entre las naciones suramericanas, y la resistencia a la interferencia política y económica de Washington.

El poder económico y agrícola que es Brasil juega un rol importante en el nuevo movimiento de desafío e independencia. "En Brasil, la derecha en el Parlamento cuestiona firmemente a la Cuarta Armada Estadounidense porque dice que surgió para controlar a los nuevos yacimientos petrolíferos en Brasil", explicó Zibechi. "En Brasil, las cosas no sólo dependen de que Lula se encuentre en el gobierno. Brasil tiene políticas autónomas que van más allá de quien gobierna... Es por esto que la política imperial es de derrocar a Chávez y a Evo antes de que ocurran cambios en estos países tan profundos, que ya no importe quién esté a cargo del gobierno".

En Bolivia, mucho todavía depende de lo que suceda en las calles, fuera de las reuniones presidenciales y las negociaciones. La oposición levantó sus bloqueos de caminos, y reuniones entre el gobierno y representantes de la oposición tomaron lugar. Al mismo tiempo, muchas de las organizaciones sociales y los sindicatos le dieron su apoyo a Morales. El 15 de septiembre, miles de trabajadores, familias y estudiantes marcharon en La Paz repudiando la masacre en Pando y en contra de la violencia proveniente de la derecha. "Estamos en contra de la masacre de campesinos que ha tenido lugar en Pando", dijo Edgar Patana, el líder de la Central Obrera Regional. "No permitiremos que se repitan estos actos. Defenderemos a la democracia y a la vida así como lo hemos hecho en el pasado".

Un bloque unido de naciones suramericanas está efectivamente reemplazando la presencia de Washington en la región, tanto con entrenamientos militares como con reuniones diplomáticas. En una variedad de maneras, Argentina, Bolivia, Brasil, Chile, Ecuador, Paraguay y Venezuela están demostrando que los tiempos de los golpes orquestados por los Estados Unidos, de la diplomacia a punta de cañón, y del neoliberalismo al estilo de los Chicago Boys, ya no están de moda en América del Sur. La elección de Barack Obama también atrajo un mayor optimismo por una solución menos "cowboy" desde Washington (11).

Mientras que muchos de los líderes liberales en América Latina ganaron las elecciones gracias a sus opiniones antiimperialistas y antineoliberales, sus políticas no resultan homogéneas. A la izquierda del espectro se encuentran Hugo Chávez de Venezuela, Evo Morales de Bolivia y Rafael Correa de Ecuador. Los tres se han enfocado en la nacionalización de recursos naturales y en la redistribución de tales riquezas para programas sociales en beneficio de las masas pobres. También han establecido cambios constitucionales para ejecutar la redistribución de tierras, y para incrementar la participación popular en la creación de leyes, decisiones políticas y presupuestos. Chávez, Morales y Correa también fueron más directos en sus críticas hacia la administración de Bush que los demás.

Lula de Brasil, Michelle Bachelet de Chile, y Néstor y Cristina Kirchner de Argentina han sido más moderados en sus respuestas al neoliberalismo, pero han dado un buen ejemplo al responderle al Fondo Monetario Internacional, al Banco Mundial y a la Organización Mundial del Comercio. Aunque no han sido tan radicales con sus políticas económicas y sociales, han sabido demostrar su solidaridad hacia Venezuela, Bolivia y Ecuador.

El 16 de septiembre de 2008, a pocos días de que el embajador estadounidense fuera expulsado de Bolivia, la administración Bush anunció que Bolivia "había demostrado que en los últimos doce meses no cumplió con sus obligaciones establecidas por los acuerdos internacionales en contra de las drogas".

El 26 de septiembre, la administración Bush anunció que cancelaría la participación de Bolivia en la Ley de Promoción de Mercados Andinos y de Erradicación de Drogas por su falta de campañas antinarcóticas. Se calcula que la cancelación de este tratado de comercio resultará en el desempleo de aproximadamente 20.000 bolivianos. Irónicamente, es posible que gran parte de los nuevos desempleados busquen trabajo en la producción de la coca para poder ganarse la vida.

"Mientras que los vecinos suramericanos de Bolivia apoyaron al gobierno de Morales durante un momento crucial, la administración Bush se ocupó de castigar a Bolivia por haber despedido al embajador norteamericano, y la 'descertificación' es el arma más fácil de usar", dijo un reporte de la AIN.

Morales respondió despidiendo a la Agencia de Control de Drogas Norteamericana (DEA) del Chapare, una importante región de producción de coca, y anunciando sus planes para fortalecer el comercio con Venezuela para reemplazar las pérdidas.

Otros eventos de los últimos tres años han demostrado un alejamiento de Washington. Tanto las pérdidas del neoliberalismo en Suramérica, como el despertar de la nueva izquierda latinoamericana, fueron visibles durante la llegada del presidente George W. Bush a Mar del Plata en el 2005, para la cumbre regional de la Organización de Estados Americanos. Ahí fue donde la leyenda del fútbol Diego Maradona le dijo a los reporteros: "Estoy orgulloso como argentino de repudiar la presencia de esta basura humana, George Bush". Las enormes protestas que le dieron la bienvenida a Bush fueron una manifestación física del sentimiento público que se encontraba bajo la superficie de todo el hemisferio: la Zona de Libre Comercio de las Américas, un plan propuesto por la administración de Bush para extender una política de mercado al estilo de NAFTA por toda la región, ya se había muerto.

En octubre de 2007 el presidente ecuatoriano, Rafael Correa, anunció que su administración no renovaría los derechos que tenía Washington en la base aérea militar de Manta, a menos de que Washington le permitiera a Ecuador abrir una base militar en Miami (los Estados Unidos se opuso a la idea). En marzo de 2008, cuando el ejército colombiano bombardeó un campamento de las Fuerzas Armadas Revolucionarias de Colombia (FARC), al otro lado de la frontera en Ecuador, los Estados Unidos dijeron que Colombia tenia razón de actuar con "flexibilidad" dentro de su "guerra al terrorismo". Pero los líderes de la región condenaron las acciones de Colombia y resolvieron el conflicto sin la participación de Washington.

El pasado abril, la Armada norteamericana anunció que introduciría de nuevo su Cuarta Armada en el Caribe. Venezuela respondió en septiembre anunciando que tendría ejercicios navales conjuntamente con Rusia en la misma zona. Venezuela y Brasil también están planeando un Consejo de Defensa Suramericano, al estilo de la OTAN. "Una vez dije que si la OTAN existe, ¿por qué no puede existir un SATO?, la Organización del Tratado Sur Atlántico", dijo Chávez en un discurso.

Posteriormente en diciembre, Brasil le dio la bienvenida a treinta y un líderes de América Latina, el Caribe y Cuba a la Cumbre de las Américas, excluyendo a Washington. "Cuba regresa a donde siempre ha pertenecido", dijo Chávez. "Estamos completos". Para demostrar su apoyo, los participantes a la cumbre denunciaron también el embargo hacia la isla.

Los Estados Unidos están también perdiendo su influencia en América Latina debido al declive del Fondo Monetario Internacional (FMI), una institución a través de la cual los Estados Unidos implementaban su poder.

"En los últimos cuatro años el portafolio de préstamos del FMI se ha encogido de 105 mil millones a 10 mil millones de dólares", explica Mark Weisbrot, codirector del Centro de Investigación Económica y Política en Washington D.C. "La misma organización sufre un déficit anual de 400 millones de dólares, y ha tenido que disminuir de tamaño".

El Banco del Sur es una institución de préstamo que surgió como idea de Chávez, y que ahora es bienvenida por siete naciones suramericanas como un sustituto al FMI y el Banco Mundial.

Otros acuerdos de comercio entre países de la región se encuentran en planeamiento. Y algunas naciones suramericanas, particularmente Venezuela y Bolivia, esperan que Rusia y China –en vez de los Estados Unidos– puedan ofrecerles nuevos tratados comerciales y militares.

De acuerdo a la Associated Press, el comercio entre China y América Latina subió de 10 mil millones de dólares en el año 2000, a 102,6 mil millones en el 2007. Recientemente, Bolivia firmó un acuerdo con Rusia para comprar cinco nuevos helicópteros, y Venezuela anunció planes de comprar tanques rusos y vehículos militares.

La crisis financiera actual en los Estados Unidos puede que marque el fin de 30 años de políticas neoliberales del Norte Global. Algunos analistas creen que la ausencia de tales políticas en Suramérica le permitirá a las economías individuales superar la crisis. En vez de atemorizarse, muchos líderes latinoamericanos ven a la crisis como una oportunidad para ampliar la integración regional. "Ésta es la paja que le rompió el lomo al camello", explica la analista Laura Carlsen del Programa de las Américas en México. Por su parte, Chávez se burló de la rápida conversión de ideología de Bush hacia la nacionalización de los bancos, llamándolo "Comarada Bush".

Aún no es claro si Chávez llamará al nuevo presidente "Camarada Obama". En mayo de 2008, Obama llamó a Chávez un "demagogo", y dijo: "Su predecible y peligrosa retórica antiamericana, su gobierno autoritario, y su diplomacia subvencionada, ofrecen las mismas falsas promesas que las ideologías del pasado". Obama también llamó a la visión de Morales y a la del presidente de Nicaragua, Daniel Ortega, "rancia".

La portavoz de seguridad nacional de Obama, Wendy Morigi, dijo que él estaba "muy preocupado" por la expulsión del embajador Goldberg por parte de Morales, y dijo que el presidente boliviano estaba "intentando echarle la culpa a extranjeros". Ella también comentó que Obama estaba "profundamente preocupado por la expulsión irracional del embajador estadounidense Patrick Duddy por parte del presidente Hugo Chávez".

Pero mucha gente en América Latina está enferma y cansada de enfocarse tanto en Washington. Como dijo el presidente de Ecuador, Rafael Correa, luego de recibir la noticia sobre el triunfo de Obama: "El día llegará en que América Latina no tendrá que preocuparse por quién esté como Presidente de los Estados Unidos, porque será soberana y autónoma y estará parada en sus dos propios pies".

¿Descolonización?: la nueva Constitución de Bolivia

En la mañana del domingo 18 de enero de 2009, después de que una lluvia fuerte cayera en La Paz, el sol salió, secando los paraguas de miles de marchistas en las calles. La movilización fue en apoyo a la nueva Constitución que iría a voto el 25 de enero.

Eddie Mamani, un residente de La Paz con una wiphala o bandera indígena colgándole del cuello, subió el volumen de su voz para poder ser escuchado por encima de la banda que tocaba en la calle. "Por demasiados años hemos sido explotados por políticos de derecha que no gobiernan para todos los bolivianos. Hoy estamos marchando por nuestros hijos y por nuestros nietos".

La marcha, que ocupaba cinco cuadras, estaba llena de las banderas blancas, azules y negras del MAS. El sonido de los fuegos artificiales se mezclaba con las bocinas de autos y buses que esperaban a que termine la marcha. Mientras que pancartas con el retrato de Morales se veían entre la multitud, los voluntarios distribuían copias de la nueva Constitución. Los seguidores cantaban "¡Sí, Sí, Sí... Vamos por el Sí!", pidiendo a los votantes que den el "Sí" en las próximas elecciones.

Junto a la nacionalización parcial de las reservas del gas en Bolivia, la nueva Constitución fue una de las principales promesas hechas por Morales durante su campaña presidencial en el 2005. El camino hacia esta nueva Constitución había sido complicado y a menudo violento. Un evento importante en este proceso fue la elección, el 2 de julio de 2006, de asambleístas a la Asamblea Constituyente. Después, en diciembre de 2007, la nueva Constitución fue aprobada por una reunión de la Asamblea en Oruro, que fue saboteada por miembros de la oposición. Tras meses de peleas en las calles y reuniones entre diferentes sectores políticos, el Congreso boliviano ratificó una nueva copia de la Constitución el 21 de octubre. De muchas maneras, estos pasos culminarían en el voto del 25 de enero.

Entre otros cambios esenciales, la nueva Constitución le permite al gobierno tener un rol más importante en la economía boliviana, y en la industria del gas y del petróleo. El documento expande también el acceso a los servicios básicos, a la educación, y al cuidado médico, y prohíbe la existencia de bases militares en suelo boliviano. Establece un estado plurinacional que refleja la diversidad de los grupos indígenas y afrobolivianos del país. Promueve el uso oficial de las 36 lenguas indígenas. La nueva Constitución también ofrece autonomías a los indígenas que habitan en el país, otorgándoles el poder de administrar sus propias comunidades. Es posible que las autonomías para las comunidades indígenas les quite el poder a los prefectos en los departamentos que están en manos de la oposición. La actual Constitución también expande el número de asientos en el Senado que hasta hace poco tiempo estuvo bajo el control de la oposición. Otros asientos están ahora reservados específicamente para senadores elegidos por sus comunidades indígenas.

Como muchos otros críticos de la Constitución, Rolando, un residente de La Paz de alrededor de treinta años de edad, no sentía entusiasmo por los nuevos derechos de los indígenas. Rolando, con barba y gorro de béisbol, dijo que no votaría por la nueva Constitución porque "no fue escrita para todos los bolivianos. Sólo toma en cuenta los derechos de las comunidades rurales e indígenas". Ésta es una crítica que se escucha a menudo. Pero, sin embargo, no toma en cuenta el hecho de que el 62% de la población se identifica como indígena, y que un mismo porcentaje de bolivianos viven por debajo del nivel de pobreza. Muchos de los que apoyaron a la nueva Constitución lo hicieron porque el documento ofrece derechos importantes a los "originarios", indígenas que han sido marginalizados por varios siglos.

Otro punto de desacuerdo fue la manera en que la Constitución trató el tema de la religión. La antigua Constitución sostenía que "el Estado reconoce y confirma la religión Católica Apostólica, y garantiza el ejercicio de cualquier otro culto". Mientras que la nueva Constitución dice: "El Estado respeta y garantiza la libertad de religión y de creencias espirituales, de acuerdo a las cosmovisiones del individuo. El Estado es independiente de la religión". Muchos críticos, además de temer la separación entre la Iglesia y el Estado, dijeron que este cambio crea las condiciones para que el gobierno permita los matrimonios entre homosexuales y legalice el aborto. Desafortunadamente, nada indica que la presión por cambios políticos como éstos se encuentren en la actual agenda gubernamental.

Bajo la nueva Constitución, las tierras que son productivas no serán repartidas por el gobierno, pero las tierras que no producen nada sí serán divididas, y un límite a la adquisición de nuevas tierras –establecido entre 5.000 a 10.000 hectáreas– sería aprobado por separado. La reforma agraria es un aspecto de la Constitución que ha recibido muchas críticas de parte de la izquierda boliviana. Sus críticos dicen que la Constitución debería ir más allá que declarar que la mayoría de las tierras se encuentran en manos de tan sólo algunas familias adineradas. Estas débiles reformas agrarias se ven como una gran concesión a los de la derecha; gran parte de las tierras fértiles están en los departamentos orientales, actualmente controlados por los prefectos de la oposición.

En lo que parece haber sido otra concesión a la oposición, la Constitución fue cambiada para prevenir que Morales sea elegido por dos términos consecutivos, como la copia inicial de la nueva Constitución lo permitió. Dependiendo de la aprobación de la nueva Constitución, Morales sería un candidato en su último término consecutivo en las elecciones general de diciembre de 2009.

En los días anteriores al referendo constitucional se dieron una gran cantidad de marchas tanto por y en contra de la nueva Constitución. La movilización del domingo fue un ejemplo de lo que aún faltaba por venir. Max, un marchista que llevaba una bandera del MAS, y quien se identificó como "solamente otro ciudadano boliviano", dijo que él apoyaba la nueva Constitución porque dentro de todas las constituciones que Bolivia ha tenido a través de la historia, "ésta es la mejor". También aprobó la manera en que la Constitución fue desarrollada en la Asamblea Constituyente y "escrita para todos los bolivianos" y para "ayudar a que nuestros líderes sigan siendo honestos".

Un contingente de esta marcha terminó en un parque con una figura gigante e inflada de Evo Morales, y con docenas de personas que distribuían panfletos sobre la nueva Constitución y calendarios para el año nuevo del MAS. Mientras que un grupo de gente pegaba calcomanías del "Sí" a los autos estacionados por la zona, una mujer removía las mismas calcomanías metódicamente de un puente cercano.

Lourdes Calla, una activista del MAS, llevaba una wiphala o bandera originaria y brincaba al ritmo de una canción de protesta. "Yo estoy votando por la nueva Constitución y por la igualdad de todos los bolivianos; no deberían haber clases altas y bajas, todos somos bolivianos", dijo. "Esta nueva

Constitución ha sido creada a través de un proceso democrático histórico, y defiende los derechos de las comunidades
indígenas y rurales. Ahora es el momento para poner estos
derechos en práctica".

Los opositores derechistas de la Constitución estuvieron
activos en las últimas semanas organizando marchas y campañas por todo el país, paralelas a las actividades de quienes
apoyaban a la Constitución. Cuando estos grupos chocaron,
los enfrentamientos fueron violentos o por lo menos usaron
excesivamente palabras fuertes.

Alrededor del mediodía del miércoles 21 de enero, una
marcha en contra a la Constitución bajó por El Prado de La Paz.
Los participantes llevaban las banderas rosadas del Movimiento
Nacionalista Revolucionario (MNR), con el mensaje "Vamos por
el No" escrito sobre ellas. Llegaron a la Plaza de Estudiantes
donde el muñeco inflado de Evo Morales se encontraba al lado
de otro globo gigante que decía "Sí". Un grupo de seguidores
de la nueva Constitución ya se encontraban ahí; uno de ellos
atacaba a la derecha con sus comentarios a través del micrófono:
"Ustedes los traidores no tienen un plan verdadero. Nosotros
tenemos el plan con la nueva Constitución!".

Las tensiones escalaron, y los dos grupos comenzaron a
echarse sus panfletos y pancartas los unos a los otros, gritando
diferentes eslogans. Por un lado se encontraban las banderas
azules del MAS y la wiphala multicolor, y por el otro lado se
veían las banderas rosadas del MNR. Después de la batalla
verbal, y de algunas peleas, los contingentes del MNR regresaron por la misma calle y los seguidores del MAS se quedaron
en la plaza, dando discursos y prendiendo velas una vez que
oscureció.

Hubo numerosas peleas callejeras durante todo el proceso
de aprobación de la nueva Constitución. Pero otra pelea ha
tenido lugar a través de la prensa nacional. A poco tiempo del
referendo constitucional, los grandes periódicos de Bolivia
parecieron ser indiscutiblemente críticos de la Constitución
y del MAS, publicando informaciones falsas sobre ambos. Por

ejemplo, un título en El Diario decía: "Bolivia regresará al barbarismo con la justicia comunitaria" (la justicia comunitaria, tal y como es practicada por muchos grupos indígenas por todo el país, está reconocida oficialmente en la nueva Constitución.) En varios periódicos, los artículos y las opiniones que utilizan mayormente a políticos y a líderes cívicos de la derecha, son tomados literalmente como noticias balanceadas, aunque contienen falsedades sobre la nueva Constitución.

Edwin, un taxista de La Paz quien se ganaba la vida cargando muebles y otros artefactos en los mercados, estuvo de acuerdo con el hecho de que la mayoría de la prensa en Bolivia esté en contra de Morales y en contra de la nueva Constitución. "Pero a quién le importa lo que ellos digan? Los periodistas son pocos, pero nosotros los bolivianos somos muchos".

En respuesta a los ataques de la prensa al gobierno, Morales anunció el lanzamiento de un nuevo periódico del Estado, llamado "Cambio", el cual comenzó a publicarse el 22 de enero. "Nos estamos organizando, nos estamos preparando con la prensa para diseminar las verdades al pueblo boliviano", dijo Morales en un discurso. "Este nuevo periódico... no humillará a nadie, pero sí nos informará y nos educará".

El día del referéndum, La Paz se encontraba extrañamente tranquila. Como estaba prohibido manejar en el centro, la bulla de las bocinas de los buses fue reemplazada por los sonidos de los pájaros cantando y los niños que jugaban fútbol en las calles vacías. Di vueltas por la ciudad para entrevistar a votantes y encontré opiniones que se diferenciaban de gran manera entre las clases.

Después de emitir su voto en contra de la nueva Constitución, Luz Barrientos, una maestra jubilada, se detuvo al frente de un puesto de venta de jugos en un barrio muy concurrido de la ciudad. Ella decía estar molesta por que el país era gobernado por un Presidente indígena, y se lamentaba por los nuevos derechos que se están ofreciendo a las comunidades indígenas. "Somos de la clase media, y como miembros de esta clase hemos sufrido. Los indígenas nos discriminan. Ellos odian a todas las personas con caras blancas". Waldo Valle, un ingeniero que también votó en contra de la Constitución, dijo: "No han habido cambios positivos con este gobierno de campesinos ignorantes e indígenas".

En un barrio de la clase trabajadora fuera del centro de la ciudad, Juan Carlos Flores, un limpiador de botas con la típica máscara de ski cubriendo su cara, dijo: "Yo apoyo a la nueva Constitución porque no es como las anteriores. Ahora tenemos cambios para todos, no solamente para los ricos". Mary, una vendedora ambulante que se encontraba fuera del área de votación, dijo que todo el barrio estaba apoyando la Constitución "porque somos de origen indígena, por nuestra raza; por eso apoyamos a este gobierno". Juan José Arce, un seguidor del MAS que opera teléfonos celulares públicos para llamadas hechas desde la calle, dijo: "Somos gente pobre, y esperamos que la nueva Constitución vaya a favorecer a toda la gente pobre".

Como se esperaba, la nueva Constitución fue aprobada en el referéndum del 25 de enero por 61,43%, y los votantes limitaron la adquisición de nuevas tierras a 5.000 hectáreas. Momentos después de que se supieran los resultados, miles de personas se juntaron para celebrar en la plaza Murillo, en el centro de La Paz. Parado en el balcón del palacio presidencial, el presidente Morales le habló a la audiencia emocionada: "Aquí comienza una nueva Bolivia. Aquí comenzamos a lograr una igualdad verdadera". El evento fue tanto más significativo porque hace más de 50 años las personas indígenas estaban prohibidas de entrar a la misma plaza. Gritos y bocinas se escuchaban esporádicamente por toda La Paz. Morales dijo: "Quiero que sepan algo, el Estado colonial se termina aquí. El colonialismo interno y externo se terminan aquí. Hermanas y hermanos, el neoliberalismo se termina aquí también".

Fuegos artificiales se prendieron al final del discurso de Morales en la plaza Murillo, asustando a las palomas. Al pasar de la noche, la gente bailaba en las calles acompañada por la música de las bandas. A la medianoche, la policía les pidió que se vayan de la plaza, y las masas marcharon, llevando la fiesta a otros lugares de La Paz, recitando canciones latinoamericanas de protesta, tocando tambores y compartiendo cervezas.

Después de marchar por varias cuadras en las calles vacías, la gente se quedó en la base de una estatua, la de Simón Bolívar. La celebración, que incluyó a bolivianos, argentinos, brasileños, paraguayos, franceses, británicos, norteamericanos y otros más, siguió hasta las primeras horas de la madrugada.

Oscar Rocababo, un sociólogo boliviano que está terminando una Maestría en La Paz, decía estar emocionado por la victoria en el referéndum: "La aprobación de esta Constitución es como la cereza encima del helado, la culminación de muchos años de lucha".

Durante una tarde agradable, unos días después de que se aprobara la nueva Constitución, visité a Román Loayza en su oficina en La Paz. Loayza, un fundador del Movimiento al Socialismo (MAS), fue la figura central y unificadora de la conflictiva Asamblea Constituyente que fue instalada el 2006 para escribir la nueva Constitución (12).

"Hemos sido esclavos de los partidos políticos tradicionales. Los indígenas nunca hemos sido reconocidos. Sólo unos pocos ricos, dueños de negocios y de tierras nos han gobernado!", dijo Loayza golpeando el escritorio con su puño. La pared detrás de él estaba cubierta con pósters de campaña para el MAS y la nueva Constitución. Banderas wiphala multicolores se veían colgadas por todo el edificio.

Loayza cree que la nueva Constitución comenzará a rectificar 500 años de injusticias. "Con la Constitución, nadie podrá tocar a los recursos naturales, ahora sólo el pueblo y el gobierno se podrán beneficiar", dijo Loayza. "Ésta es una parte importante de la Constitución para nosotros, los campesinos indígenas junto a la gente pobre de esta ciudad".

La nueva Constitución reconoce otras formas de justicia practicadas por varios grupos indígenas en el país –con tal de que las prácticas se adhieran a la ley boliviana existente. Sobre este nuevo respeto a la justicia comunitaria, Loayza criticó lo típicamente injusta que es la justicia del Estado, y por ello la necesidad de sistemas indígenas de justicia comunitaria. "No existe justicia en la justicia ordinaria, existe injusticia. Aquéllos quienes han robado un poquito llenan las cárceles. ¡Los que han robado mucho dinero están libres en Miami!".

El día del referéndum, muchos votantes en La Paz apoyaron la Constitución específicamente porque le garantizaba más derechos a los indígenas. Lydia Poma, dueña de una tienda que vende artículos de cocina en un barrio de trabajadores de La Paz, votó por la Constitución por las mismas razones que los otros: "Me gusta la nueva Constitución porque le permite a los indígenas de este país a que se levanten".

Oscar Luizaga es un miembro del Partido Movimiento Sin Miedo (un aliado del MAS); él vestía los colores verde neón de su partido en una banda en su brazo. "Yo considero que el punto más importante de la nueva Constitución es la igualdad entre todos los ciudadanos", dijo, mientras que se paraba al frente de un lugar de votación. "Ahora estamos en un punto de partida importante... Ahora podremos transformar al país".

Sin que importe la manera en que los cambios de la nueva Constitución se vayan a aplicar, el documento es significativo porque ha sido una parte central de la lucha política de Morales desde que llegó al poder. La constitución también sirve como un espejo que refleja la política boliviana, representando las esperanzas, contradicciones y pérdidas de varios lados de la división política.

Existen muchas críticas válidas de la Constitución del lado de la izquierda –que dicen que el documento no permitirá la redistribución de grandes propiedades de tierras, que no legalizará al aborto, que no irá suficientemente lejos para combatir al neoliberalismo, que aún existen muchos términos abstractos sobre cómo se implementarán los cambios, además de contradicciones entre varios artículos–. Pero entre toda la gente que votó por la Constitución, una cantidad significativa no votó por el documento, o por el gobierno del MAS, si no más bien en contra de la derecha, y del racismo, de la pobreza y de los conflictos que han sido instigados por la derecha en los últimos años.

Las divisiones raciales y socioeconómicas en Bolivia probablemente continuarán a pesar de la aprobación de la nueva Constitución. Sin embargo, los resultados del referéndum debilitarán a la derecha.

Hasta Manfred Reyes Villa, un opositor de Morales y ex prefecto de Cochabamba, le dijo al *Washington Post*: "Hoy en día no existe una oposición seria en el país".

Cuando la derecha liderizó la violencia en el departamento de Pando en septiembre de 2008, dejando a 20 muertos y a muchos otros heridos, la derecha perdió gran parte de su legitimidad y apoyo. En los próximos meses, las tensiones políticas del país serán dirigidas hacia el ámbito electoral, en vez de conflictos violentos en las calles.

Tal y como García Linera lo explicó en una entrevista en 2007, las tensiones raciales y económicas no son nada nuevo en Bolivia: "Lo novedoso hoy es que por primera vez la sociedad está obligada a verse a sí misma en el espejo, y tiene que ver sus limitaciones, sus fracturas, sus debilidades... El problema real sería si no tratáramos de resolverlas, si solamente hiciéramos lo que gobiernos pasados hicieron, que fue esconderlas por debajo de la alfombra" (13).

Felipe Quispe, un líder veterano indigenista y de izquierda, y Félix Patzi, un sociólogo radical y ex Ministro de Educación en el gobierno del MAS, tienen otras visiones de cambio. En noviembre de 2007, en la sala de un hotel cerca de la plaza Murillo en La Paz, Quispe, con su bigote, su cigarrillo y su coca que mascaba al mismo tiempo, reajustaba su sombrero y batía su puño en el aire mientras que hablaba sobre las movilizaciones indígenas de los últimos años. "Hemos tratado de recuperar nuestras tierras y nuestro poder. Pero este poder está en las manos de nuestros ladrones, incluyendo al MAS. Tenemos que reorganizar y rearticular nuestras fuerzas en las zonas rurales del país y en las ciudades... ¿Quién creará la revolución? Nosotros, los pobres, los que estamos abajo, los discriminados, los trabajadores, los que construimos a este país. Nosotros tenemos que gobernarnos a nosotros mismos".

El académico Patzi habló de los movimientos indígenas y sociales que estuvieron muy activos en años recientes y que ayudaron a la elección de Evo Morales. "El MAS es parte del empuje de estos movimientos sociales... Si este movimiento va a seguir adelante, depende de nosotros. Tendremos que continuar con el proceso, con o sin Evo".

En otra reunión, el escritor y analista Luis Tapia también vio más allá del pensamiento convencional. Tapia viste de barba, cabello largo y lentes rojos. Hablando con un tono firme y tranquilo, explicó que Bolivia contiene más fuerzas políticas y sociales que el Estado. "En Bolivia, la política es mucho más diversa que el Estado", explicó Tapia. Mencionó a los gobiernos comunitarios entre grupos indígenas, sindicatos, movimientos antiprivatización y juntas vecinales que se quejan de las grandes diferencias económicas dentro del país. "Ésta diversidad política y del poder no siempre caben dentro de los partidos políticos o de posiciones gubernamentales. La democracia no es sinónimo del Estado". Tapia dijo que el Estado boliviano sólo representa a una parte de la diversidad del país, y comparó a los presidentes con los monarcas –ambos en posiciones centrales de poder que facilitan la aplicación de políticas que puedan causarle daño a la gente–. Tapia dijo que existe una gran necesidad de "desmonopolizar" a la política y la democracia en Bolivia.

Por otra parte, el MAS sostiene que es un gobierno creado por movimientos sociales, y que está trabajando para transformar al Estado para servirle mejor a los sectores más pobres de la población. Como Morales explicó: "Es la vivencia y la lucha de los movimientos sociales la que está haciendo que la democracia se ocupe de las cosas que realmente preocupan a la gente pobre y necesitada... La democracia es mucho más que el voto rutinario cada cuatro años" (14).

Notas

(1) Benjamin Dangl y April Howard, "El baile de Bolivia con Evo Morales", *The Nation* (29 de marzo, 2007), http://www.thenation.com/doc/20070409/dangl_howard/

(2) Fred Fuentes, *Rebelión Derechista Amenaza a Bolivia*, Green Left Weekly, (25 de abril, 2008), http://www.greenleft.org.au/2008/748/38682

(3) "La OEA apoya la unidad boliviana antes del voto crucial por la autonomía", *MercoPress* (3 de mayo, 2008), http://www.mercopress.com/vernoticia.do?id=13317&formato=HTML

(4) Carlos Quiroga, "Morales de Bolivia profundiza el control de la economía", *Reuters* (1 de mayo, 2008), http://www.reuters.com/article/worldNews/idUSN0145291020080501

(5) Dan Keane, "El voto por la autonomía demuestra las grandes divisiones que existen en Bolivia", *Associated Press* (7 de mayo, 2008), http://www.localnewswatch.com/jordanfalls/stories1/index.php?action=fullnews&id=760

(6) Franz Chávez, "Bolivia: un futuro político incierto antes del voto autonómico", *Interpress Service* (23 de junio, 2008), www.ipsnews.net/news.asp?idnews=42930

(7) John Crabtree, "Las olas democráticas en Bolivia", *Open Democracy* (2 de julio, 2008), http://www.opendemocracy.net/article/bolivia-s-democratic-tides

(8) Rick Kearns, "Opositores ricos de Morales ganan las elecciones en Bolivia", *Indian Country* (11 de julio, 2008), http://www.indiancountry.com/content.cfm?id=1096417709

(9) Benjamin Dangl, "Undermining Bolivia", *The Progressive Magazine* (febrero de 2008), http://www.progressive.org/mag_dangl0208

(10) Andean Information Network, "The Bolivian Armed Forces' Growing Mission", *The Andean Information Network* (1 de junio, 2008), http://ain-bolivia.org/index.php?option=com_content&task=view&id=119&Itemid=32

(11) Parte de una nota de Benjamin Dangl, "Latin America Breaks Free", *The Progressive Magazine* (febrero, 2009), http://www.progressive.org/mag/dangl0209.html

(12) Benjamin Dangl, "Bolivia's new Constitution Empowers Indigenous Majority", *Indian Country Today* (6 de febrero, 2009), http://www.indiancountrytoday.com/global/39169622.html

(13) Laura Carlsen, "Bolivia: llegando a términos con la diversidad", *Americas Program* (8 de noviembre, 2007), http://americas.irc-online.org/am/4715

(14) Evo Morales Ayma, "Por una democracia al servicio del pueblo", *La Razón*, (10 de octubre, 2007), http://www.la-razon.com/versiones/20071010_006055/nota_244_491391.htm